KiWi 409

*Über das Buch*

Gleich sein erstes Buch machte Nick Hornby mit einem Schlag berühmt: *Fever Pitch* hat beim Publikum und bei den Journalisten wahre Begeisterungsstürme entfacht. Von einem der »originellsten, intensivsten und gescheitesten Fußballbüchern seit Jahren« (Frankfurter Rundschau) war die Rede, die Sunday Times bezeichnete es als »Ein brillantes Buch von einem der besten Schriftsteller weit und breit – mehr als ein Buch über Fußball.« Und auch die Frauenzeitschrift Elle schrieb hingerissen: »Selbst Fußballhasser werden entzückt sein.« Hornbys Buch war bahnbrechend, weil es als erstes auf den Punkt brachte, was Fußballbesessenheit in all ihren ernsten und komischen Facetten ausmacht.

*Fever Pitch* ist die Geschichte eines Fußballfans, dessen Leben von den seltenen Siegen und zahlreichen Niederlagen seines Clubs bestimmt wird. Der Fan heißt Nick Hornby, sein Verein Arsenal London. Mit wunderbarer Leichtigkeit und sprühendem Witz schildert Hornby die Spiele und sein Leben: In zahlreichen mal amüsanten, mal nachdenklichen Anekdoten erzählt er von der Scheidung der Eltern, dem Alltag in der Vorstadt, dem lustlos absolvierten Studium in Cambridge und den ersten Freundinnen. »*Fever Pitch* ist der Versuch, einen Blick hinter die Besessenheit zu werfen. Warum hat die Beziehung, die als Schuljungenschwärmerei begann, beinahe ein Vierteljahrhundert überdauert, länger als irgendeine andere Beziehung, die ich freiwillig eingegangen bin?«

*Der Autor*

Nick Hornby, 1957 geboren, lebt mit seiner Frau und seinem Sohn im Norden Londons. Er studierte in Cambridge und arbeitete als Lehrer, ehe er sich nach dem Erfolg von *Fever Pitch* ganz dem Schreiben widmen konnte. Mit seinem 1996 auf deutsch erschienenen Roman *High Fidelity* feierte er ebenso wie mit *Fever Pitch – Ballfieber* auch in Deutschland sensationelle Erfolge. Beide Romane sind verfilmt worden.

*Weiterer Titel bei k & w*

*High Fidelity*. Roman, 1996.

Nick Hornby

Deutsch von
Marcus Geiss und Henning Stegelmann

Kiepenheuer & Witsch

Ungekürzte Ausgabe 1997
Verlag Kiepenheuer & Witch, Köln

Erstmals erschienen unter dem Titel *Fever Pitch* bei
Victor Gollancz Ltd. London

Umschlaggestaltung Rudolf Linn, Köln
Umschlagfoto mit freundlicher Genehmigung Victor Gollancz Ltd.
Gesamtherstellung Clausen & Bosse, Leck
ISBN 3-462-02586-4

Für meinen Vater und meine Mutter

## Inhalt

**1986 – 1992**

## Einführung

**Sonntag – 14. Juli 1991**

Es steckt immer in mir drin, sucht einen Weg nach draußen.

Ich wache gegen zehn auf, koche zwei Tassen Tee, nehme sie mit ins Schlafzimmer und stelle auf jeder Seite des Betts eine ab. Wir beide nippen nachdenklich; so kurz nach dem Aufwachen entstehen lange, traumerfüllte Pausen zwischen den gelegentlichen Bemerkungen – über den Regen draußen, über letzte Nacht, über das Rauchen im Schlafzimmer, wo ich doch versprochen hatte, es sein zu lassen. Sie fragt, was ich diese Woche vorhabe, und ich denke: 1. Ich sehe Matthew am Mittwoch. 2. Matthew hat immer noch mein CHAMPIONS Video. 3. (Dabei fällt mir ein, daß er, der nur so tut, als wäre er ein Arsenalfan, schon seit ein paar Jahren nicht mehr in Highbury war und deshalb keine Gelegenheit hatte, die Neuverpflichtungen der letzten Zeit in natura zu sehen.) Ich frage mich, was er von Anders Limpar hält. Und in drei einfachen Schritten, innerhalb von fünfzehn, zwanzig Minuten nach dem Aufwachen, bin ich auf meinem Weg. Ich sehe Limpar auf Gillespie zurennen, rechts vorbeigehen, fallen: ELFMETER! DIXON VERWANDELT! 2:0! ... Mersons Absatzkick und Smiths Rechtsschuß ins lange Eck im selben Spiel... Mersons kleines Drängeln vorbei an Grobbelaar in Anfield... Davis' Knaller aus der Drehung gegen Villa... (Und es ist, ich bitte das zu bedenken, ein Morgen im Juli, unserem freien Monat, in dem überhaupt kein Vereinsfußball stattfindet.) Manchmal, wenn ich mich diesen Träumereien vollständig hingebe, gehe ich immer weiter zurück, vorbei an Anfield 89, Wembley 87, Stamford Bridge 78, mein gesamtes Fußballeben zieht blitzartig an meinen Augen vorbei.

»Woran denkst du?« fragt sie.

In diesem Moment lüge ich. Ich hab überhaupt nicht an Martin Amis oder Gérard Depardieu oder die Labour Party gedacht. Was soll's, Besessene haben keine Wahl, sie müssen in solchen Augenblicken lügen. Wenn wir jedesmal bei der Wahrheit blieben, wären wir nicht in der Lage, Beziehungen zu irgend jemandem aus der wirklichen Welt aufrechtzuerhalten. Wir würden zurückbleiben, um mit unseren Arsenal-Programmheften, unserer Sammlung von Originalaufnahmen des Stax Blue Labels oder unseren King Charles Spaniels zu verfaulen. Unsere zweiminütigen Tagträume würden länger und länger und länger, bis wir unseren Job los wären und aufhören würden zu baden, uns zu rasieren und zu essen. Wir würden in unserem eigenen Dreck auf dem Boden liegen und das Video in dem Versuch, den *kompletten* Kommentar vom Abend des 26. Mai 1989, einschließlich David Pleats fachkundiger Analyse, auswendig zu lernen, wieder und wieder zurückspulen. (Oh, Sie glauben, ich hätte das Datum nachschlagen müssen? Ha!) Die Wahrheit ist: Während alarmierend großer Abschnitte eines durchschnittlichen Tages bin ich ein Schwachsinniger.

Ich will damit nicht sagen, daß die gedankliche Beschäftigung mit Fußball grundsätzlich eine unpassende Verwendung der Phantasie ist. David Lacey, der Chef-Fußballkorrespondent des GUARDIAN, ist ein hervorragender Schriftsteller und ein offensichtlich intelligenter Mann, und er muß vermutlich noch größere Teile seines geistigen Lebens dem Spiel widmen als ich. Der Unterschied zwischen Lacey und mir ist, daß ich selten *denke*. Ich erinnere mich, ich phantasiere, ich bemühe mich, mir jedes einzelne Tor von Alan Smith bildlich vorzustellen, ich hake die Anzahl der Erstligastadien ab, die ich besucht habe, und ein- oder zweimal, als ich nicht schlafen konnte, habe ich versucht, jeden einzelnen Arsenalspieler aufzuzählen, den ich je gesehen habe. (Als ich ein Kind war, kannte ich die Namen der Frauen und Freundinnen der Spieler des Teams, das das Double geholt hat, heute weiß ich nur noch, daß Charlie Georges Verlobte Susan Farge hieß und daß Bob Wilsons Frau Megs hieß, wobei selbst diese bruchstückhafte Erinnerung erschreckend überflüssig ist.)

Nichts davon ist Gedanke im eigentlichen Sinn des Wortes. Es kommt zu keiner Analyse, bewußten Selbsterfahrung oder geistigen Strenge, weil Besessenen jede Sicht auf ihre Leidenschaft verstellt ist.

In gewisser Weise ist es das, was einen Besessenen ausmacht. (Und nebenbei erklärt es, warum so wenige von ihnen sich selbst als solche erkennen. Ein Fankollege, der letzte Saison an einem saukalten Januarnachmittag ganz allein ein Spiel der Reservemannschaft von Wimbledon gegen die von Luton anschauen ging – und das nicht in einer Geisteshaltung von »Immer-eine-Nase-voraus« oder einer Art selbstironischer, burschikoser Überspanntheit, sondern weil es ihn *aufrichtig interessierte* –, stritt mir gegenüber unlängst energisch ab, auch nur im geringsten exzentrisch zu sein.)

BALLFIEBER ist ein Versuch, einen Blick auf meine Besessenheit zu werfen. Warum hat die Beziehung, die als Schuljungenschwärmerei begann, beinahe ein Vierteljahrhundert überdauert, länger als irgendeine andere Beziehung, die ich freiwillig eingegangen bin? (Ich liebe meine Familie sehr, doch wurde sie mir eher aufgedrängt, und ich habe mit keinem der Freunde mehr Kontakt, die ich hatte, ehe ich vierzehn war – mit Ausnahme des einzigen anderen

Arsenalfans in der Schule.) Und warum ist es dieser Neigung gelungen, meine zeitweiligen Gefühle von Gleichgültigkeit, Kummer und ganz realem Haß zu überstehen?

Das Buch ist, zum Teil, auch eine Erforschung der Bedeutungen, die Fußball für viele von uns zu enthalten scheint. Es ist mir ziemlich deutlich geworden, daß meine Hingabe so manches über meinen Charakter und meine persönliche Geschichte aussagt, doch die Art, wie das Spiel aufgenommen wird, bietet wahrscheinlich auch allerlei Informationen über unsere Gesellschaft und Kultur. (Ich habe Freunde, die das als prätentiösen, selbstgefälligen Unsinn betrachten werden, die Art von verzweifelter Rechtfertigung, die man von einem Mann erwarten kann, der einen großen Teil seiner Freizeit damit verbracht hat, sich in der Kälte erbärmlich aufzuregen. Sie stehen dieser Idee besonders ablehnend gegenüber, weil ich dazu tendiere, den metaphorischen Wert des Fußballs zu überschätzen, und ihn deshalb in Unterhaltungen einführe, in die er einfach nicht hineingehört. Ich akzeptiere mittlerweile, daß Fußball keine Relevanz für den Falklandkonflikt, die Rushdie-Affäre, den Golfkrieg, die Geburt von Kindern, die Ozonschicht, die Kopfsteuern, etc., etc. besitzt, und ich möchte die Gelegenheit ergreifen, mich bei all denen zu entschuldigen, die sich meine pathetisch überspannten Analogien anhören mußten.)

Letztlich handelt BALLFIEBER davon, wie es ist, Fan zu sein. Ich habe Bücher gelesen, die von Leuten geschrieben wurden, die Fußball offensichtlich lieben – doch das ist eine vollkommen andere Sache. Und ich habe Bücher gelesen, die von Hooligans um einer besseren Welt willen geschrieben wurden, aber mindestens 95 Prozent der Millionen, die jedes Jahr Spiele ansehen, haben in ihrem Leben noch nie jemand geschlagen. Also ist dies hier für den

Rest von uns und für jeden, der sich gefragt hat, wie es wohl ist, so zu sein. Obwohl die Einzelheiten nur für mich Geltung beanspruchen, hoffe ich, daß sie all jene an etwas erinnern, die schon einmal erlebt haben, wie sie mitten in einem Arbeitstag, in einem Film oder einer Unterhaltung abgedriftet sind, zurück zu einem Volleyschuß mit links, der vor zehn, fünfzehn oder fünfundzwanzig Jahren in den rechten Winkel gerauscht ist.

# 1968 – 1975

## Heimdebüt

**Arsenal gegen Stoke City – 14.9.68**

Ich verliebte mich in den Fußball, wie ich mich später in Frauen verlieben sollte: plötzlich, unerklärlich, unkritisch und ohne einen Gedanken an den Schmerz und die Zerrissenheit zu verschwenden, die damit verbunden sein würden.

Im Mai 68 (natürlich ein Datum mit Beigeschmack, obwohl ich noch immer eher an Jeff Astle als an Paris denke), kurz nach meinem elften Geburtstag, fragte mich mein Vater, ob ich mit ihm zum FA-Cup-Finale zwischen West Brom und Everton gehen wolle, ein Kollege habe ihm ein paar Karten angeboten. Ich sagte ihm, daß Fußball mich nicht interessiere, nicht einmal das Cup-Finale – wahrheitsgemäß, so weit mir bewußt war. Allerdings sah ich mir eigenartigerweise das ganze Spiel trotzdem im Fernsehen an. Ein paar Wochen später verfolgte ich mit meiner Mutter gebannt das Europapokalfinale der Landesmeister zwischen Manchester United und Benfica, und Ende August stand ich früh auf, um zu hören, wie es United im Finale des Weltpokals ergangen war. Ich liebte Bobby Charlton und George Best (ich wußte nichts von Denis Law, dem dritten der Heiligen Dreifaltigkeit, der das Spiel gegen Benfica verletzungsbedingt verpaßt hatte) mit einer Leidenschaft, die mich vollkommen unerwartet getroffen hatte. Sie hielt drei Wochen an, bis Dad mich zum ersten Mal nach Highbury mitnahm.

Meine Eltern hatten sich 1968 bereits getrennt. Mein Vater hatte eine andere getroffen und war ausgezogen, und ich lebte mit meiner Mutter und meiner Schwester in einem kleinen Reihenhaus in den Home Counties. Dieser Stand der Dinge war für sich selbst betrachtet unscheinbar genug (obwohl ich mich nicht an irgendeinen anderen in meiner Klasse erinnern kann, der einen abwesenden Elternteil hatte – die sechziger Jahre brauchten noch weitere sieben oder acht Jahre, um die zwanzig und ein paar zerquetschten Meilen auf der M4 von London hinab zu reisen), doch das Auseinanderbrechen der Familie hatte uns vier auf mannigfaltige Weise verletzt, wie Trennungen es nun mal tun.

Es gab unvermeidlicherweise eine Reihe von Schwierigkeiten, die aus dieser neuen Phase des Familienlebens erwuchsen, obwohl das ausschlaggebende Problem in diesem Zusammenhang wahrscheinlich das banalste war: das wohlbekannte, aber trotzdem kaum zu bewältigende Problem, Samstagnachmittage mit einem Elternteil im Zoo verbringen zu müssen. Und oft war es Dad nur möglich, uns Mitte der Woche zu besuchen. Keiner wollte im Grunde daheimbleiben und fernsehen, aus ersichtlichen Gründen, aber andererseits gab es wirklich nicht viele andere Orte, an die ein Mann zwei Kinder unter zwölf mitnehmen konnte. Normalerweise fuhren wir drei in eine Nachbarstadt oder hinauf zu einem der Flughafenhotels, wo wir in einem kalten, aufgrund der frühen Abendstunde verlassenen Restaurant saßen, und Gill und ich entweder Steak oder Hühnchen in mehr oder weniger vollständigem Schweigen aßen, während Dad zusah. (Kinder sind in der Regel keine großen Unterhaltungskünstler bei Tisch, und außerdem waren wir gewohnt, bei laufendem Fernseher zu essen.) – Er muß ganz verzweifelt auf der Suche nach einem anderen Programm für uns gewesen sein, doch die Möglichkeiten in einer Stadt im Pendlergürtel an einem Montagabend zwischen halb sieben und neun waren begrenzt.

In jenem Sommer verbrachten Dad und ich eine Woche in einem Hotel in der Nähe von Oxford, wo wir abends in einem verlassenen Speisesaal saßen und ich entweder Steak oder Hühnchen in mehr oder weniger vollständigem Schweigen aß. Nach dem Abendessen gingen wir mit den anderen Gästen fernsehen, und Dad trank zuviel. Die Dinge mußten sich ändern.

Mein Vater versuchte es in jenem September noch einmal mit Fußball, und er muß verblüfft gewesen sein, als ich ja sagte. Ich hatte noch nie vorher zu irgendeinem seiner Vorschläge ja gesagt, obwohl ich auch selten nein sagte. Ich lächelte freundlich und gab einen Laut von mir, der Interesse aber keine Begeisterung ausdrücken sollte, einen aufreizenden Zug, den ich wohl speziell für diese Zeit meines Lebens entwickelte, der mir aber seither irgendwie geblieben ist. Zwei oder drei Jahre versuchte er, mich ins Theater mitzunehmen, und jedesmal wenn er fragte, zuckte ich einfach mit den Achseln und grinste idiotisch, mit dem Ergebnis, daß Dad letztlich wütend wurde und mir sagte, ich solle es vergessen – genau das wollte ich von ihm hören. Und das betraf nicht nur Shakespeare, ich war genauso skeptisch gegenüber Rugby- oder Cricketspielen, Bootsfahrten und Tagesausflügen nach Silverstone und Longleat. Ich wollte überhaupt gar nichts unternehmen. Nichts davon zielte darauf ab, meinen Vater für seine Abwesenheit zu bestrafen, denn ich war wirklich überzeugt, daß ich ihn gern überallhin begleiten würde, nur eben nicht an irgendeinen der Orte, die ihm einfielen.

Ich schätze, 1968 war das traumatischste Jahr meines Lebens. Nach der Trennung meiner Eltern zogen wir in ein kleineres Haus, doch eine Zeitlang waren wir aufgrund einer unglücklichen Verkettung obdachlos und mußten bei unseren Nachbarn wohnen. Ich erkrankte ernsthaft an Gelbsucht, und ich fing an, das örtliche humanistische Gymnasium zu besuchen. Ich müßte außerordentlich prosaisch sein, zu glauben, daß das Arsenalfieber, das mich sehr bald ergreifen sollte, nichts mit diesem Durcheinander zu tun hatte. (Und ich frage mich, wie viele andere Fans irgendein entsprechendes Freudsches Drama finden könnten, wenn sie die Umstände untersuchen würden, die zu ihrer Besessenheit geführt haben. Schließlich ist Fußball ein tolles Spiel und alles, aber was trennt diejenigen, die glücklich sind, einem halben dutzend Spiele pro Saison beizuwohnen – die großen Spiele anzuschauen, sich vom Mist fernzuhalten, sicherlich der vernünftige Weg –, von denen, die sich gezwungen fühlen, jedem einzelnen beizuwohnen? Warum an einem Mittwoch von London nach Plymouth reisen und dabei einen wertvollen Urlaubstag verbrauchen, um ein Rückspiel zu sehen, das durch das Hinspiel in Highbury zur Formsache geworden war? Und wenn diese Theorie des Fanseins als Therapie auch nur näherungsweise zutrifft, *was zum Teufel liegt im Unterbewußtsein von Leuten begraben, die zu Spielen um die Leyland DAF Trophy gehen?* Vielleicht ist es am besten, das nicht zu wissen.)

Es gibt eine Kurzgeschichte des amerikanischen Schriftstellers Andre Dubus mit dem Titel »The Winter Father« über einen Mann, dessen Scheidung ihn von seinen zwei Kindern getrennt hat. Im Winter ist seine Beziehung zu ihnen gereizt und voller Spannungen, sie bewegen sich vom nachmittäglichen Jazzclub zum Kino und dann zum Restaurant und starren sich an. Doch im Sommer, wenn sie an den Strand gehen können, kommen sie sehr gut klar. »Der lange Strand und das Meer waren ihr Vorgarten, die Decke ihr Heim, die Kühlbox und die Thermoskannen ihre Küche. Sie lebten wieder als eine Familie.« Situationskomödien und Filme machen sich schon lange diese schreckliche Tyrannei von Örtlichkeiten zu Nutzen und schildern Männer, die mit störrischen Kindern und einem Frisbee quer durch Parks zotteln. Doch »The Winter Father« bedeutet mir sehr viel, weil die Geschichte weiter geht als das, denn in ihr wird herausgearbeitet, was in der Beziehung zwischen Eltern und Kindern wertvoll ist, und einfach und präzise erklärt, warum Zoobesuche zum Scheitern verurteilt sind.

In diesem Land können Bridlington und Minehead meines Wissens nicht die gleiche Art von Befreiung wie die Strände von Neuengland in Dubus' Geschichte bieten, doch mein Vater und ich waren im Begriff, das perfekte englische Gegenstück zu entdecken. Samstagnachmittage in Nordlondon gaben uns eine Umgebung, in der wir zusammen sein konnten. Wir konnten reden, wenn wir wollten, der Fußball gab uns ein Gesprächsthema (in jedem Fall waren die Gesprächspausen nicht bedrückend), und die Tage hatten eine Struktur, einen Routineablauf. Das Spielfeld von Arsenal sollte unser Vorgarten sein (und da dieser Vorgarten ein typisch englischer Rasen war, betrachteten wir ihn für gewöhnlich voll Traurigkeit durch den strömenden Regen), die Gunners' Fish Bar in der Blackstock Road unsere Küche und die Westtribüne unser Heim. Es war ein wunderbares Szenario und veränderte unser Leben, gerade als es einer Veränderung am dringendsten bedurfte, aber es war auch exklusiv: Dad und meine Schwester fanden niemals einen gemeinsamen Lebensraum. Möglicherweise würde das heute nicht passieren, möglicherweise hätte ein neunjähriges Mädchen in den neunziger Jahren das Gefühl, daß sie genau die gleiche Berechtigung hat, zu einem Spiel zu gehen wie wir damals. Doch

1969 war das in unserer Stadt keine sonderlich geläufige Idee, und meine Schwester mußte mit ihrer Mutter und ihren Puppen zu Hause bleiben.

Ich weiß nicht mehr viel vom Fußball an jenem ersten Nachmittag. Einer jener Streiche der Erinnerung ermöglicht es mir, das einzige Tor klar zu sehen. Der Schiedsrichter gibt einen Strafstoß (er rennt in den Strafraum, ein dramatischer Fingerzeig, ein kollektiver Aufschrei), Verstummen als Terry Neill ihn ausführt, Aufstöhnen als Gordon Banks abtaucht und den Ball abklatscht, der glücklich vor Neills Füßen landet – und diesmal trifft er. Allerdings bin ich mir sicher, daß sich dieses Bild aus dem aufgebaut hat, was ich inzwischen bei ähnlichen Situationen erlebt habe und daß ich damals in Wirklichkeit viel weniger wahrgenommen habe. Alles, was ich an diesem Tag wirklich sah, war eine verwirrende Aneinanderreihung von unverständlichen Vorfällen, an deren Ende alle um mich herumstanden und schrien. Falls ich das auch tat, muß es peinliche zehn Sekunden nach dem Rest der Menge gewesen sein.

Aber ich habe andere, verläßlichere und wahrscheinlich bedeutsamere Erinnerungen. Ich erinnere mich an die überwältigende *Männlichkeit* der ganzen Geschichte – Zigarren- und Pfeifenrauch, verdorbene Sprache (Worte, die ich zwar schon gehört hatte, aber nicht von Erwachsenen und nicht in dieser Lautstärke), und erst Jahre später ging mir auf, daß das fast zwangsläufig Auswirkungen auf einen Jungen haben mußte, der mit seiner Mutter und seiner Schwester zusammenlebte. Ich erinnere mich, daß ich mehr ins Publikum als auf die Spieler schaute. Von dort, wo ich saß, hätte ich wahrscheinlich zwanzigtausend Köpfe zählen können – so was kann nur ein Sportfan (oder Mick Jagger oder Nelson Mandela). Mein Vater sagte mir, daß fast so viele Menschen im Stadion seien, wie in meiner Stadt lebten, und ich war dementsprechend von Ehrfurcht ergriffen.

(Wir haben vergessen, daß die Zuschauerzahlen beim Fußball immer noch erstaunlich hoch sind, größtenteils deshalb, weil sie seit dem Krieg schrittweise abgenommen haben. Trainer beklagen sich häufig über das geringe Zuschauerinteresse, vor allem wenn es ihrer mittelmäßigen Erst- oder Zweitligamannschaft gelungen ist, ein paar Wochen lang eine deftige Packung zu vermeiden. Aber die Tatsache, daß, sagen wir, Derby County es geschafft hat, 1990/91 – die Saison, die das Team auf dem letzten Platz der ersten Division beendete – einen Durchschnittsbesuch von fast siebzehntausend Zuschauern anzulocken, ist ein Wunder. Laß uns annehmen, daß dreitausend davon Anhänger der Auswärtsmannschaft sind. Das bedeutet, unter den verbleibenden vierzehntausend Zuschauern aus Derby war eine Anzahl von Leuten, die mindestens *achtzehnmal* loszogen, um den schlechtesten Fußball jener und vermutlich der meisten anderen Spielzeiten zu sehen. Naja, eigentlich muß man sich fragen, warum *überhaupt* irgendein Mensch ins Stadion gegangen ist.)

Es war aber nicht der Umfang der Zuschauermenge oder die Tatsache, daß Erwachsene das Wort »WICHSER« so laut sie wollten schreien konnten, ohne die geringste Aufmerksamkeit zu erregen, was mich am stärksten beeindruckte, sondern wie sehr die meisten Männer um mich herum es *haßten*, wirklich *haßten*, hier zu sein. Soweit ich das beurteilen konnte, schien keiner irgend etwas von dem, was während des gesamten Nachmittags geschah, auf die Art zu genießen, wie ich das Wort verstand. Binnen Minuten nach dem Anpfiff gab es echte Wut (»Du bist eine SCHANDE, Gould. Er ist eine SCHANDE!« »Einhundert Pfund in der Woche? EINHUNDERT PFUND IN DER

WOCHE! Das sollten sie mir dafür geben, daß ich dich anschauen muß.«) Im Verlauf des Spiels verwandelte sich die Wut in Entrüstung und schien dann zu mürrischer, stiller Unzufriedenheit zu erstarren. Ja, ja ich kenne all die Witze. Was hätte ich in Highbury schon anderes erwarten können? Aber ich war auch bei Chelsea, bei Tottenham und bei den Rangers und habe das gleiche erlebt: Der natürliche Grundzustand des Fußballfans ist bittere Enttäuschung, egal wie es steht.

Ich glaube, wir Arsenalfans wissen, tief in uns, daß der Fußball in Highbury nicht oft schön anzusehen war und daß daher unser Ruf als das langweiligste Team in der gesamten Geschichte des Universums nicht so verblüffend ist wie wir vorgeben, aber wenn wir eine erfolgreiche Mannschaft haben, wird vieles verziehen. Die Arsenalmannschaft, die ich an jenem Nachmittag sah, war einige Zeit aufsehenerregend erfolglos gewesen. Genaugenommen hatte der Club seit der Krönung im Jahre 1953 nichts mehr gewonnen, und dieses entmutigende und unzweideutige Versagen rieb ganz einfach Salz in die Wunden der Fans. Viele der Männer um uns herum sahen so aus, als hätten sie ein jedes Spiel einer jeden dürftigen Saison gesehen. Die Tatsache, daß ich in eine Ehe eindrang, die erschrekkend freudlos geworden war, verlieh meinem Nachmittag einen besonders prickelnden Kitzel der Sinne (wenn es eine echte Ehe gewesen wäre, hätten Kinder Stadionverbot gehabt). Ein Partner schleppte sich schwerfällig dahin und versuchte, auf pathetische Weise Gefallen zu erregen, während der andere sein Gesicht der Wand zukehrte, zu voll von Abscheu, um auch nur hinzusehen. Die Fans, die sich nicht an die dreißiger Jahre erinnerten, als der Club fünf Meistertitel und zwei FA Cups gewonnen hatte (obwohl Ende der Sechziger ein guter Teil der Zuschauer dazu in der Lage war), konnten sich an die Comptons und Joe Mercer erinnern, die gerade mal etwas mehr als ein Jahrzehnt her waren.

Das Stadion selbst, mit seinen wunderschönen Art-déco-Tribünen und seinen Jacob-Epstein-Statuetten, schien die aktuelle Arsenaltruppe mindestens genauso zu mißbilligen wie meine Tribünennachbarn.

Ich war natürlich schon vorher bei öffentlichen Unterhaltungsveranstaltungen gewesen, im Kino und in der Pantomime, und ich hatte meine Mutter im Chor des White Horse Inn in der Stadthalle singen sehen. Doch das war etwas anders. Das Publikum, dessen Teil ich bis dahin gewesen war, hatte bezahlt, um eine schöne Zeit zu haben, und ich hatte, obwohl man gelegentlich ein zappeliges Kind oder einen gähnenden Erwachsenen entdecken konnte, noch nie Gesichter wahrgenommen, die von Zorn, Verzweiflung oder Frustration verzerrt waren. Sich zu amüsieren, indem man leidet, war für mich ein vollkommen neuer Gedanke – auch wenn es den Eindruck macht, als hätte ich nur auf ihn gewartet. Es ist vielleicht nicht mal allzu gewagt, wenn ich behaupte, daß es ein Gedanke ist, der mein Leben geformt hat. Mir wurde schon immer vorgeworfen, die Dinge, die ich liebe – natürlich Fußball, aber auch Bücher und Platten –, viel zu ernst zu nehmen, und ich empfinde tatsächlich eine Art Wut, wenn ich eine schlechte Platte höre oder wenn jemand sich für ein Buch, das mir viel bedeutet, nicht sonderlich erwärmen kann. Vielleicht waren es diese verzweifelten, verbitterten Männer auf Arsenals Westtribüne, die mich gelehrt haben, diese Art von Wut zu empfinden. Und vielleicht verdiene ich deshalb einen Teil meines Lebensunterhalts als Kritiker – vielleicht sind es jene Stimmen, die ich höre, wenn ich schreibe: »Du bist ein WICHSER, X.« »Den Booker

Preis? DEN BOOKER PREIS? Den sollten sie mir dafür geben, daß ich dich lesen muß.«

Nur dieser eine Nachmittag hat die ganze Sache ins Rollen gebracht – es gab keine ausgedehnte Brautwerbung –, und ich weiß mittlerweile, daß dasselbe passiert wäre, wenn ich nach White Hart Lane oder Stamford Bridge gegangen wäre, so überwältigend war die Erfahrung beim ersten Mal. In einem verzweifelten und scharfsichtigen Versuch, das Unvermeidliche aufzuhalten, nahm mich Dad ganz schnell zu den Spurs mit, wo ich Jimmy Greaves vier Treffer zu einem 5:1-Sieg gegen Sunderland beisteuern sah, doch es war bereits um mich geschehen, und die sechs Tore und all die großartigen Spieler ließen mich kalt. Ich hatte mich in das Team verknallt, das Stoke durch einen Elfmeternachschuß 1:0 bezwang.

## Einen doppelten Jimmy Husband

**Arsenal gegen West Ham – 26.10.68**

Bei diesem, meinem dritten Besuch in Highbury (ein torloses Unentschieden – ich hatte mein Team mittlerweile dreimal in viereinhalb Stunden treffen sehen) erhielten alle Kinder umsonst ein Fußballstar-Album. Jede Seite war einer Erstligamannschaft gewidmet und hatte vierzehn oder fünfzehn Leerfelder, in die Abziehbilder der Spieler geklebt werden sollten, und wir erhielten auch ein kleines Päckchen mit Abziehbildern, um unsere Sammlung in Gang zu bringen.

Ich weiß, daß Werbegeschenke nicht oft auf diese Art

beschrieben werden, aber das Album erwies sich als der letzte, entscheidende Schritt in einem Sozialisierungsprozeß, der mit dem Spiel gegen Stoke begonnen hatte. Die Vorzüge einer Vorliebe für Fußball waren in der Schule einfach unschätzbar (auch wenn der Sportlehrer ein Waliser war, der einmal den denkwürdigen Versuch unternahm, uns sogar in unserer Freizeit zu verbieten, etwas anderes als ein Rugby-Ei zu kicken): Mindestens die Hälfte meiner Klasse und wahrscheinlich ein Viertel des Lehrkörpers liebte Fußball.

Es kann nicht überraschen, daß ich in der fünften Klasse der einzige Arsenalanhänger war. QPR, das nächstgelegene Erstligateam, hatte Rodney Marsh in seinen Reihen, Chelsea hatte Peter Osgood, Tottenham hatte Greaves und West Ham die drei Weltmeisterschaftshelden Hurst, Moore und Peters. Arsenals bekanntester Spieler war wahrscheinlich Ian Ure, berühmt für seine heiterkeitserregende Nutzlosigkeit und seine Beiträge zur Fernsehserie QUIZ BALL. Aber in jenem glorreichen, ersten, fußballerfüllten Schulhalbjahr war es unbedeutend, daß ich allein war. In unserer Pendlerstadt hatte kein Club ein Monopol auf die Anhängerschaft, und auf alle Fälle war mein neuer bester Freund, ein Fan von Derby County wie sein Vater und Onkel, ähnlich isoliert. Die Hauptsache war, daß du einen Glauben hattest. Vor Schulbeginn, in der großen Pause und in der Mittagspause spielten wir mit einem Tennisball auf den Tennisplätzen Fußball, und zwischen den Stunden tauschten wir Fußballabziehbilder – Ian Ure gegen Geoff Hurst (unglaublicherweise hatten die Abziehbilder den gleichen Wert), Terry Venables gegen Ian St John, Tony Hately gegen Andy Lochhead.

Und so wurde der Übergang in die höhere Schule unvorstellbar einfach gemacht. Ich war wahrscheinlich der kleinste Junge in der fünften Klasse, doch meine Größe zählte nicht, wenngleich meine Freundschaft mit einem Derby-Fan, dem um einige Köpfe Größten, ziemlich praktisch war. Und obwohl meine Leistungen als Schüler unauffällig waren (ich wurde Ende des Jahres in die Leistungskategorie »B« geworfen und blieb dort während meiner gesamten Gymnasialkarriere), empfand ich die Unterrichtsstunden als Kinderspiel. Selbst die Tatsache, daß ich einer von nur drei Jungen war, die kurze Hosen trugen, war nicht so traumatisch, wie sie eigentlich hätte sein müssen. Solange du den Namen des Managers von Burnley kanntest, kümmerte sich niemand groß darum, daß du ein Elfjähriger warst, der wie ein Sechsjähriger angezogen war.

Dieses Muster hat sich seit damals einige Male wiederholt. Die ersten und angenehmsten Freunde, die ich am College kennenlernte, waren Fußballfans. Und die eingehende Lektüre der letzten Seite einer Zeitung im Verlauf der Mittagspause am ersten Tag in einem neuen Job löst für gewöhnlich eine Reaktion aus. Sicher, ich bin mir der Kehrseite dieser wunderbaren Einrichtung, die Männer haben, bewußt: Sie werden verklemmt, sie versagen in ihren Beziehungen mit Frauen, ihre Unterhaltung ist trivial und ungehobelt, sie sind unfähig, ihre emotionalen Bedürfnisse auszudrücken, sie können kein Verhältnis zu ihren Kindern aufbauen, und sie sterben einsam und elend. Aber weißt du, was soll's? Wenn du in eine Schule voll mit achthundert Jungen, die meisten von ihnen älter, alle größer, reinmarschieren kannst, ohne eingeschüchtert zu sein, ganz einfach weil du einen doppelten Jimmy Husband in der Blazertasche hast, dann scheint mir das einen Kompromiß wert zu sein.

## Don Rogers

**Swindon Town gegen Arsenal (in Wembley) – 15.3.69**

Dad und ich gingen während jener Saison ein halbes dutzendmal ins Highbury, und bis Mitte März 1969 war ich weit über reines Fansein hinausgegangen. An Spieltagen erwachte ich mit einem nervösen Kribbeln im Bauch, einem Gefühl, das sich steigerte, bis Arsenal einen Zweitorevorsprung erzielt hatte, der mich dann etwas entspannen ließ. Ich hatte mich erst einmal entspannen können, als wir Everton unmittelbar vor Weihnachten 3:1 schlugen. Mein samstägliches Unwohlsein war dergestalt, daß ich darauf bestand, kurz nach eins im Stadion zu sein, beachtliche zwei Stunden vor dem Anstoß. Diesen Tick ertrug mein Vater mit Geduld und guter Laune, auch wenn es häufig kalt war. Ab Viertel nach zwei war meine Erregung so groß, daß jedwede Kommunikation unmöglich war.

Meine Nervenanspannung vor dem Spiel war immer gleich groß, egal wie bedeutungslos das Spiel auch sein mochte. In jener Saison hatte Arsenal alle Chancen auf den Meistertitel bis circa November verspielt, ein bißchen später als üblich. Das bedeutete aber, daß es, wenn man es mit etwas Abstand betrachtete, kaum zählte, ob das Team die Spiele gewann, die ich besuchte.

Wie auch immer, für mich hatte es ungeheure Bedeutung. In diesen frühen Zeiten war meine Beziehung zu Arsenal vollkommen persönlicher Natur: Das Team existierte nur, wenn ich im Stadion war (ich kann mich nicht erinnern, daß mich seine armseligen Auswärtsresultate sonderlich fertigmachten). Wenn es die Spiele, die ich sah, 5:0 gewonnen und den Rest 0:10 verloren hätte, wäre das in meinen Augen eine gute Saison gewesen, an die das Team wahrscheinlich feierlich gedacht hätte, indem es die M4 hinabgereist wäre, um mich in einem offenen Bus zu sehen.

Eine Ausnahme machte ich bei den FA-Cup-Partien, die Arsenal trotz meiner Abwesenheit gewinnen sollte, doch wir schieden mit 0:1 bei West Brom aus. Ich war gezwungenermaßen ins Bett gegangen, bevor das Resultat durchgegeben wurde – die Partie fand an einem Mittwochabend statt –, und meine Mutter schrieb das Ergebnis auf ein Stück Papier und heftete es an mein Bücherregal, so daß ich morgens gleich draufschauen konnte. Mir fielen schier die Augen aus dem Kopf. Ich fühlte mich von dem, was sie geschrieben hatte, verraten. Wenn sie mich liebte, hätte sie mit Sicherheit mit einem besseren Ergebnis als einem 0:1 aufwarten können. Wohl ebenso schmerzlich wie der Ausgang der Partie war das Ausrufezeichen, das sie dahintergesetzt hatte, als ob es ein... naja, Freudenausruf wäre. Seine Verwendung erschien mir hier genauso unangebracht wie bei der Bekanntgabe des Todes eines Verwandten: »Oma friedlich im Schlaf verstorben!« Diese Enttäuschungen waren mir selbstverständlich noch vollkommen neu, aber wie alle Fans bin ich mittlerweile so weit, sie zu erwarten. (In dem Moment, in dem ich das schreibe, habe ich den Schmerz von FA-Cup-Niederlagen zweiundzwanzigmal gespürt, aber nie so heftig wie bei jener ersten.)

Vom Ligapokal hatte ich noch nicht viel mitbekommen, in erster Linie, weil die Spiele am Mittwoch ausgetragen wurden und ich diesen bis dahin noch nicht hatte beiwohnen dürfen. Doch als Arsenal das Finale erreichte, war ich bereit, den Pokal als Trost für eine Saison zu akzeptieren, die mir als herzzerreißend armselig erschienen war, obwohl sie in Wirklichkeit für die sechziger Jahre ziemlich typisch war.

Also zahlte Dad einem Schwarzhändler deutlich mehr als den fairen Preis für ein Paar Karten (ich habe nie herausgefunden, wieviel es genau war, aber er ließ mich später mit berechtigtem Ärger wissen, daß sie sehr teuer gewesen waren), und am Samstag, dem 15. März (»HÜTET EUCH VOR DEN IDEN DES MÄRZ« war die Schlagzeile in der farbigen Sonderbeilage des EVENING STANDARD), ging ich zum ersten Mal ins Wembleystadion.

Arsenal spielte gegen Swindon Town, ein Drittligateam, und niemand schien ernstlich zu bezweifeln, daß Arsenal das Spiel und damit seinen ersten Pokal seit sechzehn Jahren gewinnen würde. Ich war nicht so sicher. Nachdem ich auf dem ganzen Hinweg im Wagen schweigsam gewesen war, fragte ich Dad auf den Treppen hinauf ins Stadion, ob er genauso zuversichtlich wie alle anderen sei. Ich versuchte, die Frage beiläufig erscheinen zu lassen – Plauderei über Sport zwischen zwei Männern an einem freien Tag –, doch die Wahrheit sah ganz anders aus: Was ich wirklich wollte, war erneute Bestätigung von einem Erwachsenen, einem Elternteil, meinem Vater, daß das, was ich gleich miterleben sollte, mir keine Narben fürs Leben schlagen würde. »Sieh mal«, hätte ich ihm sagen sollen, »wenn sie zu Hause ein ganz normales Ligaspiel bestreiten, habe ich solche Angst, daß sie verlieren, daß ich unfähig bin, zu denken oder zu sprechen, ja manchmal selbst zu atmen. Wenn du also glaubst, daß Swindon die allergeringste Chance hat, es reicht eine Chance von eins zu einer Million, dann ist es das Beste, wenn du mich jetzt heimbringst, weil ich nicht glaube, daß ich das überstehen könnte.«

Wenn ich damit rausgerückt wäre, hätte mein Vater mich

davon abhalten müssen, ins Stadion zu gehen. Doch ich fragte ihn einfach in einer vorgetäuschten Haltung von träger Neugier, wer seiner Meinung nach das Spiel gewinnen würde, und er meinte Arsenal, drei oder vier zu null, genau wie jeder andere es tat, und so erhielt ich die erneute Bestätigung, auf die ich aus war – und erhielt trotzdem meine Narben fürs Leben. Wie das Ausrufezeichen meiner Mutter erschien mir die unbekümmerte Zuversicht meines Vaters später wie ein Verrat.

Ich war so voller Angst, daß das Wembley-Erlebnis – eine Zuschauermenge von einhunderttausend Menschen, das riesige Spielfeld, der Lärm, das Gefühl der freudigen Erwartung – völlig an mir vorbeiging. Wenn mir an dem Ort überhaupt etwas auffiel, so war es die Tatsache, daß Wembley nicht Highbury war, und mein Gefühl der Entfremdung steigerte einfach mein Unbehagen. Ich saß bibbernd da, bis Swindon kurz vor Halbzeit traf, und dann verwandelte sich die Angst in Elend. Das Tor war eines der katastrophal dümmsten Tore, das ein Team von Profis je eingefangen hat: ein ungeschickter Rückpaß (von Ian Ure, ganz klar), dann ein lausiges Tackling ins Leere, und schließlich ein Torhüter (Bob Wilson), der im Schlamm ausrutscht und den Ball knapp neben dem rechten Torpfosten über die Linie kullern läßt. Zum ersten Mal wurden mir plötzlich all die um uns herumsitzenden Swindonfans bewußt, mit ihren fürchterlichen West-Country-Akzenten, ihrer absurden, unschuldigen Ausgelassenheit, ihrem ungläubigen Taumel. Ich war vorher noch nie gegnerischen Fans begegnet, und ich verabscheute sie, wie ich noch nie Fremde verabscheut hatte.

Eine Minute vor Spielende glich Arsenal aus, unerwartet und bizarr, ein Flugkopfball nach einem Abpraller vom Knie des Torwarts. Ich versuchte, die Tränen der Erleichterung zurückzuhalten, doch diese Anstrengung überstieg meine Fähigkeiten. Ich stand auf meinem Sitz und brüllte meinem Vater ins Gesicht, wieder und wieder: »Jetzt läuft's für uns, oder nicht? Jetzt läuft's für uns!« Er klopfte mir auf den Rücken, erfreut, daß aus dem trüben und teuren Nachmittag wenigstens noch etwas herausgesprungen war, und sagte mir, jetzt werde doch noch alles in Ordnung kommen.

Das war sein zweiter Verrat des Tages. Swindon schoß in der Verlängerung zwei Tore: Der eine Treffer fiel durch ein Stolpertor nach einem Eckball, der andere durch Don Rogers nach einem herrlichen Sturmlauf über fünfzig Meter. All das war einfach zuviel. Als der Schlußpfiff ertönte, verriet mich mein Vater das dritte Mal in weniger als drei Stunden, indem er sich erhob und dem sensationellen Außenseiter Beifall zollte – ich rannte Richtung Ausgang.

Als mein Vater mich einholte, war er wutentbrannt. Er trug mit großem Schwung seine Vorstellungen von sportlich fairem Benehmen vor (was kümmerte mich sportlich faires Benehmen?) und ließ mich dann zum Wagen marschieren. Wir fuhren in Schweigen gehüllt nach Hause. Fußball mochte uns ein neues Medium verschafft haben, durch das wir uns austauschen konnten, doch das hieß nicht, daß wir es auch nutzten oder daß das, was wir zu sagen beliebten, unbedingt positiv war.

Ich erinnere mich nicht an Samstagabend, doch ich weiß, daß ich es am Sonntag, es war Muttertag, vorzog, in die Kirche zu gehen, statt daheim zu bleiben, wo die Gefahr bestand, daß ich die Höhepunkte des Spiels in der Sendung THE BIG MATCH ansehen und mich selbst in depressive Umnachtung stoßen würde. Und ich weiß, daß der Pfarrer, als wir in der Kirche ankamen, seinem Wohlgefallen Ausdruck verlieh, angesichts der konkurrierenden Versuchung eines Pokalfinales im Fernsehen eine so zahlreiche Gemeinde zu sehen, und daß Freunde und Familie mich stupsten und blöde grinsten. Das alles war jedoch nichts im Vergleich zu dem, was mich am Montagmorgen in der Schule erwartete.

Für zwölfjährige Jungs, die ohne Unterlaß nach Möglichkeiten Ausschau hielten, ihre Altersgenossen zu demütigen, waren Gelegenheiten wie diese zu gut, um ungenutzt zu verstreichen. Als ich die Tür zu dem Fertigbau aufstieß, hörte ich jemand rufen »Da ist er!«, dann wurde ich von einer Meute schreiender, höhnisch lachender Jungs verschlungen, von denen sich einige – das stellte ich düster fest, ehe ich zu Boden geschlagen wurde – nicht mal für Fußball interessierten.

Es mag in meinem ersten Oberschulhalbjahr nicht viel gezählt haben, daß ich ein Arsenalfan war, doch in meinem zweiten war es bedeutsamer geworden. Fußball war im wesentlichen noch immer ein vereinendes Interesse – daran hatte sich nichts geändert. Doch im Verlauf der vergangenen Monate war immer deutlicher geworden, wer welchen Lieblingsclub hatte, und wir waren viel schneller dabei, Spott zu verstreuen. Ich schätze, das war einfach leicht vorherzusehen, aber an diesem grausamen Montagmorgen trotzdem schmerzhaft. Als im ich Gymnasiumdreck lag, kam mir der Gedanke, daß ich einen grotesken Fehler gemacht hatte. Es war mein glühender Wunsch, die Uhr zurückzudrehen und darauf zu bestehen, daß mein Vater mich nicht zu Arsenal gegen Stoke, sondern in einen verlassenen Hotelspeisesaal oder den Zoo mitnahm. Ich wollte so was nicht einmal pro Saison durchmachen. Ich wollte zum Rest der Klasse gehören und fürchterlich auf irgendeinem anderen armen Kind mit gebrochenem

Herzen herumtrampeln. Auf einem der Streber, der Schwächlinge, der Inder oder Juden, die gewohnheitsmäßig und grauenvoll tyrannisiert wurden. Zum ersten Mal in meinem Leben war ich anders als die anderen und ganz allein, und ich haßte es.

Ich habe ein Foto von dem Spiel, das am Samstag nach der Swindon-Tragödie stattfand, auswärts bei QPR. George Armstrong rappelt sich gerade hoch, nachdem er das Siegtor zu einem 1:0-Erfolg erzielt hat, und David Court rennt auf ihn zu, seine Arme im Triumph erhoben. Im Hintergrund sieht man Arsenalfans auf der Tribüne, die sich als Silhouette gegen einen Apartmentblock hinter dem Stadion abzeichnen, und sie recken die Fäuste in den Himmel. Ich konnte nichts von dem, was ich auf dem Bild sah, verstehen. Wie konnten sich die Spieler derartig freuen, obwohl sie sich selbst (und natürlich mich) sieben Tage – *sieben* Tage – vorher dermaßen gedemütigt hatten? Warum sollte ein Fan, der in Wembley so gelitten hatte wie ich gelitten hatte, aufspringen, um ein bedeutungsloses Tor in einem bedeutungslosen Spiel zu bejubeln. Ich starrte oft minutenlang auf das Foto und versuchte irgendwo darin einen Beweis für das Trauma der vorangegangenen Woche zu entdecken, irgendeine Andeutung von Kummer oder von Trauer, doch da war keine. Offenkundig hatte es jeder außer mir vergessen. In meiner ersten Saison als Arsenalfan war ich von meiner Mutter, von meinem Vater, den Spielern und den anderen Anhängern verraten worden.

## England!

**England gegen Schottland – Mai 1969**

Obwohl ich immer die Versuchung verspüre, in ein warmes Bad zu springen, das die gelöste Essenz von Kenneth Wolstenholme enthält, weiß ich im Inneren meines Herzens, daß in den späten Sechzigern und den frühen Siebzigern manche Dinge besser und manche Dinge schlechter waren. Die Mannschaft Englands war damals, natürlich, besser: noch immer Weltmeister, vollgepackt mit großen Spielern, und dem Anschein nach imstande, den Weltmeistertitel im folgenden Jahr in Mexico vielleicht verteidigen zu können.

Ich war stolz auf England, entzückt, daß mein Vater mich mitnahm, um das Team ein wichtiges Spiel im Flutlicht von Wembley bestreiten zu sehen (und so bald nach dem Ligapokalfinale dorthin zurückzukehren war therapeutisch, ein erfolgreicher Exorzismus der Dämonen, die mich sonst jahrelang gequält hätten). Und obwohl es keinen Zweifel gibt, daß Colin Bell, Francis Lee und Bobby Moore besser waren als Geoff Thomas, Dennis Wise und Terry Butcher, war es nicht nur die vergleichsweise hohe Qualität, die es mir ermöglichte, eindeutige Gefühle für jene Englandtruppe zu hegen. Die Zweifel kamen nämlich erst mit zunehmendem Alter, das heißt, daß ich mit sechzehn oder siebzehn alles besser wußte als Englands Trainer.

Die Fähigkeit zur Kritik ist eine furchtbare Geschichte. Als ich elf war, gab es keine schlechten Filme, nur Filme, die ich nicht sehen wollte, es gab kein schlechtes Essen, nur Rosenkohl und andere Kohlköpfe, und es gab keine schlechten Bücher – alles, was ich las, war toll. Dann wachte ich eines Morgens auf, und alles war anders. Wie konnte meine Schwester überhören, daß David Cassidy nicht die *Klasse* von Black Sabbath hatte? Warum, *um alles in der Welt*, dachte mein Englischlehrer, daß THE HISTORY OF MR. POLLY besser sei als Agatha Christies TEN LITTLE INDIANS. Seit diesem Tag ist Genuß ein sehr viel schwerer erreichbarer Zustand geworden.

Doch 1969 existierte, was mich anbetraf, so etwas wie ein schlechter englischer Nationalspieler nicht. Warum sollte Sir Alf Ramsey jemand aufstellen, der dem Job nicht gewachsen war? Welchen Sinn hätte das? Ich glaubte unbesehen, daß die elf Spieler, die Schottland an jenem Abend zerstörten – je zwei Tore von Hurst und Peters, Colin Stein traf für die Schotten –, die besten im Lande waren. (Sir Alf hatte alle Spieler von Arsenal ignoriert, was einfach nur bestätigte, daß er wußte, was er tat.) Und überhaupt bedeutete das Fehlen von Liveübertragungen im Fernsehen, daß wir oft gar nicht wußten, wer etwas taugte und wer nicht, denn in den Ausschnitten sah man allenfalls, wie gute Spieler Tore erzielten und eben nicht, wie schlechte Spieler die Tore verfehlten.

Anfang der siebziger Jahre war ich ein echter Engländer geworden – sprich, ich haßte das englische Team genauso sehr wie anscheinend die Hälfte meiner Landsleute. Ich war durch die Ignoranz, die Furcht und die Vorurteile des Trainers entfremdet und überzeugt, daß meine eigene Auswahl jedes Team der Welt vernichten würde – und ich hatte eine tiefe Abneigung gegen Spieler von Tottenham, Leeds, Liverpool und Manchester United. Ich fing an, mich zu winden, wenn ich Englandspiele im Fernsehen sah, und zu empfinden, was so viele von uns empfinden, nämlich daß ich nicht die geringste Beziehung zu dem hatte, was da ablief; ich hätte genausogut Waliser oder Schotte oder Niederländer sein können. Ist das überall so?

Ich weiß, daß die Italiener ihre Jungs in der Vergangenheit mit verfaulten Tomaten am Flughafen begrüßt haben, wenn sie von Demütigungen in Übersee zurückkehrten, doch selbst diese Art von Engagement übersteigt meine Vorstellungskraft. »Ich hoffe, sie gehen ein«, habe ich Engländer bei zahlreichen Gelegenheiten über das englische Team sagen hören. Gibt es eine italienische, brasilianische oder spanische Version dieses Satzes? Es ist schwer vorstellbar.

Ein Teil dieser Verachtung mag mit der Tatsache zusammenhängen, daß wir zuviele Spieler haben, die alle von kaum variierender, zweifelhafter Begabung sind, während die Waliser und die Iren eine sehr geringe Auswahl haben, wenn es darum geht, ein Team aufzustellen, und die Fans wissen, daß ihre Trainer einfach zusehen müssen, wie sie über die Runden kommen. Unter diesen Umständen sind gelegentliche, armselige Vorstellungen unvermeidlich und Siege kleine Wunder.

Und dann ist da natürlich die lange Reihe von englischen Nationaltrainern, die wirklich großartige und elegante Spieler – Waddle und Gascoigne, Hoddle und Marsh, Currie und Bowles, George und Hudson, Fußballer, deren Talente zwar empfindlich und schwer nutzbar zu machen, doch zugleich auch viel wertvoller als ein Paar Lederlungen sind – mit der Art von Verachtung behandelt haben, die sich der Rest von uns für Kinderschänder vorbehält. (Welche Nationalmannschaft der Welt wäre nicht in der Lage, einen Platz für Chris Waddle zu finden, den Mann, der 1991 durch die Viererkette des AC Mailand hindurchschlenderte, wann immer er Lust dazu verspürte?) Und schließlich gibt es Englandfans (von denen an anderer Stelle noch ausführlicher die Rede sein wird), deren Aktivitäten im Verlauf der achtziger Jahre den Rest von uns nicht gerade animierten, sich mit dem Team zu identifizieren.

Es war nicht immer so mit den Fans bei Länderspielen. Es ist unmöglich, nicht einen kleinen Stich zu empfinden, wenn man zum Beispiel Wiederholungen von Spielen bei der Weltmeisterschaft 1966 sieht, in denen England nicht auf dem Platz war. In dem mittlerweile berühmten Spiel zwischen Nord-Korea und Portugal im Goodison Park (in dem das unbekannte asiatische Team einen 3:0-Vorsprung gegen eine der besten Mannschaften des Turniers erzielte, ehe es mit 3:5 ausschied), kann man eine mehr als dreißigtausend zählende Zuschauermenge, deren überwiegende Mehrheit aus Liverpool stammt, nach jedem gefallenen Tor wild applaudieren sehen. Es ist schwer, sich das gleiche Interesse heutzutage vorzustellen, da es wahrscheinlicher ist, daß man ein paar tausend Knallköpfe hätte, die die Asiaten mit angedeuteten Schlitzaugen und Eusebio mit Affenschreien verhöhnen würden. Tja, und deshalb leide ich natürlich an Sehnsucht, auch wenn ich mich nach einer Zeit zurücksehne, die niemals wirklich zu uns gehört hat: Wie gesagt, manche Dinge waren besser, manche waren schlechter, und der einzige Weg, wie man lernen kann, die eigene Jugend zu verstehen, ist, beide Seiten der Medaille zu akzeptieren.

An jenem Abend in Wembley waren keine dieser Goodison-Heiligen unter den Zuschauern, aber das Publikum unterschied sich auch nicht von den Menschenmassen, deren Teil ich die restliche Saison über gewesen war, mit Ausnahme eines zügellos emotionalen Schotten in der Reihe vor uns, der während der ersten Halbzeit bedenklich auf seinem Sitz hin und her schwankte und in der zweiten gar nicht erst wieder auftauchte. Doch die meisten von uns *genossen* das Spiel lebhaft, so als ob

Fußball für eine Nacht ein weiterer Zweig der Unterhaltungsindustrie geworden wäre. Vielleicht fühlten sie sich, genauso wie ich, befreit von der schonungslosen Verantwortung und der Pein des Clubfußballs: ich wollte, daß England gewinnt, aber England war nicht mein Team. Was bedeutete mir, einem Zwölfjährigen aus den Home Counties, letztlich schon mein Land, verglichen mit einer Nordlondoner Mannschaft dreißig Meilen von meinem Wohnort entfernt, von deren Existenz ich rund neun Monate vorher noch nichts gewußt hatte?

## Camping

**Arsenal gegen Everton – 7.8.69**

Beim Auftaktspiel meiner ersten vollen Saison befand ich mich in einem Pfadfinderlager in Wales. Ich hatte nicht hinfahren wollen. Selbst zu meiner besten Zeit war ich nie der wildeste Hans-Dampf-in-allen-Gassen-Pfadfinder, und kurz vor unserer Abfahrt hatte ich entdeckt, daß meine Eltern sich zu guter Letzt scheiden ließen. Eigentlich störte mich das nicht sonderlich, zumindest nicht bewußt, denn schließlich lebten sie mittlerweile einige Zeit getrennt, und der juristische Vorgang schien nur eine simple Bestätigung dieser Tatsache zu sein.

Aber von dem Augenblick an, als wir im Lager ankamen, hatte ich furchtbares, überwältigendes Heimweh. Ich wußte, daß es mir unmöglich vorkommen würde, die zehn Tage in der Fremde durchzustehen, und jeder Morgen begann mit einem R-Gespräch mit meiner Mutter, in dessen

Verlauf ich kläglich und peinlich über die Strippe nach Hause heulte. Mir war klar, daß dieses Verhalten ganz unglaublich schwach war, und als ein älterer Pfadfinder die Aufgabe erhielt, mit mir zu reden, um herauszufinden, was nicht stimmte, erzählte ich ihm mit schamlosem Eifer von der Scheidung. Es war die einzige Erklärung, die mir einfiel, um mein weibisches Verlangen, meine Mutter und meine Schwester zu sehen, in gewisser Weise zu entschuldigen. Die Rechnung ging auf. Für den Rest der Ferien wurde ich von den anderen Campern mit ehrfurchtsvollem Mitleid behandelt.

Ich flennte und triefte mich durch die erste Woche, doch das machte es nicht einfacher, und am Samstag wurde mein Vater von seinem Standort in den Midlands in Marsch gesetzt, um mich zu besuchen. Samstag war, natürlich, der härteste Tag von allen. Ich steckte während des ersten Heimspiels der Saison in irgendeinem doofen walisischen Feld fest, und mein Gefühl der Verschleppung war schlimmer denn je.

Ich hatte Fußball in den vorangegangenen Monaten vermißt. Der Sommer 69 war der erste in meinem Leben, in dem etwas zu fehlen schien. Mein Dad und ich sahen uns mit den Problemen aus der Zeit vor Arsenal konfrontiert: Die Sportseiten hatten für mich keinerlei Interesse mehr (in jenen Tagen, vor Gazza, vor zynischen und bedeutungslosen Saisonvorbereitungs-Turnierchen, die irgendwie aber doch eine Methadon-Alternative zu den kommenden, wirklichen Wettbewerben bieten – und vor dem lächerlich frenetischen, heutigen Transfermarkt erschienen die Zeitungen wochenlang, ohne Fußball auch nur zu erwähnen), und wir durften in der Schule nicht auf die Tennisplätze, um einen Ball durch die Gegend zu kicken. Ich hatte die vergangenen Sommer herbeigesehnt, doch dieser hier zerstörte so viele Routineabläufe, auf die ich mich mittlerweile verließ, daß er eher erstickend als befreiend erschien – so als ob Juli und November ihre Plätze getauscht hätten.

Dad kam mitten am Nachmittag auf dem Zeltplatz an. Wir gingen hinüber zu einem Felsen am Rande des Feldes und setzten uns hin, und Dad sprach davon, welch kleinen Unterschied die Scheidung als solche für unser Leben machen würde und daß wir nächste Saison sehr viel häufiger nach Highbury gehen könnten. Ich wußte, daß er bezüglich der Scheidung recht hatte (obwohl dieses Geständnis seine Zweihundertmeilenreise eigentlich überflüssig machte), doch das Fußballversprechen erschien mir leer. Was taten wir, wenn dem so war, sitzend auf einem Felsen in Wales, während Arsenal gegen Everton spielte? Schon vor einer ganzen Weile hatte mich mein Selbstmitleid übermannt. Ich schob tatsächlich die Schuld für alles – das scheußliche Essen, die alptraumhaften Wanderungen, die beengten, unbequemen Zelte, die widerlichen, Fliegen anziehenden Löcher, in die wir scheißen sollten, und, das Allerschlimmste, die zwei leeren Sitze auf der Westtribüne – auf die Tatsache, daß ich das Kind entfremdeter Eltern war, das Produkt eines zerbrochenen Zuhauses; in Wirklichkeit war ich in einem Pfadfinderlager in Wales, weil ich den Pfadfindern beigetreten war. Nicht zum ersten Mal in meinem Leben, und auch sicher nicht zum letzten Mal, hatte eine selbstgerechte Schwermut jeglichen Anschein von Logik verdrängt.

Kurz vor fünf gingen wir zurück zu meinem Zelt, um die Ergebnisse zu hören. Wir beide wußten, daß der Erfolg der Mission meines Vaters weitgehend nicht von seiner Fähigkeit, mich zu beruhigen oder zu überzeugen, sondern von den Neuigkeiten aus Nordlondon abhing, und ich denke, daß mein Vater sogar noch inbrünstiger als üblich um einen Heimsieg betete. Ich hatte ihm ohnehin in den vorangegangenen zwanzig Minuten nicht richtig zugehört. Er setzte sich auf irgendeinen fremden Schlafsack, eine nicht in die Szenerie passende Gestalt in seiner makellosen Junger-leitender-Angestellter-der-sechziger-Jahre-Freizeitkleidung, und wir schalteten BBC2 ein. Die Erkennungsmelodie des SPORTS REPORT trieb mir erneut das Wasser in die Augen (in einer anderen, besseren Welt hätten wir in diesem Moment auf den heißen Ledersitzen von Dads Geschäftswagen gesessen, versucht, uns durch den Verkehr zu wühlen und mitgesummt). Als sie vorbei war, gab James Alexander Gordon eine 0:1-Heimniederlage bekannt. Dad sackte müde und in dem Wissen, daß er seine Zeit vergeudet hatte, gegen die Zeltleinwand, und ich kehrte am nächsten Nachmittag nach Hause zurück.

## Ödes, ödes Arsenal

**Arsenal gegen Newcastle – 27.12.69**

All diese trostlosen torlosen Unentschieden gegen Newcastle«, sollte mein Vater in den kommenden Jahren klagen. »All diese saukalten, langweiligen Samstagnachmittage.« Tatsächlich gab es nur zwei trostlose torlose Unentschieden gegen Newcastle, doch die ereigneten sich während meiner ersten beiden Jahre in Highbury, und darum wußte ich, was er meinte, und fühlte mich persönlich dafür verantwortlich.

Mittlerweile fühlte ich mich schuldig wegen dessen, was ich meinem Vater eingebrockt hatte. Er empfand keine wirkliche Sympathie für Arsenal und hätte mich, glaube ich, lieber in jedes andere Erstligastadion mitgenommen. Mir war das leider nur zu bewußt, und so tauchte eine neue Quelle des Unwohlseins auf: Während Arsenal sich mühsam seinen Weg zu 1:0-Siegen und 0:0-Unentschieden bahnte, wand ich mich vor Verlegenheit und wartete darauf, daß Dad seiner Unzufriedenheit Ausdruck verlieh. Ich hatte nach dem Swindonspiel entdeckt, daß Treue, zumindest was den Fußball anging, keine moralische Wahl wie Tapferkeit oder Freundlichkeit, sondern eher eine Warze oder ein Buckel war, etwas, das dir anhaftet. Ehen sind nicht im entferntesten so streng – du wirst keinen Arsenalfan finden, der sich für ein bißchen außereheliche Fummelei zu Tottenham fortstiehlt, und obwohl Scheidung eine Möglichkeit ist (du kannst einfach aufhören hinzugehen, wenn die Dinge zu schlimm werden), ist die Wahrscheinlichkeit, erneut eingefangen zu werden, erschreckend groß. Es gab einen Haufen Momente im Verlauf der letzten dreiundzwanzig Jahre, in denen ich das Kleingedruckte meines Ehevertrages auf der Suche nach einem Ausweg eifrigst studiert habe, aber es gibt keinen. Jede erniedrigende Schlappe (Swindon, Tranmere, York, Walsall, Rotherham, Wrexham) muß mit Geduld, Fassung und Nachsicht ertragen werden, denn es gibt ganz einfach nichts, was dagegen unternommen werden kann, und das ist eine Erkenntnis, die dich dazu bringen kann, frustriert die Wand hochzugehen.

Natürlich haßte ich die Tatsache, daß Arsenal langweilig war (auch wenn ich mittlerweile akzeptiert hatte, daß der Ruf des Clubs, besonders in diesem Abschnitt seiner Geschichte, weitestgehend verdient war). Natürlich wollte ich, daß die Mannschaft Zillionen von Toren erzielte und mit dem Schwung und Nervenkitzel von elf George Bests spielte, doch das würde nicht passieren, jedenfalls nicht in absehbarer Zukunft. Ich war nicht imstande, die Unzulänglichkeiten meines Teams meinem Vater gegenüber zu verteidigen – ich konnte sie selbst erkennen, und ich haßte sie –, und nach jedem schwachen Torschußversuch und jedem Fehlpaß wappnete ich mich gegen die Seufzer und das Stöhnen vom Sitz neben mir. Ich war an Arsenal und mein Dad an mich gekettet, und es gab für keinen von uns einen Ausweg.

## Pelé

**Brasilien gegen die Tschechoslowakei – Juni 1970**

Bis 1970 wußten Leute meines Alters und auch die meisten der Älteren mehr von Ian Ure als vom größten Spieler der Welt. Wir wußten, daß er angeblich ziemlich brauchbar war, doch wir hatten sehr wenig Beweise dafür gesehen. Er war von den Portugiesen buchstäblich aus dem 66er Turnier getreten worden – wobei er ohnehin nicht richtig fit war –, und niemand, den ich kannte, war in der Lage, sich genau an die Weltmeisterschaft 1962 in Chile zu erinnern. Sechs Jahre nachdem Marshall McLuhans UNDERSTANDING MEDIA veröffentlicht worden war, hatten gut Dreiviertel der Bevölkerung von England ein in etwa so klares Bild von Pelé wie von Napoleon vor hundertfünfzig Jahren.

Mexiko 70 läutete eine vollkommen neue Phase im

Konsum des Fußballs ein. Es war immer ein globales Spiel in dem Sinne gewesen, daß die ganze Welt zuschaute und die ganze Welt spielte, aber 1962, als Brasilien den Weltmeistertitel verteidigte, war Fernsehen noch immer eher ein Luxus als eine Notwendigkeit (und in jedem Falle existierte nicht die nötige Technologie, um die Spiele live aus Chile zu übertragen), und 66 hatten die Südamerikaner schlechte Leistungen gezeigt. Brasilien war bereits in der Vorrunde ausgeschieden, und Argentinien fiel bis zu seinem Ausscheiden gegen England im Viertelfinale – als Kapitän Rattin vom Platz gestellt wurde, sich aber weigerte zu gehen, und Sir Alf die Argentinier als Tiere bezeichnete – nicht weiter auf. Das einzige andere südamerikanische Team unter den letzten Acht, Uruguay, wurde von Deutschland mit 4:0 abgefertigt. 1970 war praktisch die erste bedeutende Konfrontation zwischen Europa und Südamerika, bei der sich der Welt die Gelegenheit bot, Zeuge zu sein. Als die Tschechoslowakei gegen Brasilien in Führung ging, bemerkte David Coleman, daß sich alles, was wir über sie wissen, bewahrheitet. Er meinte damit Brasiliens nachlässige Abwehr, doch seine Worte waren die eines Mannes, dessen Job es war, eine Kultur einer anderen vorzustellen.

In den folgenden achtzig Minuten bewahrheitete sich aber auch alles andere, was wir von ihnen wußten. Sie glichen durch einen direkt verwandelten Freistoß von Rivelino aus: der Ball tauchte in der dünnen Luft von Mexiko ab, drehte sich und flatterte ins Tor. (Hatte ich je zuvor einen direkt verwandelten Freistoß gesehen? Ich erinnere mich an keinen.) Als Pelé einen langen Paß mit der Brust annahm und volley im Eck versenkte, gingen die Brasilianer 2:1 in Führung. Am Ende stand es 4:1, und wir im Postbezirk 2W, dem kleinen, aber bedeutsamen Zentrum des weltumspannenden Dorfes, waren gehörig eingeschüchtert.

Es war jedoch nicht nur die Qualität ihres Fußballs, es war die Art, wie sie die unerhört raffinierte Verschönerung des Spiels so betrachteten, als sei sie ebenso funktional und notwendig wie ein Eckball oder ein Einwurf. Der einzige Vergleich, der mir damals zur Verfügung stand, war der mit Spielzeugautos: Obwohl ich kein Interesse an Dinky, Corgi oder Matchbox hatte, liebte ich Lady Penelopes rosa Rolls-Royce und James Bonds Aston Martin, die beide mit ausgeklügelten Vorrichtungen wie Schleudersitzen oder verborgenen Geschützen ausgestattet waren und sich damit vom langweilig Normalen abhoben. Pelés Versuch, aus der eigenen Hälfte ein Tor mit einer Bogenlampe zu erzielen, und der Trick, mit dem er den peruanischen Torwart verlud, als er ihn auf der einen Seite umkurvte und den Ball auf der anderen vorbeispielte ... das waren fußballerische Gegenstücke zum Schleudersitz und ließen alles andere wie einen Haufen Opel Kadetts aussehen. Selbst die brasilianische Art, Tore zu feiern – vier Schritte rennen, hochspringen, Faustschlag, vier Schritte rennen, hochspringen, Faustschlag –, war fremdartig, lustig und beneidenswert, alles zur gleichen Zeit.

Das Eigenartige daran war, daß all das keine Bedeutung hatte, weil England damit leben konnte. Als wir im zweiten Spiel gegen Brasilien spielten, verloren wir unglücklich 0:1, und in einem Turnier, das für Dutzende von Superlativen sorgte – die beste Mannschaft aller Zeiten, der beste Spieler aller Zeiten, sogar die zwei besten Fehlschüsse aller Zeiten (beide von Pelé) –, steuerten wir unser Schärflein bei: die beste Parade aller Zeiten (Banks gegen Pelé, selbstverständlich) und das perfektest ausgeführte Tackling aller Zeiten (Moore gegen Jairzinho). Es ist einerseits bezeichnend, daß unser Beitrag zu diesem Ringelreihen der Superlative auf unserer exzellenten Verteidigung beruhte, aber andererseits völlig egal – neunzig Minuten lang war England ganz genauso gut wie das beste Team der Welt. Trotzdem heulte ich nach dem Spiel (hauptsächlich, weil ich die Art, wie das Turnier funktionierte, mißverstanden hatte – ich dachte, wir wären draußen, und Mum mußte mir die Wunderlichkeiten des Gruppensystems erklären).

In gewisser Weise haben die Brasilianer es für uns alle verdorben. Sie hatten eine Art von platonischem Ideal enthüllt, das für immer unerreicht bleiben sollte, sogar für sie selbst. Pelé hörte auf, und in den folgenden Turnieren zeigten sie nur gelegentlich ein Aufblitzen ihres Schleudersitzfußballs, so als sei 1970 ein schemenhaft erinnerter Traum, den sie von sich selbst hatten. In der Schule blieben wir mit unserer Sammlung von Esso-Weltmeisterschaftsmünzen und ein paar hübschen Tricks zum Ausprobieren zurück. (Da wir die nicht mal ansatzweise hinkriegten, gaben wir's bald auf.)

## Vermöbelt

**Arsenal gegen Derby – 31.10.70**

Mein Vater war 1970 ins Ausland verzogen, und ein neues Arsenalritual stellte sich ein, eins, das nicht länger auf seine nun seltenen Besuche angewiesen war. Der Bruder meines Klassenkameraden Frog stellte mir in der Schule einen anderen, älteren Arsenalfan vor, den jeder nur Rat nannte, und wir beide reisten gemeinsam nach Highbury hinauf. Die ersten drei Spiele, die wir sahen, waren spektakuläre Erfolge: 6:2 gegen West Brom, 4:0 gegen Forest und 4:0 gegen Everton. Es waren aufeinanderfolgende Heimspiele und ein goldener Herbst.

Es ist dumm und unverzeihlich blauäugig, über die Preise von 1970 nachzudenken, doch ich tue es trotzdem. Eine Hin- und Rückfahrt nach Paddington kostete für ein Kind 30 Pence, die Hin- und Rückfahrt in der U-Bahn von Paddington nach Arsenal 10 Pence und der Eintritt ins Stadion 15 Pence (25 Pence für Erwachsene). Selbst wenn man ein Programm kaufte, war es möglich, für weniger als 60 Pence dreißig Meilen weit zu reisen und ein Fußballspiel der ersten Division anzuschauen.

(Möglicherweise sagt diese Banalität letztlich doch etwas aus. Wenn ich jetzt reise, um meine Mutter zu besuchen, beträgt der Preis für Hin- und Rückfahrt am gleichen Tag £2.70 – eine zehnfache Steigerung im Vergleich zu den Tarifen von 1970. Dagegen kostet der Stehplatz auf den Tribünen von Arsenal jetzt, in der Saison 91/92, £ 8, eine zweiunddreißigfache Steigerung. Inzwischen ist es also billiger ins West End zu gehen und sich den neuen Woody Allen oder Arnold Schwarzenegger in einem gemütlichen Kinosessel anzuschauen, als zu stehen und zuzusehen, wie Barnsley im Rumbelows Cup in Highbury auf 0:0 spielt. Wäre ich zwanzig Jahre jünger, würde ich in zwanzig Jahren kein Arsenalanhänger sein. Für die meisten Kinder ist es unmöglich, jeden zweiten Samstag die zehn oder fünfzehn Pfund aufzutreiben, und wenn ich außerstande gewesen wäre, in meinen frühen Teens regelmäßig hinzugehen, wäre es unwahrscheinlich, daß mein Interesse überdauert hätte.)

Der Art-déco-Prunk der Westtribüne war ohne Dads tiefere Taschen nicht möglich, also standen Rat und ich in der Einfriedung für Schulkinder, der Schoolboys' Enclosure, und verfolgten das Spiel durch die Beine des Linienrichters. Zu jener Zeit lehnte der Club Bandenwerbung und einen DJ vor dem Spiel ab, und so hatten wir keins von beidem. Chelseafans mögen den Beatles und den Stones zugehört haben, doch in Highbury sorgte die Metropolitan Police Band und ihr Sänger, Wachtmeister Alex Morgan, für Halbzeitunterhaltung. Wachtmeister Morgan (dessen Dienstgrad sich im Verlauf seiner langen Highbury-Karriere nie änderte) sang Höhepunkte aus leichten Operetten und Hollywood-Musicals. Meinem Programm für das Spiel gegen Derby entnehme ich, daß er an jenem Nachmittag Lehars »Gern hab ich die Fraun geküßt« zum besten gab.

Es war ein bizarres Ritual. Unmittelbar vor dem Anstoß schlug er eine extrem hohe Note an und hielt diese als Höhepunkt seiner Darbietung. Auf der Westtribüne, genau hinter ihm, erhob sich die Menge, während die Nordtribüne versuchte, ihn durch Pfeifen und Gesänge zu übertönen. Die Schoolboys' Enclosure ist die Art von merkwürdiger Bezeichnung, die sich nur Arsenal mit seinem Pseudo-Opernhauscharme, seinem Präsidenten mit Ausbildung in Eton und seiner lähmend schweren Geschichte aussuchen konnte, eine Bezeichnung, die einen sicheren, friedlichen Platz für Jennings und Darbishire oder William Brown vermuten ließ, vorausgesetzt sie benahmen sich ordentlich. Schief aufgesetzte Kappen und schmuddelige Blazer, Frösche in den Taschen und Brausegetränke mit Lakritze – in der Tat ein idealer Platz für zwei Schuljungs aus den Vororten, die sich in der Stadt das »Große Spiel« anschauen.

Nur leider war die Schoolboys' Enclosure 1970, als Glatzen und Doctor-Martens-Springerstiefel auf den Stehplatztribünen aufzutauchen begannen, kein gemütlicher Ort mehr. Der kleine, enge Abschnitt der Stehränge war praktisch eine Brutstätte für zukünftige Hooligans, harte Jungs aus Finsbury Park und Holloway, die entweder zu klein oder zu arm waren, um das Spiel von der Nordtribüne aus zu verfolgen, wo ihre großen Brüder standen. Rat und ich nahmen sie in den ersten paar Wochen gar nicht zur Kenntnis, schließlich waren wir alle Arsenalfans. Warum sollten wir uns also Sorgen machen? Und doch trennte uns etwas. Es war nicht unser Akzent – auf den Rängen befleißigte sich keiner einer besonders höflichen Sprache. Es werden wohl unsere Kleider oder unsere Haarschnitte oder unsere sauberen, liebevoll gefalteten Schals gewesen sein. Oder unser leidenschaftliches Studium des Programms vor dem Spiel, das wir fleckenlos in einer unserer Innentaschen oder einem Beutel aufbewahrten.

Wir gingen einige Minuten vor Ende des Spiels gegen Derby, als Arsenal mit 2:0 auf der Siegerstraße war (Kelly und Radford, ein Tor in jeder Hälfte). Ein paar schwarze Jungs (Schwarze Jungs! Verdammte Scheiße!), vielleicht in unserem Alter, aber um Meter größer und von einem anderen Planeten – dem Planeten Wirkliches Leben, dem Planeten Real- und Hauptschule, dem Planeten Verarmte Innenstadt – rempelten uns an, als wir vorbeigingen. Mein Herz stand für ein paar Schläge still, und wir machten uns Richtung Ausgang davon. Sie folgten auf dem Fuß. Wir bewegten uns ein wenig schneller, bestrebt, durch das Gewirr von Gängen und Drehkreuzen zu gelangen, die aus dem Stadion hinausführten. Ich wußte, die Jungs würden uns draußen auf der Straße, mitten zwischen all den Erwachsenen, die vom Stadion wegströmten, nicht belästigen.

Leider schienen sie das nicht zu wissen. Wir begannen, zur U-Bahnstation zu rennen – sie auch. Rat schaffte es, aber mich holten sie ein, schubsten mich an die Stadionmauer, schlugen mir ein paarmal ins Gesicht, stahlen meinen rot-weißen Schal und ließen mich als zerknittertes, traumatisiertes Häuflein auf dem Pflaster zurück. Menschen – Erwachsene mit einem beruhigenden, väterlichen Benehmen – stiegen über mich hinweg oder gingen an mir vorbei, so wie ich an unzähligen Prügeleien außerhalb von Stadien vorbeigegangen bin.

Ich war in der Schule oft schlimmer verprügelt worden (ich war nicht nur klein, sondern auch frech, eine besonders unglückselige Kombination), aber für gewöhnlich von Leuten, die ich kannte, was es irgendwie erträglich machte. Das hier war etwas anders. Es war viel furchterregender: Ich verstand nicht, wo die Grenzen waren – hatte ich Glück oder Pech gehabt? –, und obwohl ich wußte, daß ich von der Mannschaft besessen genug war, um wiederzukommen und an derselben Stelle zu stehen, war die Aussicht, einmal alle vierzehn Tage um zwanzig vor fünf vermöbelt zu werden, düster.

Ich glaube wirklich nicht, daß ich damals ein Klassenbewußtsein hatte. Ein paar Jahre später, als ich die Politik entdeckte, wäre ich der Ansicht gewesen, daß ich einen Schlag auf die Fresse dafür verdiente, daß ich ein privilegierter weißer Junge aus der Mittelschicht war – tatsächlich hätte ich in meinen späten Teens, als die Hauptquelle meines ideologischen Inputs das erste Clash-Album war, den Schlag vermutlich selbst geführt –, aber damals empfand ich nur ein tiefes Gefühl der Enttäuschung und der Scham. Enttäuschung, weil sich mir schließlich der Verdacht aufgedrängt hatte, daß manche Leute dem Fußball nicht aus den richtigen Gründen beiwohnten (Verehrung für die Kanoniere oder wenigstens der Wunsch nach ein paar glänzenden Spielzügen über die Flügel), Scham, weil ich trotz meiner Jugend und meiner geringen Körpergröße männlichen Geschlechts war, und in männlichen Wesen irgendwas ist, etwas Dummes und Ewiggestriges aber dennoch Machtvolles, das sich ganz einfach weigert, irgendwas zu tolerieren, das als Schwäche ausgelegt werden könnte. (Die obige Version der Ereignisse an diesem Nachmittag ist archetypisch maskulin: es waren *zwei* gegen *einen*, ich war *winzig*, sie waren *riesig* und so weiter. Es könnte gut sein, daß ich von einem blinden, einarmigen Siebenjährigen angegriffen wurde, doch meine Erinnerung hat mich ordnungsgemäß vor jedem Verdacht bewahrt, daß ich bei der Tracht Prügel womöglich keine gute Figur gemacht haben könnte.)

Vielleicht war am schlimmsten, daß ich die Erfahrung nicht auf meine Mutter abladen konnte. Wenn ich es ihr erzählt hätte, wäre mir für die kommenden Jahre der Besuch von Fußballspielen ohne die Begleitung meines Vaters untersagt worden, also behielt ich es für mich, erzählte, daß ich den Schal – ein Geschenk meiner Großmutter – in der U-Bahn liegengelassen hatte, hörte mir endlose Klagen über meine Sorg- und Verantwortungslosigkeit an und mußte auf meinen üblichen samstäglichen Trip zur Fish-and-chips-Bude verzichten. Jede Theorie über urbane Entbehrungen hätte mich an diesem Abend nicht interessiert, denn mich beschäftigte eine suburbane Entbehrung, die mir als die grausamste aller Entbehrungen erschien.

## Kannst du mich im Fernsehen sehen?

**Southampton gegen Arsenal – 10.4.71**

Ferien in Bournemouth, wo meine beiden Großmütter lebten, und praktischerweise findet ein Auswärtsspiel in Southampton statt. Ich kaufe also ein Busticket, fahre die Küste entlang und kämpfe mich durch ein proppevolles Stadion zum entfernten Rand der Stehränge; und als am nächsten Tag die Höhepunkte des Spiels im Regionalprogramm gezeigt werden, bin ich in der unteren linken Ecke der Mattscheibe zu sehen, und zwar immer, wenn ein Eckstoß getreten wird (McLintock erzielte nach einer dieser Ecken das erste Tor zu einem 2:1-Sieg): ein unauffälliger junger Kerl, sieben Tage vor seinem vierzehnten Geburtstag, unverkennbar vorpubertär ... doch ich winke nicht, feixe nicht höhnisch oder schubse den Jungen, der unmittelbar neben mir steht. Ich stehe einfach da, ein regungsloser Punkt in all der jugendlichen Überaktivität um mich herum.

Warum war ich so ernsthaft? (Sonst war ich überall ein *Kind.*) Zu Hause, in der Schule – wo mich chronische Lachanfälle bis weit in die sechste Klasse ergriffen –, und unterwegs mit meinen Freunden, von denen ein oder zwei mittlerweile Freundinnen hatten, was von all den Entwicklungen, die wir anderen je miterlebt hatten, mit Sicherheit die lustigste war. Sie erschütterte unsere Zwerchfelle, zerriß uns die Eingeweide und ließ uns vor Geifer förmlich triefen. (Symbolträchtig wurde sogar ein Spitzname geändert. Aus Larry, der aufgrund seiner stilistischen und physischen Ähnlichkeit mit Larry Lloyd, dem Innenverteidiger von Liverpool, so hieß, wurde Caz, weil er jetzt seine Interessen mit Casanova teilte, dem italienischen Bomber. Wir waren von unserem Witz begeistert.) Wenn ich dagegen Arsenal zuschaute, war ich, glaube ich, bis weit in meine zwanziger Jahre hinein nicht entspannt genug, um zu lachen. Wenn man mich irgendwann zwischen 1968 und 1981 auf der Tribüne gefilmt hätte, wäre mein Gesichtsausdruck immer der gleiche gewesen.

Die simple Wahrheit ist, daß Besessenheit eben nicht lustig ist und daß Besessene nicht lachen. Aber dahinter steckt auch eine kompliziertere Wahrheit: Ich glaube nicht, daß ich sehr glücklich war, und das Problem, ein depressiver Dreizehnjähriger zu sein, besteht darin, daß der Rest des Lebens zum Brüllen komisch ist – das ist nun mal der Fall –, und man nicht weiß, wohin man mit seinem Trübsinn soll. Wie soll man denn Kummer ausdrücken, wenn einen die Leute ständig zum *Lachen* bringen? Was soll's, bei Arsenalspielen gab es ohnehin nichts zu lachen, jedenfalls nicht für mich. Und obwohl ich Freunde hatte, die glücklich gewesen wären, mich zu Spielen zu begleiten, wurde meine Anhängerschaft bezeichnenderweise bald eine einsame Beschäftigung. In der folgenden Saison sah ich um die fünfundzwanzig Spiele, davon siebzehn oder achtzehn allein. Ich wollte beim Fußball einfach keinen Spaß haben. Ich hatte überall sonst Spaß, und es hing mir zum Hals raus. Was ich mehr als alles andere brauchte, war ein Ort, an dem ziellose Unglückseligkeit gedeihen konnte. Ein Ort, an dem ich still sein, mir Sorgen machen und den Kopf hängen lassen konnte. Ich war melancholisch, und wenn ich meinem Team zuschaute, konnte ich die Melancholie auspacken und ihr etwas Auslauf verschaffen.

## Wie ich das Double gewonnen habe

**Arsenal gegen Newcastle – 17.4.71**

In wenig mehr als einem Jahr hatten sich die Dinge verändert. In der Mannschaft spielten immer noch kaum Stars, und sie hatte ziemlich wenig Feuer, aber es war plötzlich schwer geworden, sie zu schlagen. 1970 endete die trostlose, siebzehnjährige Jagd nach einer Trophäe: Arsenal gewann endlich den europäischen Messepokal – erstaunlicherweise mit einigem Stil. Nachdem Ajax mit Johann Cruyff und allem Drum und Dran im Halbfinale eine Abfuhr erteilt worden war, schlugen die Jungs im ersten Finalspiel die belgische Mannschaft aus Anderlecht nach zwischenzeitlichem Rückstand mit 4:3. Die zweite Partie in Highbury gewannen sie 3:0, und erwachsene Männer tanzten auf dem Spielfeld und weinten vor Erleichterung. Ich war nicht dort. Ich durfte nicht mitten in der Woche zu Abendspielen.

1971 war Arsenals annus mirabilis. Der Club gewann die Ligameisterschaft und den FA Cup, das berühmte Double, das nur drei Teams in diesem Jahrhundert geschafft haben. Tatsächlich gewann die Mannschaft die Trophäen in ein und derselben Woche. Montagabend holte sie in Tottenham die Meisterschaft und am Samstag in Wembley gegen Liverpool den Pokal. Ohne mich. Ich war nicht in Tottenham, weil ich immer noch nicht mitten in der Woche allein zu Abendspielen durfte, und nicht in Wembley, weil Dad trotz gegenteiliger Beteuerungen keine Karte rüberwachsen ließ. Ja, es stimmt, ich bin darüber auch zwanzig Jahre später noch verbittert.

Also war ich bei nichts dabei. (Ich war nicht mal bei der Parade durch Islington am Sonntag nach dem Pokalfinale.

Ich mußte meine Tante Vi in Dulwich besuchen.) Ich verpaßte einfach alles. Und da dieses Buch mehr vom Fußballkonsum als vom Fußball selbst handelt, nimmt das Doublejahr – Arsenals beste Saison des Jahrhunderts – nicht viel Raum in meiner Geschichte ein. Ist das nicht wahrer Impressionismus? Sicher, ich warf jubelnd ein Radio an die Wand meines Schlafzimmers, als in Tottenham der Abpfiff ertönte, und mir wurde vor Freunde buchstäblich schwindlig, als Charlie George im Pokalfinale den Siegtreffer erzielte und mit ausgestreckten Armen auf dem Rücken lag. Ich stolzierte durch die Schule und versuchte mir darüber klar zu werden, wie ich meine Klassenkameraden auf die gleiche Weise demütigen konnte, wie sie es zwei Jahre zuvor mit mir getan hatten. Letztlich mußte ich mit einem glückseligen Lächeln vorlieb nehmen, das sowohl von den Lehrern als auch von den Jungs verstanden wurde. Was sie betraf, *war* ich Arsenal und hatte ein Anrecht auf meine triumphale Glückseligkeit.

Aber ich empfand das nicht so, nicht wirklich. Ich hatte den Schmerz gegen Swindon verdient, doch zum Double-Triumph hatte ich nicht in der gleichen Weise beigetragen, es sei denn, man würde rund ein Dutzend Ligaspiele, einen Schulblazer, der von Ansteckzeichen klimperte, und ein Schlafzimmer, dessen Wände mit Bildern aus Magazinen bekleistert waren, als Beitrag zählen. Die anderen, jene, die Endspielkarten ergatterten und fünf Stunden in Tottenham anstanden, haben mehr über das Double zu erzählen als ich.

Ich versuche heute, mich an der Tatsache festzubeißen, daß es mir ein paar Wochen früher, vor all dem Ruhm, gelungen war, mich selbst ins Zentrum der Double-Geschichte zu rücken. An meinem Geburtstag gingen Dad und ich zu Arsenal gegen Newcastle (einmal mehr ein fürchterliches Spiel). Ich saß da und krallte mich an einem kleinen Radio fest, das er mir gegeben hatte (genauer gesagt, war es das Radio, das ich am 3. Mai zerdepperte). Leeds führte die erste Division an, und an jenem Nachmittag hatte das Team ein Heimspiel gegen West Brom, Fünftletzter und die ganze Saison ohne Auswärtssieg. Es gab damals einen Comic namens BILLY'S BOOTS, der von einem Jungen handelte, dessen magische Schuhe ihren mittelmäßigen Besitzer in einen Superstar verwandelten. Ich schien unversehens im Besitz eines magischen Radios zu sein, daß die programmierten Niederlagen der nutzlosesten Teams in dramatische Auswärtssiege verwandelte. Als ich es kurz nach der Halbzeit einschaltete, traf West Brom, und als ich das wiederholte, fiel ein zweiter Treffer. Der Stadionsprecher in Highbury gab die Neuigkeit durch, und die Zuschauer liefen Amok. Charlie George erzielte das einzige Tor, und Arsenal übernahm zum ersten Mal in jener Saison die Tabellenführung.

Das Geschenk, das ich an jenem Nachmittag erhielt, war von unschätzbarem Wert, so wie der Weltfrieden oder das Ende der Armut in der Dritten Welt, es war etwas, das man für eine Million Pfund nicht kaufen konnte – es sei denn, mein Dad hatte den Schiedsrichter in Leeds für eine Million Pfund gekauft (was übrigens die einzig mögliche Erklärung für einige Entscheidungen des Schiedsrichters an jenem Nachmittag ist). Eines der Tore von West Brom war nach allgemeinem Konsens hunderte von Metern abseits, was das Publikum dazu provozierte, den Platz zu stürmen, und das führte wiederum dazu, daß Leeds für die ersten paar Spiele der folgenden Saison eine Platzsperre erhielt. »Die Menge spielt verrückt, und sie hat allen Grund dazu«, verkündete Barry Davies an jenem Abend denkwürdig in MATCH OF THE DAY. Das waren die Tage, als Fernsehreporter

Ausschreitungen eher unterstützten, statt mit viel Brimborium für die Wiedereinführung der Wehrpflicht zu plädieren. Wenn du dem Schiri etwas zugesteckt hast, dann danke, Dad. Brillante Idee. Hätte Leeds zu Hause gegen West Brom verloren, wenn es nicht mein Geburtstag gewesen wäre? Wäre das Spiel in Arsenal 0:0 ausgegangen, so wie das bei Spielen Arsenal gegen Newcastle vorher immer der Fall gewesen war? Wären wir dann in der Folge zum Gewinn des Ligatitels weitermarschiert? Ich bezweifle es.

## Eine andere Stadt

**Chelsea gegen Tottenham – Januar 1972**

Es stimmt, wenn man sagt, daß mein Vater nach Stamford Bridge gehörte, während ich ein geborener Arsenalanhänger war – genauso wie mein Team war auch ich oft mürrisch, defensiv, streitlustig und verklemmt. Chelsea war extravagant, unberechenbar und, es muß gesagt werden, nicht das allerverläßlichste Team. Mein Vater hatte eine Vorliebe für pinkfarbene Hemden und theatralische Krawatten, und ich glaube, ich als strenger Moralist war der Ansicht, daß ihm ein wenig mehr Beständigkeit gut zu Gesicht gestanden hätte. (Elternschaft, würde George Graham sagen, ist ein Marathon, kein Sprint.) Dad genoß es offenkundig mehr, zu Chelsea zu gehen, als mit mir Ausflüge nach Highbury zu unternehmen, und es war leicht zu erkennen warum. Einmal sahen wir Tommy Steele (oder vielleicht war es auch John Alderton) aus der Herrentoilette in Chelseas Nordtribüne kommen, und vor den

Spielen aßen wir in einem italienischen Restaurant auf der King's Road. Im Chelsea Shop kaufte ich das zweite Album von Led Zeppelin und beschnupperte argwöhnisch den Zigarettenrauch, der in der Luft hing. (Ich war ungefähr so unbedarft wie Arsenals Vorstopper.)

Chelsea hatte Osgood, Cooke und Hudson, alles protzende Könner, und ihre Version von Fußball war verblüffend anders als die von Arsenal (dieses Halbfinale im Ligapokal, eines der besten Spiele, das ich je gesehen hatte, endete 2:2). Wichtiger aber war, daß Chelseas Stadion und seine Umgebung mir eine andersartige und doch vertraute Version von London vermittelten. Vertraut, weil der Vorstadtjunge aus der Mittelschicht sich ihrer schon immer bewußt gewesen war. Sie war dem London nicht unähnlich, das wir bereits von Ausflügen zu Pantomimen, Filmen und Museen kannten, einem geschäftigen, Helle-Lichter-der-Großstadt-London, dem im höchsten Maße bewußt war, daß es der Nabel der Welt war. Und die Leute, die ich in jenen Tagen bei Chelsea sah, waren Nabel-der-Welt-Leute. Fußball war in Mode, Chelsea war in Mode, und die Mannequins, Schauspieler und jungen leitenden Angestellten, die die Blauen anfeuerten, waren nett anzusehen und machten die Bridge (zumindest die Sitzplätze) zu einem auf erlesene Weise exotischen Ort.

Doch das war es nicht, was mich am Fußball interessierte. Arsenal und seine Nachbarschaft waren für mich viel exotischer als alles, was ich je in der Gegend um die King's Road sehen konnte, die voll von gähnend langweiligem Glamour und Glitter war. Fußball hatte mich aufgrund seines *Andersseins* ergriffen. All jene ruhigen Straßen mit Reihenhäusern in der Gegend um Highbury und Finsbury Park, all jene verbitterten und doch eigentümlich loyalen Gebrauchtwagenverkäufer ... ja, das war *wirkliche*

Exotik, das war das London, das ein Gymnasiast aus dem Themsetal niemals kennenlernen konnte, egal wie oft er ins Casino-Kino ging, um Filme im Breitwandformat zu sehen. Wir wollten unterschiedliche Dinge, mein Dad und ich. Gerade als er anfing, einen Teil von dem zu begehren, worum Chelsea sich drehte (und zum ersten Mal in seinem Leben war er auch in der Lage, es sich zu leisten), wollte ich in die andere Richtung losstürmen.

## Ein Junge aus Islington

**Reading gegen Arsenal – 5.2.72**

Die weißen Männer und Frauen der Mittelschicht im Süden Englands sind die entwurzeltsten Geschöpfe dieser Erde, wir würden lieber zu jeder anderen Gemeinschaft dieser Welt gehören. Menschen aus Yorkshire oder Lancaster, Schotten, Iren, Schwarze, die Reichen, die Armen, selbst Amerikaner und Australier haben etwas, weswegen sie sich in Pubs und Bars setzen und worüber sie weinen können, sie singen bestimmte Lieder und haben Gegenstände, die sie ergreifen und heftig drücken können, wenn ihnen danach ist. Wir dagegen haben nichts, zumindest nichts, woran uns etwas liegt. Daher das Phänomen der Pseudozugehörigkeit, bei dem Vergangenheit und Hintergrund konstruiert und zurechtgebogen werden, um eine Art von akzeptabler, kultureller Identität zu erzeugen. Wer war es, der I WANNA BE BLACK gesungen hat? Der Titel sagt alles, und jedermann hat Menschen getroffen, für die das wirklich zutraf. Mitte der siebziger Jahre begannen junge, intelligente und ansonsten selbstbewußte weiße Männer und Frauen in London ein jamaikanisches Provinzidiom anzunehmen, das ganz offen gesagt überhaupt nicht zu ihnen paßte. Wie wir alle wünschten, wir kämen aus den Wohnbauprojekten Chicagos, den Ghettos von Kingston oder den heruntergekommenen Straßen von Nordlondon oder Glasgow! All die Punkrocker mit Privatschulausbildung, die ihre Hs nicht aussprechen und die Vokale verhunzen! All die Mädchen aus Hampshire mit Großeltern in Liverpool oder Birmingham! All die Pogues-Fans aus Hertfordshire, die irische Protestsongs singen! All die Europhilen, die dir erklären, daß ihre Gefühle in Rom beheimatet sind, auch wenn ihre Mütter in Reigate wohnen!

Seit ich alt genug bin, um zu verstehen, was es heißt, aus den Vororten zu stammen, habe ich mir immer eine andere Herkunft gewünscht, vorzugsweise aus Nordlondon. Ich habe immer so viele Hs wie möglich ausgelassen – die einzigen, die in meiner Aussprache noch übrig sind, haben sich zu tief in bestimmte Wörter eingegraben, um noch ausgemerzt zu werden –, und ich verbinde so oft wie möglich ein Subjekt im Singular mit einem Verb, das in einer Person im Plural steht. Das war ein Prozeß, der kurz nach meinem ersten Besuch in Highbury begann, sich durch meine Gymnasiallaufbahn in der Vorstadt fortsetzte und auf alarmierende Weise eskalierte, als ich an die Universität kam. Meine Schwester dagegen, die ebenfalls Probleme mit ihren vorstädtischen Wurzeln hat, ging auf dem College in die andere Richtung und fing plötzlich an, wie die Herzogin von Devonshire zu sprechen, und wenn wir uns dem jeweiligen Freundeskreis des anderen vorstellten, fand dieser die Erfahrung aufs äußerste verwirrend. Wer von uns, schien man sich zu fragen, war das Adoptivkind?

War sie in schwere Zeiten geraten oder hatte ich Dusel gehabt? Unsere Mutter, die in Südostlondon geboren und aufgewachsen ist, aber beinahe vierzig Jahre in den Home Counties gelebt hat, trifft mit ihrem Akzent hübsch die goldene Mitte.

In gewisser Weise kann man keinem von uns, keinem der vorgetäuschten Cockneys und simulierten Iren, den Möchtegern-Schwarzen und Pseudo-Sloane-Rangern, die Schuld zuschieben. Das Ausbildungsgesetz von 1944, die erste Labour-Regierung, Elvis, Beatniks, die Beatles und die Stones ... wir hatten niemals eine Chance. Ich gebe dem Konzept der Eleven-Plus die Schuld. Vor dem Krieg hätten unsere Eltern vielleicht das Geld zusammenkratzen können, um uns auf unbedeutendere Privatschulen zu schikken, und wir hätten unsere scheißarmselige, klassische Knickerausbildung aus dritter Hand verpaßt bekommen und wären in einer Bank zur Arbeit gegangen. Die Eleven-Plus, die dazu bestimmt war, eine Leistungsgesellschaft zu schaffen, machte die staatlichen Schulen für nette Familien wieder sicher. Nachkriegsgymnasiasten und -gymnasiastinnen betraten einen luftleeren Raum, keine der verfügbaren Kulturen schien zu uns zu gehören, und wir mußten uns schnell eine klauen. Und was ist vorstädtische englische Nachkriegskultur der Mittelschicht überhaupt? Jeffrey Archer und EVITA, Flanders und Swann und die Goons, Adrian Mole und Merchant-Ivory, FRANCIS DURBRIDGE PRESENTS... und John Cleeses Silly Walk. Es ist kein Wunder, daß wir alle Muddy Waters oder Charlie George sein wollten.

Die Begegnung Reading gegen Arsenal in der vierten Pokalrunde 1972 war die erste und zugleich schmerzlichste der vielen Bloßstellungen, die folgen sollten. Reading war meine nahegelegenste Ligamannschaft, ein unglückseliger, geographischer Unfall, den ich liebend gern ungeschehen gemacht hätte.

Highbury war etwas über dreißig Meilen weit weg, Elm Park gerade mal acht. Die Fans von Reading hatten einen Berkshire-Akzent und unglaublicherweise schien sie das nicht zu stören, sie *versuchten* nicht einmal, wie Londoner zu sprechen. Ich stand bei den heimischen Anhängern – bei dem Spiel blieben die Tageskassen geschlossen, und es war viel einfacher, die Karte in Reading statt in Nordlondon zu besorgen –, und während ich meine noch immer üblichen neunzig Minuten auf den Spielbeginn wartete, verstrickte mich eine ganze Familie (eine Familie!), Mutter, Vater und Sohn, alle mit blau-weißen Schals und Bandschleifen (Bandschleifen!) ausstaffiert, in eine Unterhaltung.

Sie stellten mir Fragen über mein Team und das Stadion, machten Witze – Bauern! – über Charlie Georges Haare, boten mir Kekse an, liehen mir ihr Programm und ihre Zeitungen. Mir begann die Unterhaltung Spaß zu machen. Mein angenommener Cockney-Akzent klang in meinen Ohren im Vergleich zu ihrem grauenhaften Schnarren makellos, und unsere Beziehung begann einen erfreulichen Hauch von Großstadtpflanze trifft provinzlerische Hinterwäldler anzunehmen.

Erst als sie mich über die Schule ausfragten, ging alles fürchterlich schief. Sie hatten von den Londoner Gesamtschulen gehört und wollten wissen, ob das alles wahr sei, und für einen Zeitraum, der wie Stunden erschien, ersann ich eine ausgeklügelte Phantasiegeschichte, die auf den Heldentaten der Handvoll Schmalspurschläger im Gymnasium beruhte. Ich kann nur mutmaßen, daß es mir gelungen war, mich selbst zu überzeugen, und daß sich meine Stadt zu diesem Zeitpunkt in meinem Kopf in eine

Nordlondoner Gemeinde irgendwo zwischen Holloway und Islington verwandelt hatte, denn als der Vater mich fragte, wo ich wohne, sagte ich ihm die Wahrheit.

»Maidenhead?« wiederholte er ungläubig. »Maidenhead? Aber das ist ja nur vier Meilen von hier weg!«

»Eher zehn«, erwiderte ich, doch er schien nicht davon überzeugt zu sein, daß die zusätzlichen sechs Meilen einen sonderlichen Unterschied machten, und ich konnte seinen Standpunkt nachvollziehen. Ich wurde rot.

Dann versetzte er mir den Gnadenstoß. *»Du solltest heute nachmittag nicht für Arsenal sein«*, sagte er. *»Du solltest für dein Heimatteam sein.«*

Das war der erniedrigendste Augenblick meiner Teenagerjahre. Eine vollständige, ausgeklügelte und perfekt erdachte Welt brach krachend um mich herum zusammen und fiel mir in Brocken vor die Füße. Ich wollte, daß Arsenal mich rächte und das Drittligateam und seine pedantischen, dümmlichen Fans zu Brei zermalmte, aber wir gewannen gerade mal 2:1 durch einen abgefälschten Schuß von Pat Rice in der zweiten Hälfte, und am Ende des Spiels tätschelte mir der Vater aus Reading die Haare und sagte, daß ich wenigstens nicht lange brauchen würde, um nach Hause zu kommen.

Dieses Erlebnis konnte mich aber nicht bremsen, und es dauerte nur ein paar Wochen, um den Londoner Stadtteil Maidenhead wiederaufzubauen. Doch ich ging auf Nummer sicher, daß das nächste Auswärtsspiel, zu dem ich ging, wirklich auswärts war – weit weg, wo die Leute glauben würden, daß mein Heimatort im Themsetal seine eigene U-Bahnstation, seine karibische Bevölkerungsgruppe und fürchterliche, unlösbare soziale Probleme hatte.

## Glücklich

**Arsenal gegen Derby – 12.2.72**

Damit eine Partie damals wirklich und wahrhaftig denkwürdig war, die Art von Spiel war, die mich innerlich vollkommen erfüllt nach Hause summen ließ, mußte sie diesen Anforderungen entsprechen: ich mußte mit meinem Dad hingehen, wir mußten unser Mittagessen in der Pommes-Bude zu uns nehmen (sitzend, ohne den Tisch mit anderen zu teilen), wir mußten Sitzplätze zwischen Mittellinie und Nordtribüne, im oberen Bereich der Westtribüne haben (auf der Westtribüne, weil man von dort in den Tunnel sehen kann, durch den die Spieler kommen, und man so die Ankunft der Mannschaft auf dem Feld vor allen anderen im Stadion begrüßen kann), Arsenal mußte gut spielen und mit zwei Toren Vorsprung gewinnen, das Stadion mußte voll oder beinahe voll sein, was normalerweise ein gegnerisches Team von gewisser Bedeutung stillschweigend voraussetzte, das Spiel mußte vom Fernsehen aufgenommen werden, und zwar lieber von ITV für THE BIG MATCH am Sonntagnachmittag als von der BBC für MATCH OF THE DAY (ich schätze, ich mochte die Vorfreude), und Dad mußte warme Kleider anhaben. Es kam häufig vor, daß er ohne einen warmen Mantel aus Frankreich kam, weil er vergaß, daß er seine Samstagnachmittage wahrscheinlich bei Temperaturen unter Null verbringen würde, und sein Unbehagen war so gewaltig, daß ich Schuldgefühle hatte, wenn ich darauf bestand, daß wir bis zum Schlußpfiff blieben. (Ich bestand allerdings immer darauf, und wenn wir am Auto anlangten, war ihm oft so kalt, daß er kaum sprechen konnte. Ich fühlte mich deshalb schlecht, jedoch nicht schlecht genug, um zu riskieren, ein Tor zu verpassen.) Dies waren enorme Ansprüche, und es ist wenig überraschend, daß alles, so weit mir bewußt ist, nur gerade einmal für dieses Spiel gegen Derby 1972 zusammenkam, als ein von Alan Ball inspiriertes Arsenal den späteren Ligameister durch zwei Tore von Charlie George 2:0 schlug, eines ein Elfmeter und das andere ein herrlicher Flugkopfball. Und weil für uns ein Tisch in der Pommes-Bude frei war, und weil der Schiedsrichter auf den Punkt zeigte statt weiterzuwinken, als Ball zu Fall gebracht wurde, und weil Dad an seinen Mantel dachte, habe ich dieses Spiel zu etwas werden lassen, das es nicht war. Es repräsentiert für mich jetzt den ganzen Krempel, die gesamte Fixierung, doch das ist falsch. Arsenal war zu gut, Charlies Tor war zu spektakulär, die Zuschauermenge zu groß und zu empfänglich für die Leistung der Mannschaft ... Den zwölften Februar hat es *wirklich* gegeben, in genau der Weise, wie ich ihn beschrieben habe, aber er ist jetzt nur noch aufgrund seines atypischen Verlaufs bedeutsam. Das Leben ist und war nie ein 2:0-Heimsieg gegen den Tabellenführer der Liga nach einem Fish-and-chips-Mittagessen.

## Meine Mum und Charlie George

**Derby County gegen Arsenal – 26.2.72**

Ich bettelte und bat und nörgelte, und schließlich gab meine Mutter nach und erlaubte mir, zu Auswärtsspielen zu reisen. Damals jubilierte ich, heute bin ich empört. Was *tat* sie ihrer Ansicht nach? Hat sie niemals die Zeitungen gelesen oder ferngesehen? Hatte sie nichts von Hooliganismus gehört? War ihr wirklich nicht bewußt, *wie* »Football Specials« aussahen, jene berüchtigten Züge, die Fans quer durch das Land transportieren? Ich hätte *umgebracht* werden können.

Jetzt, da ich darüber nachdenke, war die Rolle meiner Mutter bei all dem ohnehin ziemlich mysteriös. Sie mochte es verständlicherweise nicht, daß ich mein Geld für Led-Zeppelin-Alben oder für Kinokarten ausgab, und sie schien nicht mal besonders darauf bedacht zu sein, daß ich Bücher kaufte. Und doch war es irgendwie in Ordnung, daß ich fast wöchentlich nach London, Derby oder Southampton reiste und mein Schicksal mit irgendwelchen Horden von Verrückten herausforderte, die mir zufällig über den Weg liefen. Sie hat meine Fußballverrücktheit niemals mißbilligt, tatsächlich war sie es, die meine Karte für das Pokalspiel gegen Reading gekauft hat, nachdem sie bei Frost die schneebedeckte A4 runtergefahren war und Schlange gestanden hatte, während ich in der Schule war. Und ungefähr acht Jahre später kam ich nach Hause und fand eine unglaublich schwer zu kriegende Karte für das Pokalfinale zwischen West Ham und Arsenal auf unserem Eßtisch, die sie von einem Mann an ihrem Arbeitsplatz gekauft hatte (für zwanzig Pfund, Geld, das sie eigentlich gar nicht übrig hatte).

Na ja, gut, *natürlich* hatte es etwas mit Männlichkeit zu tun, aber ich glaube nicht, daß ihre für gewöhnlich stillschweigende, gelegentlich aktive Fußballunterstützung in meinem Interesse liegen sollte – sie war in ihrem. Mir scheint jetzt, daß wir an Samstagen eine verschrobene, kleine Parodie eines verheirateten Paares in einer Situationskomödie aufführten.

Sie brachte mich zum Bahnhof, ich stieg in den Zug

nach London, erledigte meine Männergeschäfte und rief sie, sobald ich zurück war, aus der Telefonzelle auf dem Bahnhofsvorplatz an, um nach Hause gefahren zu werden. Dann stellte sie meinen Tee auf den Tisch, und ich aß, während ich von meinem Tag erzählte, und sie stellte, wirklich süß, Fragen über ein Thema, von dem sie nicht viel verstand, für das sie sich aber mir zu Liebe zu erwärmen versuchte.

Wenn Dinge schiefgelaufen waren, umging sie diese auf Zehenspitzen, und an einem guten Tag erfüllte meine Zufriedenheit das Wohnzimmer. In Maidenhead passierte exakt so etwas von Montag bis Freitag, an jedem Abend der Woche. Der einzige Unterschied war, daß es in unserem Haus erst am Wochenende soweit war.

Wie ich weiß, gibt es eine Theorie, die besagt, daß die Rolle seines Vaters bei seiner Mutter zu übernehmen nicht unbedingt der sinnvollste Weg ist, die eigene psychische Gesundheit in späteren Jahren sicherzustellen. Aber mal ehrlich, Freunde, machen wir das nicht alle von Zeit zu Zeit?

Auswärtsspiele waren mein Äquivalent dafür, lange im Büro zu bleiben, und die Fünfrundenpokalpartie in Derby war diesbezüglich mein erster wirklich gründlicher Anlauf. In jenen Tagen gab es keine Reisebeschränkungen, wie es sie heute gibt (British Rail gaben die »Football Specials« letztlich auf, und die Clubs treffen ihre eigenen Reisearrangements). Wir konnten in St. Pancras einrollen, eine schweinebillige Zugfahrkarte kaufen und uns in einen heruntergekommenen Zug hineinzwängen, in dessen Gängen die Polizei mit Wachhunden Patrouille ging. Ein großer Teil der Reise ging im Dunkeln vor sich – Glühbirnen wurden in lästig kurzen Intervallen zerschmettert –, was das

Lesen erschwerte. Trotzdem nahm ich immer, immer ein Buch mit und verbrachte Ewigkeiten damit, diejenigen Waggons zu finden, in denen sich Männer mittleren Alters aufhielten, die kein Interesse daran hatten, die Aufmerksamkeit der Schäferhunde auf sich zu lenken.

An unserem Zielort wurden wir von mehreren Hundertschaften Polizei empfangen, die uns auf einem Umweg vom Stadtzentrum zum Stadion eskortierten. Während dieser Wanderungen ließ ich meinen Hooliganphantasien freien Lauf. Ich befand mich in vollständiger Sicherheit, beschützt nicht nur durch das Gesetz, sondern auch durch meine Mitanhänger, und war daher frei, in meiner vom Stimmbruch noch immer unberührten Stimme bei den Drohgesängen der anderen mitzugrölen. In Wahrheit sah ich nicht furchtbar hart aus. Ich war noch nicht einmal annähernd so groß, wie ich hätte sein müssen, und trug eine schwarzgerahmte Kassenlesebrille im Intelligenzlerstil, die ich allerdings für die Dauer der Marschstrecken verbarg, vermutlich, um wenigstens einen winzigen Tick furchterregender zu erscheinen. Diejenigen aber, die über den Identitätsverlust, den Fußballfans erdulden müssen, grummeln, liegen daneben. Dieser Identitätsverlust kann ein auf paradoxe Weise bereichernder Vorgang sein. Wer will schon die ganze Zeit an seinem eigenen Selbst festkleben? Ich zum Beispiel wollte gelegentlich mal eine Auszeit und keine Vorstadtbrillenschlange mit Segelohren sein. Ich liebte es, in der Lage zu sein, den Einkäufern in Derby, Norwich oder Southampton Angst zu machen (und sie *hatten* Angst – das war zu sehen). Meine Gelegenheiten, Leute einzuschüchtern, waren bis dahin begrenzt gewesen, und ich wußte, daß nicht ich es war, der die Leute eilig mit ihren Kindern im Schlepptau die Straßenseite wechseln ließ. Es waren wir, und ich war ein Teil von uns, ein Organ im Hooligankörper. Die Tatsache, daß ich der Blinddarm war – klein, nutzlos, gut versteckt irgendwo in der Mitte –, spielte nicht die geringste Rolle.

Während der Gang zum Stadion voller Ruhm und roher Kraft steckte, waren das Rumstehen im Stadion und der Rückweg zum Bahnhof weniger erbaulich. Gewalttätigkeiten im Innenraum der Stadien sind mittlerweile nahezu vollständig verschwunden, wofür es eine Vielzahl von Gründen gibt. Fans werden ordentlich getrennt (damals konnte man einfach durch die Drehkreuze gehen, wenn man sich gute Chancen im gegnerischen Block ausrechnete), Gästefans werden nach den Spielen für gewöhnlich zurückgehalten, bis das Stadion geräumt worden ist, die Vorgehensweise der Polizei ist sehr viel ausgeklügelter und so weiter. Wie dem auch sei, in der ersten Hälfte der Siebziger gab es bei jedem Arsenalspiel, dem ich beiwohnte, einen Kampf. In Highbury fanden sie zumeist im Clock End statt, wo die Fans des Gegners stehen. Normalerweise waren es kurze Wirbel, Arsenalfans stürmten in den Feind hinein, der Feind stob auseinander, die Polizei übernahm die Kontrolle. Es waren ritualisierte Sturmangriffe, bei denen die Gewalttätigkeit normalerweise eher in der Bewegung selbst als in Faustschlägen und Fußtritten bestand (es war dieses »Rennen«, das die Heysel-Tragödie auslöste, und nicht so sehr irgendein wirklich physischer Angriff). Aber gelegentlich, besonders gegen West Ham, Tottenham, Chelsea oder Manchester United, brach der Ärger mit der gleichen Wahrscheinlichkeit auf der Nordtribüne wie sonst im Clock End aus. Wenn die Gästefans sich in ausreichender Menge zusammenscharen konnten, versuchten sie das Territorium der Heimfans zu erobern, als ob es eine Insel von großer strategischer Bedeutung sei.

Es war auch nicht gerade ungefährlich, Fußballspiele

im fremden Stadion zu verfolgen. In dem Abschnitt zu stehen, der für die Gäste »reserviert« war, garantierte keinen Schutz, genaugenommen informierte es die Gegner lediglich über deine Identität. Am anderen Ende zu stehen, war entweder gefährlich (wenn die Arsenalfans vorhatten, in die Heimblöcke einzufallen) oder sinnlos – warum die Mühe auf sich nehmen, durch das ganze Land zu reisen, wenn man dann so tun mußte, als ob man den Gegner unterstützte? Ich entschied mich, wenn möglich, für einen Platz an den Seiten, wo es ruhig war, und wenn das nicht ging, dann für einen im Gästeblock, aber in Richtung der Ecken, so weit wie möglich von den etwas wilderen Mitgliedern des Arsenalreisetrupps entfernt. Ich genoß Auswärtsspiele allerdings nie. Ich war die ganze Zeit nervös, oft mit gutem Grund. Willkürlich brachen im Verlauf des Nachmittags Kämpfe aus, denen die gleiche Art von Gebrüll vorausging, das sich bei einem Torerfolg erhebt. Aber die Tatsache, daß das Gebrüll erklang, wenn das Spiel nicht mal in der Nähe eines der Tore ablief, war extrem irreführend. Ich habe Spieler sich umschauen sehen, verblüfft, daß ihre Bemühungen einzuwerfen mit einer derartigen stimmlichen Begeisterung aufgenommen wurden.

Der Nachmittag in Derby war schlimmer als die meisten anderen. Es hatte vor dem Spiel Ärger gegeben und in sporadischen Intervallen in seinem Verlauf, und obwohl ich mich weit unten auf den Stehrängen befand, verborgen zwischen kleineren Kindern und ihren Vätern, hatte ich Angst – so starke Angst, daß ich in der Tat gemischte Gefühle hinsichtlich eines Arsenalsieges hatte. Ein Unentschieden wäre genau richtig gewesen, aber ich konnte auch mit einer Niederlage und einem Ausscheiden aus dem Pokal leben, wenn das bedeutete, daß ich zurück zum Bahnhof von Derby gelangen würde, ohne daß meinem

Kopf irgendwelche Widrigkeiten zustießen. In solchen Momenten haben die Spieler mehr Verantwortung, als sie jemals erkennen oder verstehen können – und jemand wie Charlie George tat sich besonders schwer, etwas davon wahrzunehmen.

Charlie George ist eines der wenigen Denkmäler der Siebziger, dem es bis heute gelungen ist, nicht demontiert zu werden, vielleicht, weil er auf den ersten Blick eines der Abziehbilder der langhaarigen, launischen George-Best-, Rodney-Marsh- oder Stan-Bowles-Tunichtgute zu sein scheint, die es vor zwanzig Jahren fast wie Sand am Meer gab. Es ist wahr, daß er ebenso unerhört begabt war wie die Besten dieses Schlages und daß diese Gaben seine Karriere hindurch auf erschreckende Weise nicht voll ausgeschöpft wurden (er spielte nur bei zwei oder drei Anlässen für England und konnte sich gegen Ende seiner Zeit bei Arsenal nicht mal einen Platz in der ersten Mannschaft erkämpfen). All das und mehr – sein Temperament, seine Probleme mit Trainern, die glühende Hingabe, die er bei jüngeren Fans und Frauen erregte – war ganz normal und alltäglich in einer Zeit, als der Fußball der Popmusik sowohl in seiner Darbietung als auch in der Form, wie er konsumiert wurde, zu ähneln begann.

Charlie George wich von der Norm des Rebellen in zwei Beziehungen etwas ab. Erstens hatte er seine Teenagerjahre tatsächlich auf den Stehrängen des Clubs zugebracht, für den er später spielte, und obwohl das an sich nicht ungewöhnlich ist – ein Haufen Spieler von Liverpool und Newcastle waren Fans dieser Clubs, als sie jung waren –, ist George einer der wenigen genialen Außenseiter, die direkt über die Spielfeldrandumzäunung in Vereinstrikot und -hose gehüpft sind. Best war Ire, Bowles und Marsh waren Wandervögel ... George war nicht nur Arsenals Eigengewächs, herangezogen auf der Nordtribüne und in der Jugendmannschaft, sondern sah aus und benahm sich, als ob der einfachste Weg, einem Rausschmiß aus dem Stadion zu entgehen, darin bestand, als Spieler auf dem Platz herumzurennen. Körperlich erfüllte er nicht das Klischee, er war kraftvoll gebaut, über einen Meter dreiundachtzig groß, zu groß, um George Best zu sein. An meinem Geburtstag 1971, kurz vor seinem Tor gegen Newcastle, plagte ihn einer seiner häufigen Wutausbrüche, und er packte einen ruppigen Newcastle-Verteidiger am Hals und hob ihn hoch. Das war nicht die Gereiztheit eines Außenseiters, das war die Drohgebärde eines harten Hundes, und die Schlägertypen auf den Stehrängen hatten niemals einen überzeugenderen Vertreter.

Tja, und zweitens war er kein Medienrebell. Er konnte keine Interviews geben (seine Unfähigkeit sich auszudrükken war legendär und ungekünstelt), und seine langen Schnittlauchhaare blieben bis zu dem Zeitpunkt in den Mittsiebzigern, an dem er sich unklugerweise für eine vollkommen teuflische, brodelnde Dauerwelle entschied, schmucklos und ohne Stufen. Als er das erste Mal in der Mannschaft spielte, zu Beginn der Saison 69/70, sah es verdächtig danach aus, als versuche er einen Kurzhaarschnitt herauswachsen zu lassen. Zudem schien er nicht daran interessiert zu sein, sich mit einem Haufen Frauen einzulassen – Susan Farge, seine Verlobte, an deren Namen ich mich noch erinnere, dominiert die meisten Fotos, die nicht auf dem Feld aufgenommen wurden, in einschüchternder Weise. Er war ein großer Star, und die Medien waren interessiert, doch sie wußten nicht, was sie mit ihm anfangen sollten. Der Verband der Eiererzeuger versuchte es, doch sein Slogan »E für B und Charlie George« war bezeichnenderweise unverständlich. Irgendwie war er unverpackbar, mediengeschützt – vielleicht der allerletzte Star von in gewisser Weise ikonenhaftem Status, dem das gelang. (Wie auch immer, aus irgendeinem Grund schaffte er es, sich im sonst siebartigen Gedächtnis meiner Großmutter noch einige Jahre nach seinem Rücktritt festzusetzen. »Charlie George!« zischte sie circa 1983 mißbilligend und undurchschaubar, als ich ihr sagte, daß ich mich auf den Weg nach Highbury mache, um ein Spiel anzusehen. Welche Bedeutung er für meine Großmutter hat, wird, fürchte ich, niemals aufgeklärt werden.)

In Derby bot er auf einem grausamen, die Muskeln durchknetenden winterlichen Platz eine erstaunliche Leistung. (Diese Plätze! Der Baseball Ground in Derby, White Hart Lane, sogar Wembley ... ist Gras im Winter wirklich eine Innovation der Achtziger, so wie der Videorecorder oder gefrorener Joghurt?) Charlie traf zweimal, zwei Traumtore, und zur Melodie von Andrew Lloyd Webbers Hit der damals jüngeren Vergangenheit sangen wir »Charlie George! Superstar! Wie viele Tore sind's dieses Jahr?«. (Worauf die Fans von Derby erwiderten, wie andere überall im Land es vor ihnen getan hatten: »Charlie George! Superstar! Läuft wie 'ne Frau und trägt BH!« Es ist schwer, nicht zu lachen, wenn Leute die Sechziger und Siebziger als das goldene Zeitalter der witzigen Einfälle auf den Stehrängen verklären.) Trotz Charlies Doppelschlag endete das Spiel nach Derbys spätem Ausgleichstreffer 2:2, und ich kriegte damit das Unentschieden, auf das ich so feige gehofft hatte, allerdings nicht den aggressionsfreien Spaziergang zurück zum Bahnhof, der mir eigentlich als Konsequenz hätte zustehen sollen.

Das war Charlies Schuld. Ein Tor ist aus Gründen, die zu erklären es eines eigenen Buches bedürfte, eine provozierende Geste, vor allem, wenn die Ränge ohnehin bereits in eine Art Dämmerlicht der Gewalt getaucht sind, wie es an jenem Nachmittag der Fall war. Ich verstand, daß Charlie ein Profifußballer war und daß unsere am seidenen Faden hängende Sicherheit für sich allein genommen keine Erwägung wert war, wenn sich ihm eine Torgelegenheit bot. So viel war klar. Aber ob er sein Tor unbedingt feiern mußte, indem er hinüber zu den Derbyfans rannte und ihnen mit einem unzweideutigen Fingerzeichen sagte »Schaut her, ihr provinziellen Wichser« ... das war sehr viel schwerer nachvollziehbar. Immerhin waren es diese Derbyfans, in deren zähnefletschender, Schwule aus dem Süden hassenden, Cockney klatschenden Stahlkappenschuh- und Skinheadgesellschaft wir gezwungenermaßen den Rest des Nachmittags verbringen und durch deren feindliches, von verwinkelten Gassen geprägtes Territorium wir uns nach dem Schlußpfiff hastig zurückziehen mußten. So wie ich es sah, hatte Charlies Sinn für Verantwortung und Pflichterfüllung ihn für ein Momentchen im Stich gelassen.

Er wurde vom Platz gebuht und vom Verband mit einer Geldstrafe belegt, wir wurden den gesamten Weg zum Zug gejagt, wobei uns Flaschen und Dosen um die Ohren flogen. Prost, Charlie.

## Ein Stück Gesellschaftsgeschichte

**Arsenal gegen Derby – 29.2.72**

Das Wiederholungsspiel endete 0:0, ein Spiel ohne irgendwelchen Wert. Doch es bleibt das einzige Spiel einer ersten Mannschaft, das in meiner Arsenalzeit in Highbury an einem Nachmittag mitten in der Woche stattgefunden hat. Der Februar 1972 war die Zeit des Streiks der Arbeiter in den Kraftwerken. Für uns alle bedeutete das sporadische Elektrizität, Kerzenlicht, gelegentlich kaltes Abendessen, doch für Fußballfans in der siebten Klasse bedeutete das Stippvisiten im Ausstellungsraum der Elektrizitätsgesellschaft – wo Poster mit dem Turnus der Stromabschaltungen aushingen –, um herauszufinden, wer von uns THE BIG MATCH Sonntagnachmittag anbieten konnte. Für Arsenal bedeutete die Stromkrise kein Flutlicht, daher das Wiederholungsspiel Dienstagnachmittag.

Trotz Schule ging ich zu dem Spiel, und obwohl ich mir vorgestellt hatte, daß das Publikum wohl aus mir, ein paar anderen schulschwänzenden Teenagern und einer Handvoll Rentner bestehen würde, kamen in Wirklichkeit mehr als dreiundsechzigtausend Menschen, die größte Zuschauerzahl der Saison. Ich war entrüstet. Kein Wunder, daß das Land vor die Hunde ging! Meine Schulschwänzerei hinderte mich daran, meine Besorgnis mit meiner Mutter zu teilen (eine Ironie, die mir zur damaligen Zeit entging). Ehrlich, was ging da nur vor sich?

Für diesen Mittdreißiger hat das Pokalspiel an einem Nachmittag mitten in der Woche (West Ham spielte gegen den Favoritenkiller Hereford ebenfalls am Dienstagnachmittag und zog ein Publikum von zweiundvierzigtausend und ein paar mehr an) nunmehr jenen wundervollen

Glanz der frühen siebziger Jahre, wie eine Folge der FENN STREET GANG oder ein Päckchen Number-Six-Zigaretten. Vielleicht wollte jedermann in Upton Park und Highbury, alle einhundertundsechstausend von uns, einfach nur eine der Millionen winziger Gäßchen der Geschichte der Gesellschaft entlangspazieren.

## Ich und Bob McNab

**Stoke City gegen Arsenal – (Villa Park) 15.4.72**

Der FA Cup 71/72 war ein Knaller, eine scheinbar unerschöpfliche Quelle von Wundern und kniffligen Quizfragen. Welche zwei Teams benötigten elf Stunden, um ihre Partie der vierten Qualifikationsrunde zu entscheiden? Welcher Spieler erzielte beim 11:0-Erstrundensieg seines Teams gegen Margate neun Tore? Für wen spielte er damals? Wohin wurde er später transferiert? Wer waren die beiden Spieler von Hereford, die bei dem erstaunlichen 2:1-Sieg ihrer Southern-League-Truppe gegen Erstdivisionär Newcastle trafen? (Eine Hilfe: Die Nachnamen haben für Arsenalfans einen besonderen Klang.) Oxford City und Alvechurch, Ted Macdougall, Bournemouth, Manchester United, Ronnie Radford und Ricky George. Einen Punkt für jede Antwort, sieben Punkte und du hast ein Paar Malcolm-Macdonald-Koteletten gewonnen.

Dann waren da die nachmittäglichen Pokalwiederholungsspiele und Charlies Fingerzeichen. In Villa Park, in unserem Halbfinale gegen Stoke, wurde unser Torwart Bob Wilson inmitten eines 1:1-Unentschiedens vom Platz getragen (John Radford mußte einspringen), und ein paar Stunden vor dem Anpfiff sprach ich mit Bob McNab, dem linken Verteidiger von Arsenal.

Ich fuhr mit Hislam hinauf nach Villa Park, einem Möchtegern-Hooligan aus Maidenhead, dem ich immer mal wieder zufällig in Zügen begegnete. Ich hatte gewaltigen Respekt vor ihm. Er trug einen weißen Metzgermantel, der mit plump gekritzelten, roten Arsenal-Slogans bedeckt war – ein Muß für jemand mit Stehplatzambitionen. Auf dem Heimweg von den Spielen ließ er sich dann neben mir nieder im 5-Uhr-35-Zug von Paddington und fragte nach dem Ergebnis, wobei er erklärte, daß er in den Polizeizellen im Inneren des Stadions festgehalten worden sei und daher keinerlei Ahnung von dem habe, was über seinem Kopf vorgefallen war. Jenkins, der offenbar legendäre Führer der Nordtribüne (ich hatte noch nie von ihm gehört, fast unnötig, das zu erwähnen), war ein persönlicher Freund von ihm.

Wie vorauszusehen war, sollte ich bald herausfinden, daß das alles Mist war und daß Hislams Beziehung zur Realität selbst an einem guten Tag verschwommen war. Wenn es eine solche Gestalt wie Jenkins gab (der Führer, ein ränkeschmiedender Hooligan-General, der für militärische Taktiken verantwortlich ist, hat seine Wurzeln wahrscheinlich in städtischen oder sogar vorstädtischen Mythen), kannte Hislam sie nicht, und selbst ich, der ich heiß darauf war, einen waschechten Kriminellen zu meinen Bekannten zu zählen, begann mich zu fragen, wie ein scheinbar harmlos aussehender Vierzehnjähriger es fertigbrachte, jeden Samstag für Vergehen verhaftet zu werden, die frustrierend vage blieben.

Die Fußballkultur ist so amorph, so unüberschaubar, so

*riesig* (wenn ich Hislam über Vorfälle in King's Cross, Euston und den Seitenstraßen von Paddington sprechen hörte, schien ganz London im Griff ihrer Tentakel zu sein), daß sie unvermeidlich überproportional viele Phantasten anzieht. Wenn du den Wunsch hast, an einer furchterregenden Schlacht mit Tottenhamfans beteiligt gewesen zu sein, muß diese ja nicht im Stadion selbst vonstatten gegangen sein, was leicht überprüft werden kann. Sie kann auf einem Bahnhof stattgefunden haben oder auf dem Weg zum Stadion oder in einem feindlichen Pub. Fußballgerüchte dieser Art waren schon immer so dick und undurchdringlich wie Smog. Hislam wußte das und war quietschfidel dabei, seine schauerlichen und unwahrscheinlichen Lügen zu erfinden. Der Fußball war perfekt geeignet, seinen Bärenhunger auf Selbsttäuschung zu stillen, genau wie er in der Lage war, den meinen zu stillen. Für eine Weile herrschte zwischen uns eine zufriedenstellende Symbiose. Er wollte daran glauben, daß er ein Hooligan war, und ich wollte das auch, und eine Zeitlang hätte er mir darum jeden Unsinn auftischen können.

Dad hatte für mich zwei Stehplatzkarten für das Spiel ergattert (ich hatte ihm den vollen Umfang meiner Einsamkeit beim Fußball noch nicht klargemacht), und Hislam hatte sich großzügig bereit erklärt, die überschüssige Karte zu nehmen. Als wir in Villa Park ankamen, mußten wir das Kassenhäuschen finden, um sie abzuholen. Es war ein Uhr dreißig, und ein paar der Spieler waren dort und verteilten Karten an Ehefrauen, Familie und Freunde. Bob McNab, der linke Verteidiger, war einer von ihnen. Er hatte seit Januar nicht mehr in der ersten Mannschaft gespielt, und ich war überrascht, ihn zu sehen. Ich konnte nicht glauben, daß Bertie Mee ihn in einem FA-Cup-Halbfinale zum ersten Mal seit drei Monaten von Beginn an spielen lassen würde. Schließlich gewann meine Neugier die Oberhand über meine Schüchternheit.

»Wirst du spielten, Bob?«

»Ja.«

Es ist ganz natürlich, daß Dialogen in autobiographischen Werken mit einiger Vorsicht begegnet wird. Wie, um alles in der Welt, kann sich der Autor wortwörtlich an Gespräche erinnern, die vor fünfzehn, zwanzig, fünfzig Jahren geführt wurden? Aber »Wirst du spielen, Bob?« ist einer von nur vier Sätzen, die ich je gegenüber irgendeinem Arsenalspieler geäußert habe, und ich kann daher die Hand für seine absolute Authentizität ins Feuer legen. (Für die Statistik noch schnell die anderen: »Wie geht's dem Bein, Bob?« zu Bob Wilson in der folgenden Saison, als er dabei war, sich von seiner Verletzung zu erholen, »Kann ich bitte ein Autogramm von dir haben?« zu Charlie George, Pat Rice, Alan Ball und Bertie Mee, und, tja, »Wie geht's dem Bein, Brian?« zu Brian Marwood vor dem Clubladen von Arsenal, als ich eigentlich alt genug war, es besser zu wissen.)

Ich habe mir natürlich Unterhaltungen ausgedacht. Selbst heute gehe ich noch häufig mit Alan Smith oder David O'Leary in den Pub, bestelle ihnen Lagerbier mit wenig Alkohol, biete ihnen einen Platz an und unterhalte mich mit ihnen bis die letzten Bestellungen aufgenommen werden und noch länger über George Grahams angebliche Knausrigkeit, die Fitneß von Charlie Nicholas und den Transfer von John Lukic. Doch die schlichte Wahrheit ist, daß der Club uns mehr bedeutet als ihnen. Wo waren sie vor zwanzig Jahren? Wo werden sie in zwanzig Jahren sein? Wo werden sie in *zwei* Jahren sein, ein paar von ihnen? (In Villa Park oder Old Trafford, und sie werden mit dem

Ball an den Füßen bedrohlich auf das Tor von Arsenal zustürmen, das ist die Antwort.)

Nein, ich bin glücklich, so wie die Dinge stehen, danke der Nachfrage. Sie sind Spieler, und ich bin ein Fan, und ich will die Grenzen nicht verwischen. Männer lachen über das, was sie als die groteske Unangemessenheit von Groupies ansehen, doch ein One-Night-Stand mit einem Star ist vollkommen verständlich und hat ihre eigene Ausgewogenheit und Logik. (Wenn ich eine heiratsfähige Zwanzigjährige wäre, würde ich wahrscheinlich unten beim Trainingsgelände stehen und meinen Slip hinter David Rocastle herwerfen, auch wenn diese Art Geständnis von einem Mann, egal wie »modern« er ist, bedauerlicherweise noch immer nicht gewürdigt wird.) Wie auch immer, viele von uns hatten Gelegenheiten, mit Spielern zu sprechen, etwa bei der Vorstellung neuer Fußballschuhe oder der Eröffnung von Sportgeschäften, in Nachtclubs oder Restaurants, und die meisten von uns haben sie ergriffen. (»Wie geht's dem Bein, Bob?« – »Ich fand, du warst am Samstag ganz große Klasse, Tony.« – »Hey, vergiß nicht, es Tottenham nächste Woche zu besorgen, ja?«) Und was sind diese plumpen, peinlichen, ungeschickten Begegnungen anderes als Annäherungsversuche, bierseliges Getatsche im Dunkeln? Wir sind keine jungen, begehrenswerten Nymphchen, wir sind Erwachsene mit Schmerbäuchen und haben überhaupt nichts zu bieten. Profifußballer sind so schön und unerreichbar wie Mannequins, und ich will kein Pograbscher mittleren Alters sein.

Ich hatte das alles damals noch nicht durchdacht, als ich Bob McNab in seinem Anzug für vor dem Spiel sah. Und als ich ins Innere des Stadions kam und zwei Typen vor mir über Umstellungen im Team zu sprechen begannen, sagte ich ihnen, daß Bob McNab spielen werde, weil er es mir selbst gesagt habe. Sie sahen mich und dann einander an und schüttelten die Köpfe (wobei sie mich, als die Umstellungen über die Stadionansage bekanntgegeben wurden, erneut ansahen). In der Zwischenzeit hatte sich Hislam hinauf ans obere Ende von Villas gewaltigem Holte End verdrückt, um bei den »Jungs« zu sein, und war eifrig dabei, jedem, der zuhörte, zu erzählen, wie er sich an den Drehkreuzen vorbei ins Stadion gemogelt hatte (er erhob diese Behauptung, sobald wir ins Stadion spaziert waren, gegenüber irgendeiner x-beliebigen Person, die ihm bekannt, aber auch wildfremd sein mochte). Wer von uns war hier der Phantast? Ich, offensichtlich. Niemand spricht vor dem Spiel mit Spielern, dagegen hineinzuschleichen ohne zu zahlen ... aus welchem Grund sollte man darüber Lügen erzählen, wenn man ein abgerissenes Ticket in seiner Tasche hatte?

## Wembley II – der Alptraum geht weiter

**Leeds gegen Arsenal – 5.5.72**

*Ein klassischer Angsttraum, banal in seiner Offenkundigkeit. Ich versuche, nach Wembley zu gelangen, und ich habe eine Karte für das Finale in meiner Tasche. Als ich daheim weggehe, habe ich noch massig Zeit bis zum Spiel, doch jeder Versuch, zum Stadion zu gelangen, führt mich in die entgegengesetzte Richtung. Zuerst ist das nur eine amüsante Irritation, aber schließlich erzeugt es Panik. Zwei Minuten vor drei bin ich im Zentrum von London, versuche ein Taxi herbeizuwinken und beginne zu realisieren, daß es mir nicht vergönnt sein wird, die Partie zu sehen. Auf eine komische Art und Weise mag ich den Traum allerdings. Ich hatte ihn mittlerweile sechsmal, vor jedem Pokalfinale, das Arsenal seit 1972 bestritten hat, und somit ist es ein Alptraum, der untrennbar mit Erfolg verknüpft ist. Ich wache schwitzend auf, doch der Schweiß bedeutet einen ersten, von Vorfreude geprägten Augenblick des Tages.*

Meine Pokalfinalkarte stammte direkt vom Club und nahm nicht den Weg über einen Schwarzhändler und meinen Vater, und ich war in lächerlicher Weise stolz darauf. (Die Freude, die ich über den beiliegenden Grußzettel empfand, den ich auf Jahre hinaus sicher aufbewahrte, war allerdings noch verschrobener.) Pokalkarten wurden auf Grundlage der numerierten Coupons zugeteilt, die auf der letzten Seite des Programms zu finden waren. Wenn du alle Programme hattest, was bei mir der Fall war, war dir eine Karte mehr oder weniger sicher. Das System sollte den loyalen Fan belohnen, obwohl es in der Praxis diejenigen belohnte, die genügend Energie aufbrachten, die Programme, die sie brauchten, an den speziell dafür eingerichteten Verkaufsständen vor dem Stadion aufzustöbern (ein mühseliger Prozeß, der für sich selbst genommen auch eine Art von Loyalität darstellte.) Ich war bei fast allen Heimspielen und ein paar Auswärtsspielen gewesen, und mein Anrecht auf einen Platz auf den Stehrängen von Wembley war so gut wie das irgendeines anderen, wahrscheinlich besser als das der meisten, und so rührte mein Stolz auf einem Gefühl der Zugehörigkeit her, das mir im Vorjahr gefehlt hatte.

(Dieses Zugehörigkeitsgefühl ist entscheidend, wenn man verstehen will, warum Leute an einem Mittwochabend zum bedeutungslosen Spiel in Plymouth fahren, und ohne dieses Gefühl würde Fußball als Geschäft nicht funktionieren. Aber wo hört es auf? *Gehört* jenen Fans, die jede Woche kreuz und quer durch das Land fahren, der Club mehr als mir? Und der alte Kauz, der es nur zehnmal pro Saison schafft, aber schon seit 1938 nach Highbury geht ... gehört der Club nicht auch ihm und er zum Club? Na klar. Es dauerte aber noch einige Jahre, bis ich das entdeckte, und bis dahin hieß es: ohne Fleiß kein Preis. Solange ich nicht gelitten und gezittert, in meinen Schal geweint und mit meiner Nase bezahlt hatte, war es einfach nicht möglich, Freude an den guten Zeiten zu finden oder den Ruhm für sie in Anspruch zu nehmen.)

Das Spiel selbst war so trostlos wie all die anderen Spiele zwischen Arsenal und Leeds, die zwei Mannschaften hatten so etwas wie eine gemeinsame Geschichte entwickelt, und ihre Begegnungen waren für gewöhnlich gewalttätig und torarm. Mein Freund Bob McNab sah nach zwei Minuten Gelb, und von diesem Moment an bestand das Spiel aus einer Aneinanderreihung von Freistößen, Kabbeleien, Tritten gegen Knöchel, drohend ausgestreckten Fingern und zähnefletschendem Gewirr. Was das Ganze noch schlimmer machte, war die Tatsache, daß es das hundertste Pokalfinale war. Ich bin sicher, daß die hohen Tiere in der FA, falls sie die beiden Finalisten hätten aussuchen dürfen, Arsenal und Leeds ziemlich weit unten auf ihrer Liste gehabt hätten. Die Jubiläumsfeierlichkeiten im Vorfeld des Spiels (ich hatte wie üblich meinen Platz auf den Stehrängen gute neunzig Minuten vor dem Anpfiff eingenommen), die darin bestanden, daß Vertreter all der anderen Pokalfinalisten hinter Bannern um das Spielfeld marschierten, schienen auf einmal eine nahezu satirische Absicht verfolgt zu haben. Du erinnerst dich an das Matthews-Finale 53? Wie Bert Trautmann 56 mit einem Genickbruch im Tor spielte? Tottenhams Double-Team 61? Evertons Aufholjagd 66? Osgoods Flugkopfball 70? Jetzt schau dir Storey und Bremner an, wie sie versuchen, sich gegenseitig Fetzen aus den Oberschenkeln zu meißeln. Die Freudlosigkeit des Spiels verschärfte die Anspannung in meinem Bauch, sie war ganz genauso kräfteraubend wie bei der Partie gegen Swindon drei Jahre zuvor. Wenn sich niemand um irgendwelche Feinheiten des Spiels scherte (und es gab Phasen, in denen sogar der Ball zur Nebensache zu werden schien), wurde das Erringen des Pokals noch wichtiger, denn es gab nichts, was einen auf andere Gedanken brachte.

Zu Beginn der zweiten Hälfte schlängelte sich Mick Jones zur Torauslinie und flankte auf Allan Clarke, der mit einem lächerlich mühelosen Kopfnicken verwandelte. Es war unvermeidlicherweise das einzige Tor des Spiels. Wir trafen den Pfosten oder die Latte oder sonstwas, und ein Schuß wurde von der Torlinie gekickt, doch das waren ominöse Pokalfinalmomente, nicht ernst zu nehmen. Man konnte sehen, daß den Arsenalspielern die Zwecklosigkeit ihrer Bemühungen bewußt war.

Als das Spielende nahte, stählte ich mich für den Kummer, der mich, wie ich wußte, mit Haut und Haaren verschlingen würde, genau wie nach der Partie gegen Swindon. Ich war fünfzehn, und die Möglichkeit zu weinen stand, anders als 1969, nicht zur Debatte. Ich kann mich an ein leichtes Einknicken meiner Knie erinnern, als der Schlußpfiff ertönte. Es tat mir nicht wegen des Teams oder der anderen Fans leid, sondern meinetwegen, wobei mir heute bewußt ist, daß alles Fußballeid diese selbstmitleidige Form annimmt. Wenn unsere Mannschaften in Wembley verlieren, denken wir an die Kollegen und Klassenkameraden, denen wir am Montagmorgen gegenübertreten müssen und an den Freudentaumel, der uns verwehrt geblieben ist, und es scheint unvorstellbar, daß wir uns eine derartige Verletzlichkeit jemals wieder erlauben werden. Ich spürte, daß ich nicht tapfer genug war, um ein Fußballfan zu sein. Wie konnte ich in Erwägung ziehen, all dies erneut durchzumachen? Würde ich für den Rest meines Lebens alle drei oder vier Jahre nach Wembley kommen und mich so am Ende so fühlen?

Ich bemerkte einen Arm um meine Schultern und nahm zum ersten Mal wahr, daß ich direkt neben drei Leedsfans stand, einem alten Mann, seinem Sohn und seinem Enkel. »Laß es gut sein, Junge«, sagte der alte Mann. »Sie werden wiederkommen.« Für einen Augenblick hatte ich das Gefühl, daß er mich festhielt, bis der erste und intensivste Jammeranfall vorbei war und ich die Kraft in meinen Beinen wiedergewonnen hatte. Beinahe unmittelbar danach rempelten sich ein paar stoppelköpfige Arsenalfans mit unverkennbarem und unheilverkündendem Zorn in den Augen den Weg durch die Menge auf uns zu. Ich trat zurück, und sie rissen den Leedsschal an sich, der um den Hals des kleinen Jungen geschlungen war. »Gebt den Schal auf der Stelle zurück«, sagte sein Dad, aber nur weil er wußte, daß derjenige, der nichts gesagt hätte, ein schwacher Vater war, nicht in Erwartung irgendeines Erfolges. Es kam zu einem kurzen Trommelhagel der Fäuste, und die zwei älteren Männer taumelten zurück, und ich blieb nicht in der Nähe, um herauszufinden, wie sehr sie vermöbelt wurden. Ich rannte in Richtung des Durchgangs und ging direkt nach Hause, verängstigt und voller Überdruß. Das war wirklich die einzige Art, auf die das einhundertste Pokalfinale enden konnte.

## Eine neue Familie

**Arsenal gegen Wolverhampton – 15.8.72**

Im Verlauf des Sommers 1972 änderten sich die Dinge. Arsenal, das allerbritischste (soll heißen, das mürrischste und aggressivste) Team, das man sich vorstellen kann, überraschte uns mit einer Hinwendung zum kontinentalen Stil und beschloß, für ein halbes Dutzend Spiele zu Beginn der Saison 72/73 »totalen« Fußball zu spielen. (Das war, im Interesse all jener, die nur eine verschwommene Vorstellung von Fußballtaktik haben, eine niederländische Erfindung, die bei allen Spielern auf dem Platz Flexibilität zwingend voraussetzte. Verteidiger mußten angreifen, Stürmer im Mittelfeld spielen, es war die fußballerische Version der Postmoderne, und die Intellektuellen fuhren voll drauf ab.) In jenem August war freundlicher und anerkennender Applaus in Highbury ein ebenso wohlvertrautes Geräusch, wie sechzigtausend schlurfende Füße es in den Jahren davor gewesen waren. Man stelle sich vor, daß Margaret Thatcher aus Brüssel heimkehrt und uns einen Vortrag über die Gefahren des Nationalismus hält, und man hat eine ungefähre Vorstellung von der Unwahrscheinlichkeit der Verwandlung.

Einem Sieg zum Auftakt am Samstag in Leicester folgte dieses Schützenfest gegen die Wolverhampton Wanderers (5:2, mit Toren der Verteidiger McNab und Simpson). »Ich war noch nie von einer Leistung Arsenals derart begeistert«, meinte der Mann im DAILY MAIL am nächsten Morgen. »Es gab mehr guten Fußball zu sehen als in einem Dutzend Spiele in ihrem Double-Jahr zusammen.« – »Arsenal hat seine Spielweise wirklich geändert«, meinte der TELEGRAPH. »Die alte Härte und die besessene Suche nach den Köpfen der Stürmer wurden abgelegt. An ihre Stelle sind, wie die glücklosen Wanderers feststellen mußten, ein neuer Einfallsreichtum und Improvisation getreten.«

Zum ersten, aber definitiv nicht zum letzten Mal, fing ich an zu glauben, daß Arsenals Launen und Geschicke irgendwie meine eigenen widerspiegelten. Es war nicht so sehr die Tatsache, daß wir beide brillant spielten und gewannen (obwohl meine zwei gerade bestandenen O Level-Prüfungen all die von mir benötigte Bestätigung waren, daß ich ein ernsthafter Anwärter auf die Meisterschaft des Lebens war). Es war eher die Tatsache, daß mir mein Leben im Verlauf des Sommers unvermittelt verblüffend exotisch geworden zu sein schien, und die geheimnisvolle Entscheidung meines Teams, einen extravaganten kontinentalen Stil anzunehmen, entsprach dem auf perfekte und unerklärliche Weise. Alles am Spiel gegen Wolverhampton war verwirrend – die fünf Tore, die Qualität des Paßspiels (Alan Ball war überragend), das behagliche Vor-sich-Hinschnurren der Zuschauermenge, die aufrichtige Begeisterung einer normalerweise feindseligen Presse. Und ich verfolgte all das von der Westtribüne aus mit meinem Vater und meiner Stiefmutter, einer Frau, die ich erst vor ein paar Wochen kennengelernt und an die ich zuvor immer als »Der Feind« gedacht hatte, wenn ich mich überhaupt mit ihr beschäftigt hatte.

In den vier oder fünf Jahren seit der Trennung meiner Eltern hatte ich meinem Vater so gut wie keine Fragen über sein persönliches Leben gestellt. Einerseits war das verständlich, denn wie die meisten Kinder hatte ich weder den Wortschatz noch den Nerv, über derartige Dinge zu reden. Andererseits war es komplizierter und hatte mehr mit der Tatsache zu tun, daß keiner von uns die Dinge anrührte, die geschehen waren, wenn wir es irgendwie vermeiden konnten. Obwohl mir bewußt war, daß es eine andere Frau gegeben hatte, als mein Vater uns verließ, fragte ich ihn niemals nach ihr. Das Bild, das ich von meinem Vater hatte, war daher auf kuriose Weise unvollständig. Ich wußte, daß er im Ausland wohnte und arbeitete, aber ich versuchte niemals, mir für ihn irgendeine Art von Leben bildlich vorzustellen: Er nahm mich mit zum Fußball, befragte mich über die Schule und verschwand dann für ein paar Monate in eine Art unvorstellbare Halbwelt.

Es war unvermeidlich, daß ich früher oder später der Tatsache ins Auge sehen mußte, daß Dad, wie wir alle, ein vollständiges Leben führte. Diese Konfrontation erfolgte schließlich im Frühsommer 1972, als ich entdeckte, daß mein Vater und seine zweite Frau die Eltern von zwei kleinen Kindern waren. Im Juli, die unglaubliche Neuigkeit noch unverdaut, besuchte ich die nicht einmal im Traum für möglich gehaltene Familie in ihrem Haus in Frankreich. Der Umstand, daß diese Konstellation bis dahin vor mir verborgen worden war, bedeutete, daß es nicht zu der in solchen Fällen üblichen allmählichen Anhäufung von Details gekommen war. Wie Mia Farrow in THE PURPLE ROSE OF CAIRO, die von einem der Filmcharaktere aus dem Zuschauerraum des Kinos in den Film gezerrt wird, wurde ich in eine Welt geschleudert, die ohne meine Beteiligung erdacht und vervollständigt worden war, eine vollkommen fremdartige und doch irgendwie wiederzuerkennende Welt. Mein Halbbruder war klein und dunkel, sah zu seiner kleinen Schwester auf und sorgte für sie. Sie ihrerseits war achtzehn Monate jünger, blond, aufgeweckt und selbstbewußt ... wo hatte ich diese beiden bloß vorher schon gesehen? In unseren Kinderfilmen, wo sonst. Aber wenn sie wie wir waren, Gill und ich, warum sprachen sie dann halb französisch und halb englisch? Und was sollte ich für sie sein, ein Bruder, eine Art dritter Elternteil oder etwas dazwischen, ein Azubi-Mittelsmann aus der Erwachsenenwelt? Und wie war's möglich, daß es einen Swimmingpool und einen beständigen Vorrat an Cola im Kühlschrank gab? Ich liebte und ich haßte es, und ich wollte mit dem nächsten Flugzeug nach Hause fliegen und zugleich doch den Rest des Sommers über bleiben.

Als ich dann zurückgekehrt war, mußte ich einen modus vivendi finden, der mir die nächsten paar Jahre über dienen konnte. Ich dachte, es wäre am klügsten, wenn ich sicherstellte, daß die neue Welt niemals in der alten erwähnt wurde, wobei es ohnehin nicht viel gebracht hätte, sich über das Fehlen eines Swimmingpools in unserem winzigen Garten hinter dem Haus zu beschweren. So wurde ein gewaltiger und bedeutsamer Teil meines Lebens gänzlich und friedlich von einem anderen ferngehalten, ein Arrangement, das ideal dazu geeignet war, in einem eh schon verwirrten Teenager Verlogenheit, Selbsttäuschung und Schizophrenie zu erzeugen.

Als sich meine Stiefmutter beim Spiel gegen Wolverhampton direkt neben mich setzte, war es, als sei Elsie Tanner direkt ins Crossroads Motel marschiert. Das Auftreten eines Bewohners der einen Welt im Zentrum der anderen nahm irgendwie beiden Welten die Realität. Und dann fing Arsenal an, zentimetergenaue Flachpässe über den ganzen Platz zu schlagen. Unsere Verteidiger gaben sich im gegnerischen Strafraum ein Stelldichein und überlobbten den gegnerischen Torwart mit Cruyffscher Präzision, und mein Verdacht, die Welt sei verrückt geworden, wurde bestätigt. Ich saß gemütlich neben dem Feind, Arsenal hielt sich weiterhin für die Niederlande, und mit etwas Mühe hätte ich mit Sicherheit ein paar Schweine friedlich über dem Stadion dahinschweben sehen.

Einige Monate später wurden wir in Derby 0:5 niedergemacht und verfielen sofort in unsere alten, verbissenen, beruhigenden Eigenarten. Die Tatsache, daß das Experiment so kurz gewesen war, verstärkte nur den Eindruck, daß all das eine besonders raffinierte Metapher gewesen war, in meinem Interesse erdacht und in dem Moment verworfen, in dem ich sie verstanden hatte.

## Eine Sache auf Leben und Tod

**Crystal Palace gegen Liverpool – Oktober 1972**

Der Fußball hat mich einiges gelehrt. Ein Großteil meiner Kenntnisse über Orte in Großbritannien und Europa stammt nicht aus der Schule, sondern von Auswärtsspielen oder den Sportseiten, und der Hooliganismus hat mir sowohl eine Vorliebe für Soziologie als auch ein gewisses Maß an Erfahrung in Sachen Feldarbeit gegeben. Ich habe den Wert kennengelernt, den es hat, Zeit und Gefühle in Dinge zu investieren, die ich nicht kontrollieren kann, und zu einer Gemeinschaft zu gehören, deren Erwartungen ich vollständig und unkritisch teile. Und bei meinem ersten Besuch mit meinem Freund Frog in Selhurst Park sah ich eine Leiche, noch immer meine erste und einzige, und lernte ein klein wenig über, nun ja, das Leben selbst.

Als wir nach dem Spiel in Richtung Bahnhof gingen, sahen wir einen Mann auf der Straße liegen, zum Teil von einem Regenmantel bedeckt, mit einem blau-roten Palace-Schal um seinen Hals. Ein Mann saß über ihn gebückt da, und wir beide überquerten die Straße, um einen genaueren Blick darauf zu werfen.

»Ist er okay?« fragte Frog.

Der Mann schüttelte den Kopf. »Nee. Tot. Ich lief gerade hinter ihm her, und er ist umgekippt.«

Er sah tot aus. Er war grau und für unsere Begriffe unvorstellbar bewegungslos. Wir waren beeindruckt.

Frog spürte eine Geschichte, die nicht nur die achte Klasse, sondern auch einen guten Teil der neunten interessieren würde. »Wer hat ihn umgelegt? Liverpooler?«

An diesem Punkt verlor der Mann die Geduld. »Nein. Er hatte einen Herzinfarkt, ihr kleinen Rotzlöffel. Jetzt verpißt euch.«

Wir gehorchten, und das war das Ende des Zwischenfalls. Doch er war seitdem nie weit aus meinem Gedächtnis, mein einziges Bild des Todes, ein Bild, das belehrt. Der Palace-Schal, ein banales und vertrautes Detail, das Timing (nach dem Spiel, aber mitten in der Saison), der Fremde, der besorgt, aber letztlich gleichgültig Aufmerksamkeit zollt. Und natürlich die zwei idiotischen Teenager, die die kleine Tragödie mit ungenierter Faszination, ja Ausgelassenheit beglotzen.

Die Aussicht, mitten in der Saison so zu sterben, beunruhigt mich, aber natürlich werde ich aller Wahrscheinlichkeit nach irgendwann zwischen August und Mai sterben. Wir haben die naive Erwartung, daß wir, wenn wir abtreten, keine losen Enden herumliegen lassen. Wir werden unseren Frieden mit den Kindern gemacht haben, sie glücklich und gefestigt zurücklassen, und wir werden mehr oder weniger alles, was wir in unserem Leben erreichen wollten, erreicht haben. Das ist natürlich alles Blödsinn, und Fußballfans, die über die Sterblichkeit nachdenken, wissen, daß es alles Blödsinn ist. Es wird Hunderte von losen Enden geben. Vielleicht sterben wir in der Nacht, bevor unser Team in Wembley aufläuft oder am Tag nach einem Europapokalhinspiel oder während der entscheidenden Phase des Aufstiegskampfes oder einer umkämpften Partie gegen den Abstieg, und dann müssen wir davon ausgehen, jedenfalls wenn man vielen Theorien über das Leben nach dem Tod folgt, daß wir außerstande sein werden, letztlich das Ergebnis rauszukriegen. Der ganze Witz am Tod ist, daß er, metaphorisch gesprochen, fast zwangsläufig eintritt, bevor die wichtigsten Trophäen verliehen worden sind. Der Mann, der da auf dem Gehsteig lag, würde, wie Frog auf dem Heimweg bemerkte, nicht mehr mitbekommen, ob Palace in jener Saison den Klassenerhalt geschafft hat oder nicht. Und wahrscheinlich hat er auch nicht mitbekommen, daß sie im Verlauf der nächsten zwanzig Jahre weiterhin als Fahrstuhlmannschaft zwischen den Divisionen herumgehüpft sind, daß sie ihre Farben ein halbes dutzendmal geändert und schließlich ihr erstes FA-Cup-Finale erreicht haben, oder daß sie zu guter Letzt mit dem kreuz und quer über ihre Hemden gekleisterten Schriftzug »Virgin« herumgerannt sind. Aber so ist das Leben.

Ich will nicht mitten in der Saison sterben, aber ich bin, denke ich, andererseits einer von denen, die glücklich wären, wenn ihre Asche über dem Rasen von Highbury verstreut würde. (Obwohl ich verstehe, daß es Beschränkungen gibt. Zu viele Witwen setzen sich mit dem Club in Verbindung, und es bestehen Befürchtungen, daß die Grasnarbe nicht allzu gut auf den Inhalt von unzähligen Urnen reagieren würde.) Es ist schön, sich vorzustellen, daß ich in irgendeiner Form im Stadion herumhängen und einen Samstag der ersten Mannschaft zusehen könnte und am nächsten dem Reserve-Team. Mir würde es Wohlbehagen bereiten, wenn meine Kinder und Enkel Arsenalfans wären und ich mit ihnen zuschauen könnte. Das scheint mir keine schlechte Art, die Ewigkeit zu verbringen, und ganz sicher werde ich lieber auf der Westtribüne verstreut als im Atlantik versenkt oder über einem verlassenen Berg ausgeschüttet zu werden.

Ich will allerdings auch nicht unmittelbar nach dem Spiel sterben (wie Jock Stein, der Sekunden, nachdem Schottland Wales geschlagen und sich für die Weltmeisterschaft qualifiziert hatte, starb, oder wie der Vater eines Freundes, der vor ein paar Jahren bei einem Spiel zwischen Celtic und den Rangers das Zeitliche segnete. In gewisser Weise scheint das *übertrieben*, als ob Fußball die einzige passende Umgebung für den Tod eines Fußballfans wäre. (Und ich spreche hier, natürlich, nicht vom Tod in Heysel, Hillsborough, Ibrox oder Bradford, denn das waren Tragödien einer vollkommen anderen Kategorie.) Ich will nicht, daß man sich mit einem Kopfschütteln und einem liebevollen Lächeln an mich erinnert, mit dem man andeutet, daß das die Art von Abgang ist, die ich gewählt hätte, wenn mir die Wahl geblieben wäre; da ziehe ich ein ernstzunehmendes Ende der plumpen Symbolik jederzeit vor.

Also laßt uns das klarstellen. Ich will den Löffel nicht nach einem Spiel in der Gillespie Road abgeben, weil man meiner dann möglicherweise als Spinner gedenken würde, doch ich will, versponnenerweise, als Geist in Highbury herumschweben und bis ans Ende aller Zeit die Spiele der Reservemannschaft anschauen. Und diese zwei Wünsche – die, wie ich mir vorstellen könnte, für Menschen ohne entsprechende Fixierungen auf den ersten Blick unfaßbar widersprüchlich sind – charakterisieren in gewisser Weise

Besessene und beinhalten ihr Dilemma. Einerseits hassen wir es, gönnerhaft herablassend behandelt zu werden. (Es gibt einige Leute, die mich *nur* als Monomanen kennen und die mich langsam und geduldig, in Worten, die nur aus einer Silbe bestehen, über Arsenalergebnisse befragen, ehe sie sich anderen Menschen zuwenden, um über das Leben zu sprechen – als ob Fußballfan zu sein, die Möglichkeit ausschließt, eine Familie, einen Job oder eine Meinung über alternative Medizin zu haben.) Andererseits erzeugt unsere Versponnenheit beinahe unvermeidlich gönnerhafte Herablassung. Ich weiß das alles, und *trotzdem* will ich meinem Sohn die Namen Liam Charles George Michael Thomas aufhalsen. Ich schätze, ich kriege, was ich verdiene.

## Tag der Reifeprüfung

**Arsenal gegen Ipswich – 14.10.72**

Mit fünfzehn war ich nicht mehr ganz so klein – tatsächlich gab es jetzt in meiner Klasse eine Anzahl von Jungs, die kleiner waren als ich. Das war in fast jeder Beziehung eine Erleichterung, aber es brachte auch ein Problem mit sich, das einige Wochen ununterbrochen an mir nagte: Wenn ich nur den geringsten Selbstrespekt bewahren wollte, konnte ich meinen Umzug aus der Schoolboy's Enclosure auf die überdachte Nordtribüne hinter dem Tor, wo Arsenals stimmgewaltigste Anhänger standen, nicht länger hinauszögern.

Ich hatte mein Debüt mit großer Sorgfalt geplant. Einen guten Teil jener Saison hatte ich mehr Zeit damit verbracht, auf den besorgniserregenden Haufen lärmender Menschen zu meiner Rechten zu starren als geradeaus auf den Platz, denn ich versuchte genau rauszukriegen, wohin ich mich stellen konnte und welche Abschnitte besser zu vermeiden waren. Das Spiel gegen Ipswich sah nach einer idealen Gelegenheit für mich aus. Es war wenig wahrscheinlich, daß die Fans von Ipswich versuchen würden, die Nordtribüne zu *stürmen*, und es würden wohl kaum viel mehr als dreißigtausend Zuschauer da sein, also etwa ein halbvolles Stadion. Ich war bereit, die Schuljungs zu verlassen.

Es ist heute schwierig, mich daran zu erinnern, was genau mir Sorgen machte. Schließlich stand ich, wenn ich nach Derby oder Villa reiste, normalerweise im Gästeblock, der einfach eine örtlich verschobene Nordtribüne war, so daß es nicht die Aussicht auf Ärger (der bei Auswärtsspielen oder in der gegenüberliegenden Kurve des Arsenalstadions wahrscheinlicher war) oder Angst vor der Art von Leuten, bei denen ich stehen würde, gewesen sein kann. Ich nehme eher an, daß ich fürchtete, enttarnt zu werden, so wie es mir in jenem Jahr in Reading passiert war. Angenommen, die Leute um mich herum fanden heraus, daß ich nicht aus Islington kam? Angenommen, ich wurde als vorstädtischer Eindringling entlarvt, der auf eine humanistische Oberschule ging und Latein als Prüfungsfach hatte? Letztlich mußte ich das Risiko auf mich nehmen. Auch wenn ich, was wahrscheinlich schien, die gesamte Tribüne zu einem ohrenbetäubenden Gesang »HORNBY IST EIN WICHSER« oder »WIR ALLE HASSEN STREBER, HASSEN STREBER, HASSEN STREBER« zur Melodie des DAMBASTERS' MARCH provozieren würde, war das egal – zumindest hätte ich es versucht.

Ich betrat um kurz nach zwei die Tribüne. Sie erschien mir gewaltig, viel größer, als sie von meinem bisherigen

Standort aus gewirkt hatte. Eine riesige Ausdehnung steiler, grauer Treppen, über die ein komplexes Muster metallener Wellenbrecher verteilt war. Der Platz, für den ich mich entschieden hatte – auf halber Höhe in der Mitte –, bedeutete sowohl eine gewisse Menge an draufgängerischem Trubel (der Lärm in den meisten Fußballstadien beginnt im Zentrum der Heimtribüne und verbreitet sich strahlenförmig nach außen, die Tribünen mit ihren Sitzplätzen beteiligen sich nur in Augenblicken höchster Erregung) als auch eine gewisse Vorsicht meinerseits (hinten in der Mitte ist zum Beispiel kein Ort für den zaghaften Debütanten).

Momente, in denen sich das Leben verändert, finden sich gemeinhin eher in Romanen oder Mainstream-Hollywoodfilmen mit Anspruch als im wirklichen Leben, speziell im wirklichen vorstädtischen Leben. All die Dinge, die mich eigentlich hätten verändern sollen – erster Kuß, Verlust der Jungfräulichkeit, erste Schlägerei, erstes Besäufnis, erste Drogen –, schienen einfach zu *passieren*. Da war kein Wille am Werk, und mit Sicherheit fand kein schmerzhafter Entscheidungsprozeß statt (der Erwartungsdruck, den eine Gruppe Gleichaltriger ausübt, schlechte Veranlagung und die vergleichsweise sexuelle Frühreife des weiblichen Teenagers trafen all diese Entscheidungen für mich), und vielleicht blieb ich deshalb trotz all dieser Erfahrungen vollkommen unverändert. Durch die Drehkreuze der Nordtribüne zu spazieren, war bis in meine Mittzwanziger das einzige Mal, soweit ich mich erinnern kann, daß ich bewußt den Stier bei den Hörnern gepackt habe. (Natürlich ist das hier nicht der Ort, all die Stiere durchzugehen, die ich bis dahin eigentlich an den Hörnern hätte packen sollen, aber ich weiß zumindest, daß mich die Tatsache damals nicht störte.) Ich wollte es durchziehen, doch zugleich hatte ich, erbärmlicherweise, ein wenig Angst. Der einzige Moment, der bis dahin in meinen Augen mein Leben veränderte, hatte etwas damit zu tun, auf einem anderen Stück Asphalt als sonst zu stehen, doch die Tatsache, daß ich mich dazu durchgerungen hatte, etwas zu tun, was ich nur halben Herzens wollte, und daß alles letztlich gut ausging ... das war wichtig für mich.

Eine Stunde vor Anpfiff war die Aussicht von meinem Platz spektakulär. Keine Ecke des Spielfelds war verdeckt, und sogar das gegenüberliegende Tor, dessen Anblick ich mir winzig vorgestellt hatte, war ziemlich klar erkennbar. Um drei konnte ich allerdings nur noch einen kleinen Streifen des Platzes sehen, einen schmalen Grastunnel, der sich vom nahegelegenen Strafraum bis zur Torauslinie am anderen Ende erstreckte. Die Eckfahnen waren vollständig verschwunden, und auf das Tor vor meiner Tribüne konnte ich nur einen Blick werfen, wenn ich im entscheidenden Moment hochsprang. Immer wenn auf unserer Seite knapp danebengeschossen wurde, taumelte die Menge nach vorne. Ich wurde gezwungenermaßen sieben oder acht Stufen die Tribüne hinuntergespült, und wenn ich mich umsah, schien meine Einkaufstasche, in der sich mein Programm und mein DAILY EXPRESS befanden und die ich zu meinen Füßen abgestellt hatte, Meilen entfernt, so wie ein Handtuch am Strand, während du in wildbewegter See bist. Ich habe das einzige Tor des Spiels gesehen, ein Volleyschuß von George Graham aus etwa fünfundzwanzig Metern, aber nur weil es vor der Gästetribüne fiel. Ich liebte die Nordtribüne, ganz klar. Ich liebte die verschiedenen *Arten* von Lärm: den förmlichen, rituellen Lärm, als die Spieler auftauchten (die Namen der Spieler wurden, beim Publikumsliebling beginnend, der Reihe nach skandiert, bis sie mit einem Winken reagierten), das spontane, formlose Gebrüll, wenn etwas Aufregendes auf dem Platz passierte, die wiederauflebende Kraft der Gesänge nach einem Tor oder einer Phase anhaltenden Angriffsdrucks. (Und selbst hier, unter jüngeren, weniger verbitterten Männern, jenes Fußballmurren, wenn es schlecht lief.)

Nach meiner anfänglichen Besorgnis wuchsen mir die Bewegungen auf der Tribüne ans Herz, die Art, wie ich in Richtung Spielfeld geschleudert und dann zurückgesaugt wurde. Und ich liebte die Anonymität: Ich wurde letztlich doch nicht entlarvt. Ich blieb die nächsten siebzehn Jahre.

Heute gibt es keine Nordtribüne mehr. Der Taylor-Report sprach die Empfehlung aus, daß Fußballstadien, nach Hillsborough, nur noch Sitzplätze haben sollten, und die Fußballclubs haben sich alle entschieden, dieser Empfehlung zu folgen. Im März 1973 habe ich in Highbury mit dreiundsechzigtausend anderen Menschen ein Wiederholungsspiel im FA Cup gegen Chelsea verfolgt; Zuschauerzahlen dieser Größenordnung sind nicht mehr möglich, in Highbury oder irgendeinem anderen Stadion außer Wembley. Sogar noch 1988, dem Jahr vor Hillsborough, hatte Arsenal in einer Woche zweimal fünfundfünfzigtausend Zuschauer, und das zweite Spiel, das Halbfinale im Littlewoods-Cup gegen Everton, ist aus heutiger Sicht wohl die letzte Partie, die in meiner Erinnerung das Erlebnis Fußball wirklich verkörpert: Flutlicht, stürmischer Regen und ein gewaltiges, rollendes Tosen das gesamte Spiel hindurch. Also, ja, selbstverständlich ist es traurig, denn auch wenn die Fußballzuschauer möglicherweise allem zum Trotz eine neue elektrifizierende Atmosphäre erschaffen können, werden sie nie mehr in der Lage sein, die alte wieder aufleben zu lassen, die riesige Menschenmassen benötigte und eine Umgebung, in der sich diese Massen zu einem riesigen, reagierenden Körper formieren konnten.

Noch trauriger ist allerdings die Art, wie Arsenal den Umbau seines Stadions finanzieren will. Die Partie gegen Ipswich anzusehen, kostete mich 25 Pence. Aber Arsenals System der Schuldverschreibung bedeutet, daß der Zutritt zur Nordkurve ab September 93 ein Minimum von 1100 Pfund *zuzüglich des Preises für eine Karte* kosten wird, und selbst wenn man die Inflation in Rechnung stellt, klingt mir das ein bißchen happig. Ein Finanzierungsplan über Schuldverschreibungen hat für den Club wirtschaftlich gesehen bestimmt Hand und Fuß, aber es ist unvorstellbar, daß Fußball in Highbury je wieder dasselbe sein wird.

Die großen Clubs scheinen von ihrer Fanbasis die Nase voll zu haben, und wer kann ihnen das in gewisser Hinsicht verdenken? Junge Männer aus der Arbeiter- und unteren Mittelschicht bringen eine Ansammlung komplizierter und gelegentlich bedrückender Probleme mit sich, und Vorstandsmitglieder und Präsidenten könnten natürlich argumentieren, daß diese Leute ihre Chance hatten und sie vergeigt haben und daß Mittelschichtfamilien – die neue Zuschauerzielgruppe – sich nicht nur benehmen können, sondern dafür auch noch viel mehr bezahlen werden.

Diese Argumentation ignoriert zentrale Fragen über Verantwortung, Fairneß und darüber, ob Fußballclubs eine Rolle in ihrer örtlichen Gemeinschaft zu erfüllen haben. Aber selbst ohne diese Probleme, scheint mir dieser Gedankengang an einem fatalen Fehler zu leiden. Ein Teil des Vergnügens, das man in großen Fußballstadien haben kann, ist eine Mischung aus Stellvertreter- und Schmarotzertum, weil man sich – wenn man nicht gerade auf der Nordtribüne, dem Kop oder dem Stretford End steht – darauf verläßt, daß andere für die Atmosphäre sorgen, und Atmosphäre ist eine der entscheidenden Zutaten zum Erlebnis Fußball. Die brodelnden Fanblöcke sind für die Clubs genauso lebenswichtig wie die Spieler, nicht nur, weil sie ihr Team stimmgewaltig unterstützen oder dem Verein große Summen Geld einbringen (obwohl dies keine unwichtigen Faktoren sind), *sondern weil ohne sie die meisten anderen Zuschauer keine Lust hätten, ins Stadion zu kommen.*

Arsenal, Manchester und die anderen Clubs glauben, daß die Leute zahlen, um Paul Merson und Ryan Giggs spielen zu sehen, und natürlich tun sie das. Aber viele davon – die Typen auf den Zwanzig-Pfund-Plätzen und die Jungs in den ViP-Boxen – zahlen auch, um Leuten dabei zuzusehen, wie diese Paul Merson zusehen (oder um zuzuhören, wie sie ihn anbrüllen). Wer würde eine ViP-Box kaufen, wenn das Stadion mit lauter hohen Tieren voll wäre? Die Clubs haben die ViP-Boxen in dem Wissen verkauft, daß die Atmosphäre gratis kommt, und deshalb hat ihnen die Nordtribüne genausoviel Geld wie irgendeiner der Spieler gebracht. Wer wird jetzt den Lärm machen? Werden die Mittelschichtkinder aus der Vorstadt und ihre Mums und Dads immer noch kommen, wenn sie selber für ihn sorgen müssen? Oder werden sie spüren, daß man sie übers Ohr gehauen hat? Denn die Clubs haben den neuen Zuschauern praktisch Karten für eine Show verkauft, in der die Hauptattraktion entfernt wurde, um Platz für eben diese neuen Zuschauer zu schaffen.

Noch ein Wort über die Art von Publikum, für das sich der Fußball entschieden hat: Die Clubs müssen sicherstellen, daß sie erfolgreich sind, daß es keine mageren Jahre gibt, weil die neuen Zuschauer Mißerfolg nicht tolerieren werden. Das ist nicht die Art von Menschen, die kommen werden, um euch im März gegen Wimbledon spielen zu sehen, wenn ihr Elfter in der ersten Division seid und euch bereits aus allen Pokalwettbewerben verabschiedet habt. Warum sollten sie? Sie haben massenhaft andere Dinge zu tun. Also, Arsenal ... keine siebzehnjährigen Niederlagenserien, wie die zwischen 1953 und 1970, klar? Kein Liebäugeln mit dem Abstieg wie 1975 und 1976 oder gute halbe Jahrzehnte, in denen ihr nicht mal ein Finale erreicht, wie zwischen 1981 und 1987. Wir trotteligen, kleinen Zocker lassen uns das gefallen, und mindestens zwanzigtausend von uns würden aufkreuzen, egal wie schlecht ihr seid (und ihr wart manchmal wirklich sehr, sehr schlecht), aber dieser neue Haufen ... ich bin da nicht so sicher.

## Mit allem Drum und Dran

**Arsenal gegen Coventry – 4.11.72**

Das einzige Problem mit der Nordtribüne war, daß ich sie mit allem Drum und Dran gekauft hatte. In der zweiten Halbzeit meines dritten Spiels auf der Tribüne (das dazwischenliegende gegen Manchester City war nur denkwürdig, weil unsere Neuverpflichtung Jeff Blockley, ein Nichtskönner, der Ian Ure Konkurrenz machte, eine City-Ecke mit seinen Händen an die Unterlatte schubste, der Ball hinter der Linie aufprallte und der Schiedsrichter City weder einen Elfer noch das Tor gab – was haben wir gelacht!) erzielte Coventry Citys Tommy Hutchison nach einem phantastischen Sololauf einen Treffer. Er kam auf dem linken Flügel, etwa fünfunddreißig Meter vorm Tor, an den Ball, hinterließ eine Spur von Arsenalverteidigern in seinem Kielwasser und schlenzte die Kugel am herauslaufenden Geoff Barnett vorbei in die lange Ecke. Auf der Nordtribüne herrschte den Bruchteil einer Sekunde Schweigen, als wir die Fans von Coventry wie Delphine im Gästeblock, dem Clock End, herumtanzen sahen, und dann erhob sich der grimmige, einmütige und tiefempfundene Gesang »Wir treten Euch die Schädel ein.«

Ich hatte das schon früher gehört, klar. Für gute fünfzehn Jahre war das die formgerechte Antwort auf jedes Tor, das von irgendeiner Auswärtsmannschaft in egal welchem Fußballstadion im Land erzielt wurde. (In Highbury gab es die Variationen »Ihr werdet in einem Londoner Krankenwagen heimfahren«, »Wir sehen euch alle draußen« und »Clock End, tut Eure Arbeit« – die Arsenalanhänger im Clock End waren den gegnerischen Fans näher, und folglich wurden sie damit beauftragt, die Verantwortung für Vergeltung zu übernehmen.) Der einzige Unterschied zu den ganzen gegrölten Verwünschungen vorher war, daß ich zum ersten Mal mitgrölte.

Ich war von dem Tor schockiert, so beleidigt und so betroffen wie nur irgendwer auf der Tribüne, und es war ein Glück, daß ein kompletter Fußballplatz zwischen mir und den Fans von Coventry lag, sonst, sonst ... sonst hätte ich Maßnahmen ergriffen, ich wußte nicht welcher Art, aber sie wären der Schrecken des Postbezirks N5 gewesen.

In vielerlei Hinsicht war das natürlich lustig, auf die Art, auf die die meisten Hooligan-Ambitionen von Teenagern lustig sind, und doch fällt es mir auch jetzt noch schwer, über mich selbst zu lachen. Es ist mein halbes Leben her, und es ist mir noch immer peinlich. Ich würde gern glauben, daß da nichts von mir, dem erwachsenen Mann, in jenem wütenden Fünfzehnjährigen war, aber ich habe den Verdacht, daß das überoptimistisch ist. Eine Menge von dem Fünfzehnjährigen bleibt, unvermeidlich (wie das bei Millionen von Männern der Fall ist), was einen Teil der Verlegenheit erklärt; der andere Teil hat damit zu tun, daß sich der Erwachsene in dem Jungen auch wiedererkennt. So oder so, es bleibt ein Ärgernis.

Letztlich habe ich es gelernt. Ich habe gelernt, daß es lächerlich war, irgend jemandem zu drohen – ich hätte den Coventryfans genausogut versprechen können, daß ich ihre Kinder gebären werde, und daß Gewalt und die dazugehörige Kultur auf jeden Fall uncool sind (keine der Frauen, mit denen ich je schlafen wollte, wäre an jenem Nachmittag sonderlich beeindruckt von mir gewesen). Aber bei der dritten, der grundsätzlichen Lektion, daß Fußball nur ein Spiel ist und man nicht durchdrehen muß, wenn das eigene Team verliert ... von der möchte ich gern glauben, daß ich sie gelernt habe. Doch manchmal spüre ich da immer noch etwas in mir, bei Auswärtsspielen, wenn wir von gegnerischen Fans umzingelt sind, der Schiedsrichter gegen uns pfeift, wir trotzdem hoffen und hoffen, Adams dann ein Schnitzer unterläuft, deren Mittelstürmer durch ist und sich dieses furchtbare, stechende Gebrüll aus allen Richtungen erhebt ... dann habe ich einen Rückfall und erinnere mich nur noch an zwei der drei Lektionen, was einerseits genügt, andererseits aber eben nicht.

Männlichkeit hat irgendwie eine speziellere, weniger abstrakte Bedeutung als Weiblichkeit angenommen. Viele Leute scheinen Weiblichkeit als eine Qualität zu betrachten, während Männlichkeit für eine große Zahl Menschen beiderlei Geschlechts ein Bündel von Vermutungen und Werturteilen darstellt, das Männer entweder akzeptieren oder ablehnen können. Du magst Fußball? Dann magst du auch Soul, Bier, Leutevermöbeln, Frauen-an-den-Busen-Grabschen und Geld. Du bist ein Rugby- oder Cricketfan?

Dann gefallen dir die Dire Straits oder Mozart und du liebst Wein, Frauen-in-den-Hintern-Zwicken und Geld. Du paßt in keins der Lager? *Macho, nein danke?* In diesem Fall folgt zwangsläufig, daß du ein pazifistischer Vegetarier bist, der die Reize von Michelle Pfeiffer geflissentlich übersieht und denkt, daß nur anzüglich grinsende, harte Jungs Luther Vandross hören.

Man kann leicht vergessen, daß wir aussuchen und wählen können. Theoretisch ist es möglich, zum Beispiel Fußball, Soul und Bier zu mögen, aber Busengrabschen und Pozwicken zu verabscheuen (oder auch umgekehrt, wie man leider zugeben muß), und man kann Muriel Spark *und* Bryan Robson bewundern. Interessanterweise sind es die Männer, die sich der Möglichkeit der Mischung und individuellen Zusammenstellung eher bewußt zu sein scheinen als die Frauen: Eine feministische Kollegin von mir weigerte sich – wörtlich – zu glauben, daß ich zu Arsenal gehe, wobei ihre Ungläubigkeit offensichtlich darin wurzelte, daß wir einmal eine Unterhaltung über einen feministischen Roman hatten. Wie konnte es möglich sein, daß ich das Buch gelesen hatte *und* in Highbury gewesen war? Sag einer denkenden Frau, daß du Fußball magst, und du kannst dich auf einen ziemlich ernüchternden Einblick in die weibliche Vorstellung vom Mann gefaßt machen.

Und doch muß ich akzeptieren, daß meine bösartige Wut während des Spiels gegen Coventry die logische Folge dessen war, was vier Jahre vorher begonnen hatte. Mit fünfzehn war ich weder imstande zu sammeln und auszuwählen, noch konnte ich erkennen, daß die Kultur der Fußballfans nicht unbedingt diskret war. Wenn ich Samstage in Highbury damit verbringen wollte, Fußball wegzugucken, dann mußte ich auch so gehässig, wie es mir eben möglich war, mit einer Lanze herumfuchteln. Wenn, was in Anbetracht meines phasenweise vaterlosen Zustandes wahrscheinlich erscheint, ein Teil meiner Arsenalbesessenheit davon herrührte, daß diese mir einen schnellen Weg eröffnete, einen vormals leeren Einkaufswagen im Supermarkt der Männlichkeit zu füllen, dann ist es vielleicht verständlich, daß ich mich erst später darum kümmerte, was Müll war und was wert, behalten zu werden. Ich warf einfach alles hinein, was ich sah, und dummer, blinder, gewalttätiger Zorn lag eindeutig in meinem Gesichtsfeld.

Ich hatte Glück (und es *war* Glück, ich kann mir keinen Verdienst daran zuschreiben), daß ich mir ziemlich schnell eine Überdosis holte und mich ekelte. Aber das größte Glück war, daß die Frauen, die mir gefielen, und die Männer, mit denen ich mich anfreunden wollte (in dieser Phase gehörten diese Verben genau dahin, wo ich sie plaziert habe), nichts von mir hätten wissen wollen, wenn das anders gewesen wäre. Hätte ich die Art von Mädchen getroffen, die männliche Streitlust akzeptierten oder sogar unterstützten, hätte ich mich möglicherweise nicht drum kümmern müssen. (Wie war dieser Anti-Vietnam-Slogan? »Frauen sagen ja zu Männern, die nein sagen«?) Aber es gibt Fußballfans, Tausende, die weder die Notwendigkeit noch den Wunsch verspüren, einen Blick auf ihre Aggressionen zu werfen. Ich mache mir Sorgen um sie, ich verachte sie, und ich habe Angst vor ihnen. Einige dieser Leute, erwachsene Männer Mitte dreißig mit Kindern, sind inzwischen zu alt, um herumzulaufen und anderen zu drohen, ihnen die Schädel einzutreten, aber sie tun es trotzdem.

## Carol Blackburn

**Arsenal gegen Derby – 31.3.73**

An dieser Stelle fühle ich mich genötigt, die Genauigkeit meines Gedächtnisses und möglicherweise die der Gedächtnisse aller Fußballfans zu verteidigen. Ich habe niemals ein Fußballtagebuch geführt, und ich habe mehrere hundert Spiele komplett vergessen, aber ich habe mein Leben in Arsenalspielen ausgemessen, und jedes Ereignis von irgendwelcher Bedeutsamkeit hat einen fußballerischen Schatten. Das erste Mal, als ich Trauzeuge bei einer Hochzeit war? Wir haben in der dritten Runde des FA Cups gegen die Spurs 0:1 verloren, und ich lauschte dem Bericht von Pat Jennings' tragischem Fehler auf einem windigen Parkplatz in Cornwall. Wann endete meine erste wirkliche Liebesgeschichte? Am Tag nach einem enttäuschenden 2:2-Unentschieden gegen Coventry 1981. Daß man sich an solche Ereignisse erinnert, ist vielleicht verständlich, aber ich kann mir nicht erklären, warum ich so manchen anderen Kram behalten habe. Meine Schwester, zum Beispiel, erinnert sich daran, zweimal in Highbury gewesen zu sein, aber mehr weiß sie nicht mehr, während ich weiß, daß sie 1973 einen 1:0-Sieg gegen Birmingham (ein Tor von Ray Kennedy, an dem Nachmittag, an dem Liam Brady sein Debüt gab) und 1980 einen 2:0-Sieg gegen Stoke (Hollins und Sansom) gesehen hat. Mein Halbbruder kam das erste Mal im Januar 1973 und sah ein 2:2 in einem Pokalspiel gegen Leicester, aber wie kommt es, daß ich das weiß und er nicht? Warum fühle ich mich gezwungen, wenn mir jemand erzählt, daß er oder sie 1976 in Highbury einen 5:2-Sieg gegen Newcastle gesehen hat, zu bemerken, daß das Spiel 5:3 ausgegangen ist? Warum kann ich nicht höflich lächeln und ihnen beipflichten und sagen: Ja, das war ein tolles Spiel?

Ich weiß, wie unangenehm wir sind, wie verschroben wir erscheinen müssen, aber wir können nicht viel dagegen tun. (Mein Vater ist beinahe genauso, wenn es um Fußball in Bournemouth und Cricket in Hampshire in den vierziger Jahren geht.) Diese Ergebnisse, Torschützen und Anlässe sind wie aus einem Guß: Pats Mißgeschick gegen Tottenham war natürlich nicht so wichtig wie Steves Hochzeit, aber für mich sind die beiden Ereignisse mittlerweile wesentliche und sich gegenseitig ergänzende Teile eines neuen und anderen Ganzen. Das Gedächtnis eines Besessenen ist in gewisser Weise vielleicht *kreativer* als das eines Normalsterblichen, nicht kreativer in dem Sinn, daß wir Dinge erfinden, sondern daß wir eine bizarre, filmische Erinnerung haben, voller abrupter Schnitte und innovativer Split-Screen-Sequenzen. Wer außer einem Fußballfan würde einen Patzer auf einem lehmigen Platz dreihundert Meilen weit weg verwenden, um sich an eine Hochzeit zu erinnern? Besessenheit erfordert eine lobenswerte geistige Beweglichkeit.

Es ist diese Beweglichkeit, die es mir erlaubt, den Beginn meiner Jugend ziemlich präzise zu datieren: Sie begann am Donnerstag, dem 30. November 1972, als Dad mich nach London mitnahm, um mir ein paar neue Sachen zum Anziehen zu kaufen. Ich entschied mich für Oxfordhosen, einen schwarzen Pulli mit Polokragen, einen schwarzen Regenmantel und ein Paar schwarze Schuhe mit hohen Absätzen; ich erinnere mich an das Datum, weil ich an dem Samstag, als Arsenal in Highbury gegen Leeds spielte und mit 2:1 gewann, die komplette Ausstattung anhatte und mich in meiner Haut so wohl wie noch nie fühlte. Ich legte mir eine neue Frisur zu (sie sollte der von Rod Stewart ähnlich sein, aber ich brachte nie den Mut für die Stacheln auf), die zu den Klamotten paßte, und entwickelte ein Interesse an Mädchen, die zur Frisur paßten. Eine dieser drei Innovationen veränderte alles.

Das Spiel gegen Derby war wirklich ein Knüller. Nach der eher dürftigen Phase, die dem Experiment mit dem »totalen« Fußball gefolgt war, hatte sich Arsenal zurück ins Rennen um die Meisterschaft gekämpft, einfach indem die Mannschaft wieder so spielte, wie sie es schon immer getan hatte – gemein, grimmig, ehrgeizig, schwer bezwingbar. Wenn sie dieses Spiel (gegen den amtierenden Meister) gewinnen würde, dann hatte sie die Chance, zum ersten Mal seit dem Double-Jahr die Tabellenspitze in der ersten Division zu übernehmen; Arsenal war punktgleich mit Liverpool, das an jenem Nachmittag ein Heimspiel gegen Tottenham hatte. Und wenn man in das Programmheft des Spiels gegen Derby sieht, erinnert einen das daran, wie ungewöhnlich ausgewogen die Geschicke im Fußball sind. Bei einem Sieg gegen Derby hätten wir alle Chancen gehabt, die Meisterschaft erneut zu gewinnen, aber in Wirklichkeit verpaßten wir sie um drei Punkte, einen Rückstand, den wir eben genau an jenem Nachmittag entstehen ließen. Am Samstag darauf spielten wir im FA-Cup-Halbfinale gegen den Zweitdivisionär Sunderland, und wir verloren auch da.

Die zwei Niederlagen brachten Bertie Mee dazu, das gesamte Team auseinanderzureißen, ohne je wieder ein neues zusammenzubasteln, und drei Jahre später war er weg vom Fenster. Wenn wir eines der beiden Spiele gewonnen hätten – und wir hätten beide gewinnen können und müssen –, wäre die neuere Geschichte des Clubs vielleicht eine vollkommen andere.

Also wurde an jenem Nachmittag für Arsenal der Verlauf des nächsten Jahrzehnts geplant, aber ich kümmerte mich nicht darum. Am Abend vorher hatte Carol Blackburn, mit der ich vielleicht drei oder vier Wochen zusammen gewesen war (ich kann mich erinnern, daß ich vierzehn Tage vor dem Spiel gemeinsam mit ihr die TV-Höhepunkte des FA-Cup-Viertelfinales in Stamford Bridge zwischen Chelsea und Arsenal – sie war Chelsea-Fan – zu Hause bei einem Freund angesehen habe), mit mir Schluß gemacht. Sie war, fand ich, wunderschön, mit ihren langen, glatten, in der Mitte gescheitelten Haaren und den schmachtenden Rehaugen von Olivia Newton-John; ihre Schönheit hatte bei mir für die meiste Zeit unserer Beziehung zu einem nervösen, erbärmlichen Schweigen geführt, und es war keine wirkliche Überraschung, als sie zu einem Jungen namens Daz weiterzog, der ein Jahr älter war als ich und, unglaublich, bereits arbeitete.

Während des Spiels war ich unglücklich (ich verfolgte es vom Clock End aus, obwohl ich nicht weiß warum, vielleicht verspürte ich, daß die gebündelte Energie der Nordtribüne unangemessen wäre), aber nicht wegen der Dinge, die vor meinen Augen abliefen: Zum ersten Mal in beinah fünf Jahren, in denen ich Arsenal zuschaute, schienen die Vorgänge auf dem Spielfeld bedeutungslos, und es fiel kaum ins Gewicht, daß wir 0:1 verloren und die Chance vergeigten, die Spitze zu übernehmen. Ich wußte instinktiv, daß Arsenal nicht treffen würde, als die Spieler sich in der Schlußphase des Spiels um den Ausgleich bemühten, daß selbst wenn Derbys Vorstopper den Ball fangen und dem Schiedsrichter zuwerfen würde, wir den fälligen Elfmeter vergeben würden. Wie sollte es denn auch möglich sein, daß wir gewinnen oder ein Unentschieden holen, wenn ich mich so fühlte? Fußball als Metapher, wieder mal.

Natürlich bedauerte ich unsere Niederlage gegen Derby, allerdings nicht so sehr, wie ich es bedauerte, von Carol Blackburn fallengelassen worden zu sein. Doch was ich am allermeisten bedauerte – und dieses Bedauern wurde mir erst viel, viel später bewußt –, war der Keil, der zwischen mich und den Club getrieben worden war. Zwischen 1968 und 1973 waren Samstage der Hauptsinn meiner gesamten Woche, und was immer in der Schule oder zu Hause passierte war nebensächlich, die Werbung in der Halbzeitpause des »Großen Spiels«. In jener Zeit *war* Fußball Leben, und ich meine das nicht metaphorisch: Ich erlebte die bedeutenden Dinge – den Schmerz des Verlustes (Wembley 68 und 72), die Freude (das Double-Jahr), den vereitelten Ehrgeiz (das Europapokal-Viertelfinale gegen Ajax), die Liebe (Charlie George) und die Langeweile (die meisten Samstage, wenn ich ehrlich bin) – nur in Highbury. Ich gewann durch die Jugendmannschaft und den Transfermarkt sogar neue Freunde. Carol Blackburn eröffnete mir ein anderes Leben, das wirkliche, nicht transponierte, in dem Dinge eher mir als dem Club widerfuhren, und wie wir alle wissen, ist das eine schöne Bescherung.

## Abschied

**Arsenal gegen Manchester City – 4.10.75**

Ich habe ein paar Programme aus der Saison 73/74, also muß ich in jenem Jahr bei ein paar Spielen gewesen sein, doch ich kann mich an keines davon erinnern. Ich weiß, daß ich in der folgenden Saison überhaupt nicht hinging, und daß ich in der Saison danach, 75/76, nur ein einziges Mal da war, mit meinem Onkel Brian und meinem jungen Cousin Michael.

Zum Teil hörte ich auf, weil Arsenal entsetzlich war: George, McLintock und Kennedy waren weg und wurden niemals richtig ersetzt, Radford und Armstrong waren über ihren Zenit hinaus, Ball ging alles am Arsch vorbei, eine Reihe junger Spieler (Brady, Stapleton und O'Leary spielten alle schon) hatte verständliche Schwierigkeiten, sich in eine angeschlagene Truppe hineinzufinden, und einige der Neueinkäufe hatten einfach nicht die nötige Klasse. (Zum Beispiel Terry Mancini, ein kahlköpfiger, fröhlicher und unkomplizierter Vorstopper, der anscheinend für den Kampf um den Aufstieg aus der zweiten Division, nachdem es langsam unvermeidlich auszusehen begann, eingekauft worden war.) Innerhalb von sieben Jahren war Highbury einmal mehr die unglückliche Heimat eines im Sterben liegenden Fußballteams geworden, genau wie damals, als ich mich verliebt hatte.

Dieses Mal wollte ich davon allerdings nichts wissen (so ging es auch gut zehntausend anderen). Ich hatte das alles schon einmal erlebt. Was ich noch nicht erlebt hatte, waren die Mädchen aus der High School und die Klosterschülerinnen, die an den Wochenenden in der Boots-Filiale in der Maidenhead High Street arbeiteten; und so kam es, daß irgendwann 1974 mein Nach-der-Schule-saubermachen-und-Regale-auffüllen-Job (den ich nur angenommen hatte, weil ich etwas Geld für den Fußball auftreiben mußte), zu einem Nach-der-Schule-und-Samstags-Job wurde.

1975 ging ich immer noch zur Schule, aber ich lag in den letzten Zügen. Im Sommer machte ich meine A levels, wobei ich mich in zwei von drei Fächern mal gerade so durchschlug, und entschied mich mit atemberaubender

Kühnheit, noch ein Semester dranzuhängen, um mich auf die Aufnahmeprüfung für Cambridge vorzubereiten – ich glaube nicht, weil ich nach Cambridge wollte, sondern weil ich keine Lust hatte, sofort auf die Universität zu gehen, und weder um die Welt reisen, noch behinderte Kinder unterrichten, noch in einem Kibbuz arbeiten, noch irgendwas anderes tun wollte, das aus mir womöglich eine interessante Person gemacht hätte. Also arbeitete ich einige Tage in der Woche bei Boots, ging hin und wieder zur Schule und hing mit den wenigen mir bekannten Leuten herum, die noch nicht aufs College gegangen waren.

Fußball fehlte mir nicht besonders. Ich hatte in der zehnten Klasse eine Gruppe von Freunden gegen eine andere eingetauscht: Die Fußballclique, die mich durch die ersten fünf Oberschuljahre gebracht hatte, Frog, Larry alias Caz und der Rest, erschienen mir inzwischen weniger interessant zu sein als die depressiven und äußerst lakonischen jungen Menschen in meiner Englischklasse, und auf einmal bestand das Leben nur noch aus Saufen und weichen Drogen, europäischer Literatur und Van Morrison. Meine neuen Freunde scharten sich um Henry, der, gerade auf unserer Schule gelandet, bei den Schulwahlen als zorniger Maoist antrat (und gewann), in Pubs all seine Kleider auszog und letztlich in einer Art Irrenanstalt endete, nachdem er Postsäcke aus der örtlichen Bahnstation gestohlen und in eine Baumkrone geworfen hatte. Kevin Keegan und sein verblüffendes Arbeitspensum schienen, vielleicht verständlicherweise, im Vergleich dazu langweilig. Ich sah mir Fußball im Fernsehen an, und ging zwei- oder dreimal zu QPR – in der Saison, in der sie mit Stan Bowles und Gerry Francis beinahe die Meisterschaft gewonnen hätten – und erlebte dort die Art von elegantem Fußball, der Arsenal nie wirklich interessiert hatte. Ich war jetzt ein Intellektueller, und Brian Glanvilles Artikel in der SUNDAY TIMES hatten mich gelehrt, daß Intellektuelle verpflichtet waren, Fußball eher wegen seiner Kunstfertigkeit als wegen seiner Seele anzusehen.

Meine Mutter hat keine Brüder und Schwestern – all meine Verwandten sind väterlicherseits –, und die Scheidung meiner Eltern isolierte sie, meine Schwester und mich vom laubreicheren Zweig der Familie, zum Teil aufgrund unserer eigenen Entscheidung, zum Teil aufgrund der geographischen Entfernung. Mir wurde suggeriert, daß während meiner Teens Arsenal ein Ersatz für eine größere Verwandtschaft war, und obwohl das die Art von Rechtfertigung ist, die ich gerne akzeptieren würde, fällt es selbst mir schwer zu erklären, wie Fußball imstande gewesen sein soll, in meinem Leben die Funktion von ausgelassenen Cousins, lieben Tanten und altväterlichen Onkeln zu übernehmen. Es hatte eine gewisse Art von Symmetrie, als mein Onkel Brian anrief, um mir zu sagen, daß er seinen arsenalverrückten Dreizehnjährigen nach Highbury mitnehme, und mich fragte, ob ich sie begleiten wolle: Vielleicht würden sich mir jetzt, wo der Fußball aufhörte, eine so starke Bedeutung für mein Leben zu haben, die Freuden eines umfangreichen Familienlebens erschließen.

Es war eigenartig, Michael, einer jüngeren Ausgabe von mir, dabei zuzusehen, wie er für sein Team Höllenqualen litt, als es in 0:3-Rückstand geriet und sich zurück ins Spiel mühte (Arsenal verlor 2:3, ohne daß sich ein Punktgewinn je wirklich ernstlich abzeichnete). Ich konnte seine heftige Erregung an seinem Gesicht ablesen und fing an zu verstehen, wie Fußball für Jungs dieses Alters so viel bedeuten konnte: In was konnten wir uns sonst verlieren, nachdem Bücher allmählich zu harter Arbeit geworden waren und bevor sich Mädchen als der Mittelpunkt des Interesses erkennen ließen, der sie, wie ich mittlerweile entdeckt hatte, waren? Als ich da so saß, wußte ich, daß es für mich vorbei war, die Highbury-Szene. Ich brauchte sie nicht mehr. Und natürlich war das traurig, weil diese sechs oder sieben Jahre sehr wichtig für mich gewesen waren und mein Leben in vielerlei Hinsicht gerettet hatten, aber es war an der Zeit, weiterzuziehen, mein akademisches und romantisches Potential auszuschöpfen und den Fußball denjenigen zu überlassen, deren Vorlieben weniger anspruchsvoll oder nicht so stark ausgeprägt waren.

Vielleicht würde Michael die Sache für ein paar Jahre übernehmen, bevor er sie dann seinerseits an irgend jemand weitergab. Es war schön sich vorzustellen, daß das nicht alles vollkommen aus der Familie verschwand, und vielleicht würde ich eines Tages zurückkehren, mit meinem eigenen Jungen.

Meinem Onkel oder Michael gegenüber erwähnte ich davon nichts – ich wollte Michael nicht herablassend behandeln, indem ich auch nur irgendwie durchblicken ließ, daß ich Fußballfieber für eine Kinderkrankheit hielt –, aber als wir aus dem Stadion gingen, sagte ich heimlich und sentimental Lebewohl.

Ich hatte genug Poesie gelesen, um einen erhabenen Augenblick zu erkennen, wenn er mir über den Weg lief. Meine Kindheit starb, sauber und unaufdringlich, und wenn du bei einem Verlust solchen Ausmaßes nicht anständig trauern kannst, wann willst du dann trauern?

Mit achtzehn war ich schließlich erwachsen geworden. In meinem Leben gab es für die Art von Besessenheit, mit der ich gelebt hatte, keinen Platz mehr, und wenn ich Terry Mancini und Peter Simpson opfern mußte, um Camus richtig verstehen zu können und mit einer Menge nervenaufreibender, neurotischer und raubgieriger Kunststudentinnen zu schlafen, dann sollte das so sein. Das Leben war gerade dabei zu beginnen, also mußte Arsenal gehen.

# 1976 – 1986

## Meine zweite Kindheit

**Arsenal gegen Bristol City – 21.8.76**

Wie sich herausstellte, hatte meine Kälte gegenüber allem, was Arsenal betraf, nichts mit Übergangsritualen, Mädchen, Jean-Paul Sartre oder Van Morrison, sondern ziemlich viel mit der Unfähigkeit des Sturmduos Kidd/Stapleton zu tun. Als Bertie Mee 1976 zurücktrat und sein Nachfolger Terry Neill Malcolm Macdonald für 333333 Pfund von Newcastle kaufte, lebte meine Hingabe mysteriöserweise wieder auf, und ich war zum Auftakt der neuen Saison zurück in Highbury, mit der gleichen dummen Zuversicht für den Club und genauso hungrig ein Spiel zu sehen wie in den frühen Siebzigern, als meine Besessenheit ihren fieberhaften Höhepunkt erreicht hatte. Wenn ich vorher mit meiner Vermutung richtig gelegen hatte, daß meine Gleichgültigkeit ein Zeichen einsetzender Reife war, dann hatte diese Reife gerade mal zehn Monate bestanden, und ich war mit neunzehn bereits in meiner zweiten Kindheit.

Terry Neill war wirklich nicht das, was man sich unter einem *Retter* vorstellt. Er hatte vorher Tottenham trainiert, was ihn bei einigen Arsenalfans nicht eben beliebt machte, und dort nicht mal besonders Tolles geleistet: Er hatte es nur denkbar knapp vermieden, sie in die zweite Division zu führen (obwohl sie auf alle Fälle reif für den Abstieg waren). Aber er war immerhin ein neuer Besen, und es gab in unserem Team einige ziemlich verstaubte Ecken, und dem Zuschauerandrang beim ersten Spiel unter seiner Verantwortung nach zu urteilen, war ich nicht der einzige, der durch die Hoffnung auf den Beginn einer neuen Ära zurückgelockt worden war.

Genaugenommen waren Macdonald, Neill und diese

mögliche neue Ära nur zum Teil für meine Rückkehr in den Schoß der Familie verantwortlich. Im Verlauf der vorangegangenen Monate war es mir gelungen, mich wieder in einen Schuljungen zu verwandeln, und zwar paradoxerweise dadurch, daß ich die Schule verlassen und einen Job angenommen hatte. Nach meinen Aufnahmeprüfungen für die Universität arbeitete ich in London für eine riesige Versicherungsgesellschaft. Ich glaube, ich wollte meine Faszination für diese Stadt zu einer Art von Abschluß bringen, und zwar indem ich ein Teil von ihr wurde, aber das war schwieriger als erwartet. Ich konnte es mir nicht leisten, dort zu wohnen, also pendelte ich zwischen der City und zu Hause (mein Gehalt wurde von Zugfahrten und Drinks nach der Arbeit aufgezehrt), und ich kam nicht mal dazu, sonderlich viele Londoner zu treffen (da ich allerdings auf die Vorstellung fixiert war, daß *echte* Londoner diejenigen Menschen waren, die in der Gillespie Road, Avenell Road oder Highbury Hill, N5, wohnten, war ohnehin klar, daß sie schwer faßbar sein würden). Meine Arbeitskollegen waren zum größten Teil, genau wie ich, junge Pendler aus den Home Counties.

Statt mich in einen großstädtischen Erwachsenen zu verwandeln, endete es damit, daß ich meine in der Vorstadt verbrachte Jugend neu erschuf. Die meiste Zeit langweilte ich mich zu Tode, genau wie früher in der Schule (die Gesellschaft stand im Begriff, nach Bristol umzuziehen, und wir waren alle jämmerlich unterbeschäftigt). Zu Dutzenden saßen wir an unseren Schreibtischen, die in Reihen angeordnet waren, und versuchten so zu tun, als würden wir arbeiten, während verbitterte Aufseher, denen sogar die geringfügige Würde der winzigen Kästchen, in denen ihre Vorgesetzten hockten, vorenthalten worden war, uns wie Falken beobachteten und uns maßregelten, wenn unsere

Zeitverschwendung zu auffällig oder zu laut wurde. Genau in so einem Klima gedeiht der Fußball: Ich verbrachte den größten Teil des langen und tödlich heißen Sommers 1976 damit, mit einem Kollegen über Charlie, das Double und Bobby Gould zu sprechen. Dieser Kollege war ein engagierter und daher etwas verschrobener Arsenalfan, der im Begriff war, Polizist zu werden, so wie ich im Begriff war, Student zu werden. Schon bald konnte ich fühlen, wie ein Teil der alten Begeisterung mich einmal mehr heftig zu ergreifen begann.

Ernsthafte Fans des gleichen Clubs sehen einander immer irgendwo wieder – in einer Schlange, einer Frittenbude oder der Toilette einer Autobahntankstelle –, und daher war es unvermeidlich, daß ich Kieran wieder treffen würde. Ich sah ihn zwei Jahre später, nach dem Pokalfinale 78, als er auf einer Mauer vor dem Wembleystadion saß und auf einige Freunde wartete, während seine Fahne in der Nach-dem-Spiel-Düsternis armselig ein wenig herumflatterte. Es war nicht der richtige Moment, ihm zu sagen, daß ich an diesem Nachmittag wahrscheinlich nicht hier gewesen wäre, um mich so elend zu fühlen wie er aussah, wenn es unsere Bürogespräche in jenem Sommer nicht gegeben hätte.

Aber das ist eine andere Geschichte. Nach dem Spiel gegen Bristol City, meiner Heimkehr, ging ich in dem Gefühl nach Hause, reingelegt worden zu sein. Auch mit Malcolm Macdonald, dessen herrisches Winken in die Menge vor dem Spiel das Schlimmste hatte vermuten lassen, schien Arsenal nicht besser zu sein, als es in den letzten paar Jahren gewesen war. Tatsächlich konnte man, wenn man berücksichtigte, daß wir gegen eine Truppe wie Bristol City, die aus der zweiten Division heraufgekrochen war, um sich vier Jahre lang in der ersten abzustrampeln, zu

Hause 0:1 verloren hatten, problemlos zu der Erkenntnis gelangen, daß die Mannschaft eine ganze Ecke schlechter geworden war. Ich schwitzte in der Augustsonne, ich fluchte, und ich verspürte die alte, schreiende Frustration, ohne die ich glücklich gelebt hatte. Wie Alkoholiker, die sich stark genug fühlen, einen Kleinen zu kippen, hatte ich einen fatalen Fehler begangen.

## Supermac

**Arsenal gegen Everton – 18.9.76**

Auf einem meiner Videos (GEORGE GRAHAM'S GREATEST EVER ARSENAL TEAM, falls es jemanden interessiert) ist ein perfekter »großer Augenblick« von Malcolm Macdonald. Trevor Ross kriegt den Ball rechts außen unter Kontrolle, flankt, bevor der Linksverteidiger von Manchester United ein Tackling ansetzen kann, Frank Stapleton springt hoch, nickt ein, und der Ball trudelt über die Linie ins Netz. Warum ist das trotz seiner nicht vorhandenen Beteiligung an irgendeinem Teil des Tores typisch Supermac? Weil er plötzlich da ist und einen verzweifelten Sprung in Richtung des Balles macht, bevor dieser die Linie überquert, ihn offensichtlich nicht mehr berührt und mit erhobenen Armen davonstürmt, nicht um dem Torschützen zu gratulieren, *sondern weil er das Tor für sich beansprucht.* (Dann folgt ein ängstlicher, kurzer Blick über die Schulter, als er feststellt, daß seine Teamkollegen anscheinend kein Interesse haben, jubelnd über ihn herzufallen.)

Diese Partie gegen Manchester United ist nicht das einzige Beispiel für seinen peinlichen Hang, alles sich selbst gutzuschreiben, wenn irgendeine Möglichkeit dafür bestand. Im FA-Cup-Halbfinale gegen Leyton Orient in der folgenden Saison weisen ihn die Statistiken als zweifachen Torschützen aus. In Wahrheit hätten seine beiden Torschußversuche Einwürfe für Orient zur Folge gehabt – soll heißen, sie waren noch nicht mal ansatzweise Richtung Tor unterwegs –, wenn sie nicht jeweils einen gegnerischen Verteidiger getroffen hätten (beidemal denselben) und dadurch in einem lächerlichen Bogen über den Torwart hinweg ins Netz geeiert wären. Wie auch immer, derartige Erwägungen gingen über Malcolms Verstand, und er feierte beide Tore, als wäre er über den ganzen Platz gerannt, hätte alle Verteidiger umspielt und den Ball dann in die linke untere Ecke genagelt. Er war nicht gerade ein Meister der Selbstironie.

Im Verlauf des Spiels gegen Everton, das wir 3:1 gewannen (ein Ergebnis, das uns alle einmal mehr dazu verleitete zu glauben, daß wir über den Berg wären und Terry Neill ein Team aufbaute, das imstande war, den Ligatitel zu gewinnen), lieferte Macdonald ein weiteres Glanzstück. Er ist in ein Laufduell mit dem Vorstopper verwickelt, der seinen Fuß an den Ball kriegt und ihn auf qualvolle Weise über den eigenen, herausstürmenden Torwart lupft, und sofort sind Macdonalds Arme in der Luft, er stampft jubelnd auf uns auf der Nordtribüne zu und dreht sich dann um, um die Freudenbekundungen des restlichen Teams entgegenzunehmen. Verteidiger sind berühmt dafür, jedes Eigentor abzustreiten, wenn es möglich ist, aber Evertons Vorstopper, von der Dreistigkeit seines Gegenspielers überwältigt, erzählte den Zeitungen, daß unsere Nummer Neun nicht mal in die Nähe des Balles gekommen sei. Trotzdem sahnte Macdonald den Verdienst fürs Tor ab.

In Wahrheit hatte er keine sonderlich tolle Karriere bei Arsenal. Nach nur drei Spielzeiten bei uns beendete er wegen einer ernsthaften Knieverletzung seine Laufbahn, und in der letzten Saison spielte er nur viermal. Es gelang ihm allerdings trotzdem, zu einer Legende zu werden. Wenn er einen guten Tag hatte, war er ein großartiger Spieler, aber in Highbury hatte er davon nicht allzuviele. Am besten war er während seiner Zeit in Newcastle, einem ständig schwachen Team, aber sein Ehrgeiz war so groß, daß er es geschafft zu haben scheint, sich mit Gewalt den Weg in Arsenals Ruhmeshalle zu bahnen. (ARSENAL 1886–1986 von Phil Soar und Martin Tyler, die definitive Geschichte des Clubs, zeigt ihn auffällig auf dem Einband, während Wilson und Brady, Drake und James nirgends zu sehen sind.)

Also warum haben wir uns so von ihm vereinnahmen lassen? Warum wird ein Spieler, der weniger als hundert Spiele für Arsenal gemacht hat, bereitwilliger mit dem Club assoziiert als andere, die die sechs- oder siebenfache Anzahl bestritten haben? Macdonald war ein Spieler, der auf alle Fälle eines hatte: *Glamour*. Und wir waren immer ein Team ohne Glamour, also dichten wir ihm in Highbury eine Bedeutung für den Club an, die er nicht hat, und hoffen, wenn wir ihn auf die Einbände unserer Hochglanzbücher setzen, niemand möge sich daran erinnern, daß er nur gute zwei Jahre für uns gespielt hat. Und wir hoffen, daß wir mit ihm auf dem Einband irrtümlich für Manchester United, Tottenham oder Liverpool gehalten werden. Arsenals Reichtum und Ruhm zum Trotz waren wir nie aus demselben Holz wie diese Vereine – wir waren immer zu grau, zu argwöhnisch gegenüber Leuten mit Ego – aber das geben wir nicht gern zu. Der Mythos von Supermac ist Hochstapelei, die der Club im eigenen Interesse betreibt, aber wir sind glücklich, wenn wir in ihm schwelgen können.

## Eine Stadt der vierten Division

**Cambridge United gegen Darlington – 29.1.77**

Ich hatte für eine Bewerbung in Cambridge zur richtigen Zeit den richtigen sozialen Status. Die Universität sah sich emsig nach Studenten um, die das staatliche Ausbildungssystem durchlaufen hatten, und selbst meine armseligen A-level-Ergebnisse, meine unausgegorenen Antworten auf die Prüfungsfragen und mein hoffnungslos wortkarger Auftritt beim Einführungsgespräch konnten nicht verhindern, daß ich zugelassen wurde. Endlich warfen meine gewissenhaft einstudierten verschluckten Hs Dividenden ab, wenn auch in einer Hinsicht, die ich nicht erwartet hatte. Sie führten nicht dazu, daß ich auf der Nordtribüne akzeptiert wurde, sondern am Jesus College, Cambridge. Ganz sicher bringt nur in unseren altehrwürdigen Universitäten die Ausbildung an einem Gymnasium in den Home Counties eine gewisse Straßenkind-Glaubwürdigkeit mit sich.

Es stimmt, daß die meisten Fußballfans keinen Oxbridge-Abschluß haben (Fußballfans sind Menschen, was immer uns die Medien weismachen wollen, und die meisten Menschen haben ebenfalls keinen Oxbridge-Abschluß); andererseits haben die meisten Fußballfans aber auch kein Vorstrafenregister, tragen keine Messer, urinieren nicht in Taschen oder veranstalten sonst irgendwelche von den Dingen, die man ihnen immer nachsagt. In einem Buch über Fußball ist die Versuchung, sich zu entschuldigen (für Cambridge und dafür, daß man nicht mit sechzehn von der Schule abgegangen, arbeitslos geworden oder unten in den Bergwerken oder in einer Jugendstrafanstalt gelandet ist), überwältigend groß, aber es wäre vollkommen falsch, das zu tun.

Und überhaupt stellt sich die Frage, wessen Spiel Fußball eigentlich ist. Dazu ein paar beliebige Schlagworte aus Martin Amis Rezension von Bill Bufords AMONG THE THUGS »Eine Liebe für das Häßliche«, »Pitbull-Augen«, »Die Gesichtsfarbe und den Körpergeruch eines Käse-Zwiebel-Kartoffelchips«. Diese Beschreibungen sollen dazu dienen, ein Bild des typischen Fans zu entwerfen, und typische Fans wissen, daß dieses Bild nicht stimmt. Ich weiß, ich bin, was meine Ausbildung, meine Interessen und meinen Beruf angeht, wohl kaum repräsentativ für einen guten Teil der Leute auf den Stehrängen; aber was meine Liebe für dieses Spiel, mein Wissen darüber, die Art und Weise, in der ich mich über Fußball unterhalten kann und es auch immer tue, wenn sich die Gelegenheit bietet, und mein Engagement für mein Team betrifft, bin ich überhaupt nicht außergewöhnlich.

Fußball ist bekanntermaßen das Spiel des einfachen Mannes, und wird dadurch für alle möglichen Leute, die, so wie die Dinge liegen, gerade nicht der einfache Mann sind, zum Objekt der Begierde. Manche mögen es, weil sie sentimentale Sozialisten sind, manche, weil sie Privatschulen besucht haben und das bereuen, manche, weil sie ihr Beruf – Schriftsteller, Nachrichtensprecher oder Geschäftsführer einer Werbeagentur – weit von dort entfernt hat, wo sie sich hingehörig fühlen oder hergekommen sind, und ihnen der Fußball als ein schneller, schmerzloser Weg dahin zurück erscheint. Und genau das sind die Leute, die offenbar das größte Bedürfnis verspüren, Fußballstadien als Schlupfloch einer gärenden, bösartigen Unterschicht darzustellen: Schließlich liegt es nicht in ihrem Interesse, die Wahrheit zu sagen – daß die selten zu findenden »Pitbull-Augen« häufig hinter Brillengläsern versteckt sind und man auf den Tribünen jede Menge Schauspieler, Werbefachfrauen, Lehrer, Buchhalter, Ärzte und Krankenschwestern findet, genauso wie Bilderbuch-Arbeiterklasse-Männer mit Mützen und großmäulige Schläger. Ohne die zahllosen Verteufelungen des Fußballs könnten diejenigen, die sich von der modernen Welt entfernt haben, nicht mehr beweisen, daß sie sie verstehen, oder?

»Ich möchte behaupten, daß Fußballanhängern die Rolle von »rülpsenden Untermenschen« zuzuweisen es leichter macht, uns auch als solche zu behandeln, und daher Tragödien wie Hillsborough eher passieren«, schrieb ein kluger Mann namens Ed Horton in dem Fanmagazin WHEN SATURDAY COMES, nachdem er Amis' Besprechung gelesen hatte. »Schriftsteller sind beim Fußball willkommen – das Spiel hat nicht die Literatur, die es verdient. Aber Snobs, die bei den »harten Jungs« auf die Wie-ist-es-denn-so-als-Asozialer-Tour machen, können wir wirklich am allerwenigsten gebrauchen.« Genau. Also wäre es der schlechteste Dienst, den ich dem Spiel erweisen kann, Buße für meine Ausbildung anzubieten oder sie zu verleugnen oder zu entschuldigen; Arsenal kam lange vor Cambridge und war auch danach immer da, und die drei Jahre am College haben, soweit ich das beurteilen kann, einfach nichts verändert.

Als ich dort ankam, wurde mir jedenfalls klar, daß ich nicht allein war: Es gab Dutzende von uns, Jungs aus Nottingham, Newcastle und Essex, von denen viele die staatlichen Ausbildungssysteme durchlaufen hatten und die von einem College willkommen geheißen wurden, das ängstlich bestrebt war, sein elitäres Image abzuschwächen. Wir spielten alle Fußball und hatten unsere Lieblingsteams, und innerhalb weniger Tage hatten wir uns alle gefunden, und es war, als ob man im Gymnasium noch mal ganz von vorn anfing, nur eben ohne Fußball-Abziehbilder.

Ich fuhr in den Ferien von Maidenhead rauf nach Highbury und reiste für die großen Spiele von Cambridge runter, doch ich konnte mir das nicht sonderlich oft leisten – was zur Folge hatte, daß ich mich wieder ganz frisch verliebte, in Cambridge United. Ich hatte das nicht so geplant – die Us sollten eigentlich nur das Samstagnachmittag-Jucken beseitigen, doch es kam so weit, daß sie in einer Weise um Aufmerksamkeit kämpften, wie es vorher niemand getan hatte.

Ich war Arsenal nicht untreu, weil die zwei Teams nicht im selben Universum zu Hause waren. Wenn die zwei Objekte meiner Bewunderung sich je bei einer Party in die Quere gekommen wären – oder einer Hochzeit oder einer anderen dieser unangenehmen gesellschaftlichen Situationen, die man zu meiden sucht, wann immer es geht –, so wären sie verwirrt gewesen: Wenn er *uns* liebt, was findet er dann an *ihnen?* Arsenal hatte Highbury, große Stars, riesige Zuschauermengen und das ganze Gewicht der Geschichte auf seinem Buckel; Cambridge hatte ein winziges, baufälliges Stadion, das Abbey Stadium (das Gegenstück zum Clock End, dem Gästeblock in Highbury, war das Allotments End, auf dessen Rückseite sich gelegentlich freche Gästefans stahlen, um die Salatköpfe der Rentner über die Mauer zu schleudern), weniger als viertausend Zuschauer pro Spiel und überhaupt gar keine Geschichte – der Club war erst seit sechs Jahren in der Liga. Und wenn die Us ein Spiel gewannen, schmetterte der Stadionlautsprecher »I've Got a Lovely Bunch of Coconuts«, eine exzentrische Anwandlung, für die niemand eine Erklärung zu haben schien. Es war unmöglich, für sie keine warme, fürsorgliche Zuneigung zu empfinden.

Es dauert nur ein paar Spiele, ehe ihre Ergebnisse für mich eine große Bedeutung anzunehmen begannen. Was auch daran lag, daß sie ein erstklassiges Viertligateam waren –

Trainer Ron Atkinson ließ sie einen eleganten, schnellen Kurzpaß-Fußball spielen, der ihnen zu Hause für gewöhnlich drei oder vier Tore einbrachte (sie schlugen Darlington bei meinem ersten Besuch 4:0), und mit Webster, dem Torwart, und Batson, einem der beiden Außenverteidiger, eine Verbindung zu Arsenal bestand. Ich hatte Webster 1970 bei einem seiner wenigen Spiele für Arsenal zwei Tore kassieren sehen (durch George Best); und Batson, der Anfang der Siebziger einer der ersten schwarzen Spieler in der Liga gewesen war, hatte sich seit seinem Wechsel von Highbury von einem schwachen Mittelfeldspieler zu einem Klasseverteidiger gewandelt.

Aber was mir in erster Linie Vergnügen bereitete, war der Umstand, daß die Spieler sich selbst, ihre Charaktere und ihre Mängel sozusagen auf Anhieb offenbarten. Der moderne Erstligaspieler ist zum größten Teil ein anonymer junger Mann: Er und seine Kollegen haben eine auswechselbare Konstitution, ähnliche technische Fertigkeiten, eine ähnliche Grundschnelligkeit und ähnliche Temperamente. Das Leben in der vierten Division war anders. Cambridge hatte fette Spieler und dünne Spieler, junge Spieler und alte Spieler, schnelle Spieler und langsame Spieler, Spieler, deren Karriere zu Ende ging, und Spieler, die auf dem Weg nach oben waren. Jim Hall, der Mittelstürmer, sah aus und bewegte sich wie ein Fünfundvierzigjähriger, sein Sturmpartner Alan Biley, der später für Everton und Derby spielte, hatte einen absurden Rod-Stewart-Haarschnitt und die Schnelligkeit eines Windhundes, und Steve Spriggs, der Antreiber im Mittelfeld, war klein, untersetzt und stummelbeinig. (Zu meinem Entsetzen wurde ich während meiner Zeit in der Stadt des öfteren mit ihm verwechselt. Als ich einmal vielleicht zehn Minuten vor einem Spiel, für das Spriggs aufgestellt war, gegen eine Wand gelehnt dastand, eine Rothmans rauchte und ein Fleischpastetchen aß, machte ein Vater seinen kleinen Sohn auf mich, den vermeintlichen Mittelfeldmotor, aufmerksam – ein Mißverständnis, das viel über die Erwartungen sagt, die die Menschen in Cambridge an ihr Team stellten. Und ein anderes Mal, in der Männertoilette eines örtlichen Pubs, geriet ich in einen absurden Streit mit jemandem, der sich schlicht weigerte zu akzeptieren, daß ich nicht derjenige war, der nicht zu sein ich behauptete.)

Am denkwürdigsten von allen war Tom Finney, ein ausgebuffter, streitlustiger Außenstürmer, der einige Jahre später mit Nordirland an der Weltmeisterschaftsendrunde 1982 teilnahm (was für mich, obwohl er dort nicht zum Einsatz kam, unglaublich bleibt), und dessen Schwalben und Fouls oft ein unverschämtes Zwinkern ins Publikum folgte.

Ich habe immer gedacht, wenn auch jetzt nicht mehr, daß Älterwerden und Erwachsenwerden einander entsprechen, daß beides unvermeidliche und unkontrollierbare Vorgänge sind. Jetzt scheint mir, daß Erwachsenwerden vom Willen beherrscht ist, daß man *wählen* kann, ein Erwachsener zu werden, allerdings nur in bestimmten Augenblicken. Diese Augenblicke ergeben sich ziemlich selten – während einer Beziehungskrise, zum Beispiel, oder wenn man die Chance erhalten hat, irgendwo noch mal anzufangen –, und man kann sie ignorieren oder nutzen. In Cambridge hätte ich mich neu erfinden können, wenn ich schlau genug gewesen wäre. Ich hätte den kleinen Jungen ablegen können, dem die Fixierung auf Arsenal durch einen heiklen Abschnitt seiner Kindheit und seiner frühen Teens geholfen hatte, ich hätte ein vollständig anderer Mensch werden können, ein großspurig selbstbewußter und ehrgeiziger junger Mann, der sich seines Weges durch die Welt sicher ist. Aber ich habe es nicht getan. Aus irgendeinem Grund klammerte ich mich, als ob mein Leben davon abhing, an das Ich meiner Jugend, und ließ mich von ihm durch meine Studentenjahre leiten; und damit bedeutete der Fußball, weder zum ersten oder letzten Mal noch aus eigener Schuld, sowohl eine Stütze als auch eine Entwicklungsverzögerung für mich.

Ich hatte eigentlich kaum was mit der Universität zu tun. Ich spielte nicht in der Theatergruppe, schrieb keine Beiträge für BROADSHEET oder STOP PRESS, trug nicht das Blau der Universitätssportmannschaften, versah kein Präsidentenamt in der Studentengewerkschaft, interessierte mich nicht für studentische Politik oder Verbindungen, betrieb keine wissenschaftlichen Forschungen, besuchte keine Ausstellungen, ich tat gar nichts in der Richtung. Ich ging ein paarmal die Woche ins Kino, blieb lange auf und trank Bier, ich traf eine Menge netter Leute, die ich immer noch regelmäßig sehe, ich kaufte und lieh mir Platten von Graham Parker, Patti Smith, Bruce Springsteen und The Clash, ich besuchte im ersten Jahr eine einzige Vorlesung, ich spielte zweimal die Woche für die zweite oder dritte Mannschaft des College ... und ich wartete auf Heimspiele im Abbey Stadium und Pokalpartien in Highbury. Ich schaffte es tatsächlich, dafür zu sorgen, daß all die Vorrechte, die eine Ausbildung in Cambridge ihren Empfängern verleihen kann, komplett an mir vorbeigingen. In Wahrheit hatte ich Angst vor Cambridge, und Fußball, mein Kindheitströster, meine Schutzhülle, war ein Weg, damit fertigzuwerden.

## Jungs und Mädchen

**Arsenal gegen Leicester – 2.4.77**

Ich tat in jenem Jahr auch noch etwas anderes, als Fußballspiele anzusehen, mich zu unterhalten und Musik zu hören: Ich verknallte mich magenzusammenreißend in ein kluges, hübsches und lebhaftes Mädchen von der pädagogischen Hochschule. Wir machten klaren Tisch (sie hatte in den ersten paar Wochen bereits die Aufmerksamkeit einiger anderer Interessenten erregt, ich hatte zu Hause eine Freundin) und verbrachten den Großteil der nächsten drei oder vier Jahre in Gesellschaft des anderen.

Ich glaube, sie ist auf vielerlei Weise Teil dieser Geschichte. Sie war unter anderem die erste Freundin, die je nach Highbury kam (in den Osterferien, am Ende unseres zweiten Trimesters). Die Hoffnungen, die man am Anfang der Saison in den neuen Besen gesetzt hatte, waren längst verflogen; tatsächlich hatte Arsenal gerade den Club-Rekord für die längste Niederlagenserie in seiner Geschichte überboten – die Mannschaft hatte es geschafft, nacheinander gegen Manchester City, Middlesbrough, West Ham, Everton, Ipswich, West Brom und QPR zu verlieren. Wie auch immer, sie bezauberte das Team genauso wie sie mich bezaubert hatte, und wir erzielten in den ersten zwanzig Minuten des Spiels drei Treffer. Graham Rix machte bei seinem Debüt das erste Tor, und David O'Leary, der während der nächsten zehn Jahre noch ungefähr ein halbes dutzendmal erfolgreich sein sollte, machte innerhalb von zehn Minuten zwei Stück. Wieder einmal war Arsenal rücksichtsvoll genug, sich so seltsam zu verhalten, daß nicht nur der Anlaß, sondern das Spiel selbst für mich denkwürdig bleiben sollte.

Es war eigenartig, sie hier zu haben. In einer irrigen Vorstellung von Ritterlichkeit – ich bin sicher, sie hätte lieber gestanden – bestand ich darauf, daß wir Sitzplatzkarten für den unteren Bereich der Westtribüne kauften; das einzige, woran ich mich heute noch erinnere, ist ihre Reaktion auf Arsenals Tore. Jeder in der Reihe stand auf, abgesehen von ihr (auf Sitzplätzen aufzustehen, um ein Tor zu bejubeln, ist eine unwillkürliche Handlung, wie Niesen), und dreimal schaute ich zu ihr rüber und sah, wie sie sich vor Lachen schüttelte. »Das ist so *lustig*«, sagte sie in der Absicht, eine Erklärung zu liefern, und ich konnte ihre Sicht der Dinge verstehen. Es war mir vorher wirklich noch nie in den Sinn gekommen, daß Fußball tatsächlich ein lustiges Spiel war und daß – wie bei den meisten Dingen, die nur funktionieren, wenn man an sie *glaubt* – der Blick hinter die Kulissen (und da sie sitzen blieb, hatte sie einen Blick hinter die Kulissen, genau entlang der Linie zumeist unförmiger, männlicher Hinterteile) lächerlich ist, so lächerlich, wie die rückwärtige Sicht auf irgendwelche Bauten für irgendwelche Hollywood-Filme.

Unsere Beziehung – für uns beide die erste ernsthafte, langfristige Bleib-über-Nacht-, Triff-die-Familie-, Wie-wärs-eines-Tages-mit-Kindern-Geschichte – drehte sich teilweise nur darum, zum ersten Mal die Geheimnisse unserer *Entsprechungen* im anderen Geschlecht zu entdecken. Ich hatte natürlich schon vorher Freundinnen gehabt; aber ich und dieses Mädchen hatten einen ähnlichen Werdegang und ähnliche Ambitionen, ähnliche Interessen und Einstellungen. Unsere Unterschiede, die gewaltig waren, ergaben sich hauptsächlich aus unserem Geschlecht. Ich stellte mir lebhaft vor und hoffte, daß ich, wenn ich als Mädchen zur Welt gekommen wäre, die Art von Mädchen gewesen wäre, die sie war. Wahrscheinlich war ich aus diesem Grund von ihren Neigungen, Marotten und Vorlieben so gefesselt, und ihre Habseligkeiten erregten in mir eine Faszination für Mädchenzimmer, die so lange angehalten hat, wie Mädchen Zimmer hatten. (Jetzt, da ich in meinen Dreißigern bin, haben sie keine Zimmer mehr – sie haben Wohnungen und Häuser und teilen diese oft ohnehin mit einem Mann. Es ist ein trauriger Verlust.)

Ihr Zimmer half mir zu begreifen, daß Mädchen viel wunderlicher als Jungs waren, eine Erkenntnis, die mich traf. Sie hatte eine Sammlung von Jewtuschenkos Gedichten (wer zum Teufel war Jewtuschenko?) und eine unergründliche Leidenschaft für Anna Boleyn und die Brontës, sie mochte all die sensiblen Sänger/Songwriter und war mit den Ideen von Germaine Greer vertraut, und sie verstand ein wenig von Malerei und klassischer Musik, Kenntnisse, die sie außerhalb des A-level-Lehrplanes zusammengetragen hatte. Wie hatte das geschehen können? Wie kam es, daß ich auf ein paar Taschenbüchern von Chandler und das erste Album der Ramones angewiesen war, um mir eine Art von Identität zu verschaffen? Die Zimmer von Mädchen boten zahllose Hinweise auf ihren Charakter, ihre Entwicklung und ihren Geschmack; im Gegensatz dazu waren Jungs so auswechselbar und unfertig wie Föten, und ihre Zimmer waren – abgesehen von komischen Athena-Postern hier und da (ich hatte ein Rod-Stewart-Poster an meiner Wand, von dem ich glaubte, daß es auf aggressive, authentische und selbstbewußte Art abgefuckt war) – so leer wie die Gebärmutter.

Es stimmt, wenn man sagt, daß die meisten von uns nur durch die Anzahl und das Ausmaß ihrer Interessen definiert wurden. Manche Jungs hatten mehr Platten als andere, und manche verstanden mehr von Fußball; manche interessierten sich für Autos oder Rugby. Wir hatten Leidenschaften anstelle von Persönlichkeit, und diese Leidenschaften waren auch noch vorhersehbar und uninteressant und konnten uns nicht so widerspiegeln und uns einen gewissen Glanz verleihen, wie das den Leidenschaften meiner Freundin bei ihr gelang ... und das ist einer der unerklärlichsten Unterschiede zwischen Männern und Frauen.

Ich habe Frauen getroffen, die Fußball lieben und eine Anzahl Spiele in einer Saison besuchen, aber ich habe noch keine getroffen, die den Mittwochabend-Trip nach Plymouth machen würde. Und ich habe Frauen getroffen, die Musik lieben und ihre Mavis-Staple- von ihren Shirley-Brown-Scheiben unterscheiden können, aber ich habe noch nie eine Frau mit einer riesigen, ständig wachsenden und neurotisch alphabetisierten Plattensammlung getroffen. Sie scheinen ihre Platten immer verloren oder sich auf irgend jemand anders im Haus verlassen zu haben – einen Freund, einen Bruder, einen Mitbewohner, normalerweise einen Mann –, der die materiellen Details, die mit ihren Interessen zusammenhängen, besorgen muß. Männer können nicht zulassen, daß das passiert. (Ich bemerke manchmal im Kreis meiner Freunde, die Arsenal unterstützen, eine heruntergespielte, aber erkennbare Rangelei: Keiner von uns läßt sich gerne von irgendeinem der anderen etwas über den Club sagen, was er nicht wußte – sagen wir mal eine Verletzung bei einem der Reservespieler oder eine anstehende Änderung des Trikot-Designs, etwas derartig Entscheidendes.)

Ich sage nicht, daß es die anal fixierte Frau nicht gibt, aber sie wird von ihrem männlichen Gegenstück zahlenmäßig bei weitem übertroffen; und obwohl es Frauen mit Obsessionen gibt, sind sie, denke ich, normalerweise von

Menschen besessen, oder der Mittelpunkt ihrer Besessenheit wechselt häufig.

Wenn ich mich an meine späten Teens am College erinnere, als viele der Jungs so farblos waren wie Leitungswasser, ist es verführerisch zu glauben, daß gerade zu dieser Zeit die Männer damit anfangen mußten, ihre Fähigkeit zu entwickeln, Tatsachen, Rekorde und Fußball-Programme zu speichern, um ihren Mangel an charakteristischen Fältchen auszugleichen; aber das erklärt nicht, wieso ein normaler, aufgeweckter Teenager bereits interessanter geworden ist als ein anderer normaler, aufgeweckter Teenager, einfach geschlechtsbedingt.

Es ist vielleicht kein Wunder, daß meine Freundin nach Highbury kommen wollte: An mir war wirklich nicht viel anderes dran (sie hatte mein Ramones-Album gehört) oder zumindest nichts, was ich schon entdeckt und herausgearbeitet hatte. Es gab Dinge, die mir gehörten – meine Freunde, meine Beziehungen mit meiner Mum, meinem Dad und meiner Schwester, meine Musik, meine Liebe zum Kino, mein Sinn für Humor –, doch ich konnte nicht erkennen, daß sie auf irgendwas besonders Individuelles hinausliefen, nicht auf die Weise, wie ihre Sachen individuell waren; aber meine einsame und eindringliche Hingabe an Arsenal und die sie begleitenden Notwendigkeiten (mein Vokalverstümmeln war mittlerweile so weit fortgeschritten, daß auch eine Operation nicht mehr geholfen hätte) ... nun ja, das hatte zumindest eine gewisse Schärfe und gab mir ein paar andere Charakteristika als nur eine Nase, zwei Augen und einen Mund.

## Typisch Frau

**Cambridge United gegen Exeter City – 29.4.78**

Meine Ankunft in Cambridge löste die zwei besten Spielzeiten in der kurzen Geschichte von United aus. In meinem ersten Jahr wurden sie in der vierten Division mit meilenweitem Vorsprung Meister, in meinem zweiten mußte sie feststellen, daß das Leben in der dritten etwas härter war und bis zur letzten Woche warten, ehe sie den Aufstieg sicherstellten. Sie hatten innerhalb einer Woche zwei Spiele im Abbey Stadium: eins am Dienstag abend gegen Wrexham, dem besten Team der Division, das sie 1:0 gewannen, und eins am Samstag gegen Exeter, das sie gewinnen mußten, um sicher aufzusteigen.

Zwanzig Minuten vor Schluß ging Exeter in Führung, und meine Freundin (die zusammen mit ihrer Freundin und dem Freund ihrer Freundin die schwindelerregende Pracht des Aufstiegs selbst erleben wollte) tat prompt genau das, wozu Frauen, wie ich schon immer vermutet hatte, in krisenhaften Momenten neigen: Sie wurde ohnmächtig. Ihre Freundin schaffte sie zu den Sanitätern der St. John's Ambulance, während ich nichts anderes tat, als um den Ausgleichstreffer zu beten, der fiel, gefolgt vom Siegtreffer Minuten später. Erst nachdem die Spieler die letzten Champagnerkorken in die jubelnde Menge geschossen hatten, begann ich mich wegen meiner vorangegangenen Gleichgültigkeit mies zu fühlen.

Ich hatte vor kurzem THE FEMALE EUNUCH gelesen, ein Buch, das mich tief und nachhaltig beeindruckte. Aber trotzdem fragte ich mich, wie man sich über die Unterdrückung von Frauen aufregen sollte, wenn man sich nicht einmal darauf verlassen konnte, daß sie in den letzten Minuten eines verteufelt engen Aufstiegsrennens aufrecht stehen blieben? Und wie stand es um einen Mann, der sich mehr Sorgen darum machte, daß sein Team in einem Spiel der dritten Division gegen Exeter City 0:1 hinten lag, als um jemand, den er sehr liebte. Es schien alles hoffnungslos zu sein.

Dreizehn Jahre später schäme ich mich noch immer für meinen Unwillen, meine *Unfähigkeit* zu helfen, und das tue ich zum Teil deshalb, weil mir bewußt ist, daß ich mich kein bißchen verändert habe. Ich will nicht auf jemand achtgeben, wenn ich bei einem Spiel bin; ich bin nicht *imstande*, bei einem Spiel auf jemand achtzugeben. Ich schreibe das etwa neun Stunden, bevor Arsenal im Europapokal gegen Benfica spielt, das wichtigste Spiel in Highbury seit Jahren, und meine Lebensgefährtin wird bei mir sein: Was geschieht, wenn *sie* umkippt? Werde ich den Anstand, die Reife, den gesunden Menschenverstand aufbringen, um mich darum zu kümmern, daß sie angemessen versorgt wird? Oder werde ich ihren schlaffen Körper zur Seite schieben, weiterhin den Linienrichter anschreien und hoffen, daß sie am Ende von neunzig Minuten noch atmet, natürlich immer vorausgesetzt, daß Verlängerung und Elfmeterschießen nicht erforderlich werden?

Ich weiß, daß diese Sorgen von dem kleinen Jungen in mir angezettelt werden, der Amok laufen darf, sobald es um Fußball geht: Dieser kleine Junge hat das Gefühl, daß Frauen bei Fußballspielen *immer* in Ohnmacht fallen werden, daß sie schwach sind, daß ihre Anwesenheit im Stadion unvermeidlich auf Ablenkung und Unheil hinausläuft, auch wenn meine derzeitige Freundin wahrscheinlich vierzig- oder fünfzigmal in Highbury gewesen ist, ohne irgendwelche Anzeichen einer Ohnmacht erkennen zu lassen. (Tatsächlich bin ich es, der ab und zu kurz davor steht, ohnmächtig zu werden, wenn die Spannung der letzten fünf Minuten eines Pokalspiels meine Brust zusammenschnürt und alles Blut aus meinem Kopf treibt, falls das biologisch möglich ist. Und manchmal, wenn Arsenal ein Tor erzielt, sehe ich buchstäblich Sterne – na ja, buchstäblich kleine Lichtkleckse –, die kein Zeichen großer physischer Robustheit sein können.) Aber das ist es eben, was der Fußball aus mir gemacht hat. Er hat mich in einen Menschen verwandelt, der nicht Hilfe leisten würde, wenn die Wehen seiner Freundin in einem unpassenden Moment einsetzten (ich habe mich oft gefragt, was passieren würde, wenn die Geburt meines Sohnes an einem Tag anstünde, an dem Arsenal in einem Pokalfinale steht); und für die Dauer der Spiele bin ich ein Elfjähriger. Als ich geschrieben habe, daß Fußball auf mich entwicklungsverzögernd wirkt, habe ich das ernst gemeint.

## Wembley III – das Grauen kehrt zurück

**Arsenal gegen Ipswich (in Wembley) – 6.5.78**

Es ist eine ganz allgemein anerkannte Wahrheit, daß die Kartenverteilung für das Pokalfinale eine Farce ist: Die zwei beteiligten Clubs erhalten, wie alle Anhänger wissen, weniger als die Hälfte aller Karten, und das bedeutet, daß dreißig- bis vierzigtausend Leute ohne direktes Interesse an dem Spiel die andere Hälfte erhalten. Das logische Grundprinzip des Fußballverbandes ist, daß das Pokalfinale für jedermann gedacht ist, der mit Fußball etwas zu tun hat, nicht nur für die Fans, und das ist nicht schlecht:

Ich denke, es ist recht vernünftig, Schieds- und Linienrichter, Amateurspieler und lokale Ligafunktionäre zum größten Tag des Fußballjahres einzuladen. Es gibt schließlich mehr als eine Art, ein Spiel anzuschauen, und bei dieser Art von Anlaß haben auch begeisterte Neutrale ihren Platz.

Der einzige Fehler im System ist, daß diese begeisterten Neutralen, diese gegen Anfechtungen gefeiten Diener des Spiels, sich ausnahmslos entscheiden, daß ihre Anstrengungen nicht durch einen Trip nach London zum Besuch des großen Spiels am besten belohnt werden, sondern durch einen Telefonanruf bei ihrem örtlichen Schwarzhändler. Gute neunzig Prozent von ihnen verscherbeln die erhaltenen Karten ganz einfach; und letztlich landen diese Karten in den Händen der Fans, denen sie ursprünglich vorenthalten wurden. Es ist ein grotesker Vorgang, ein typisch skandalöses Stück Fußballverbandsidiotie: Jeder weiß, was passieren wird, und keiner tut etwas dagegen.

Dad hatte mir die Karte für das Finale gegen Ipswich über Kontakte besorgt, die er durch seine Arbeit hatte, aber es waren auch woanders Karten erhältlich, sogar an der Universität, weil den Blauen üblicherweise ein halbes Dutzend zugeschickt wird. (Im folgenden Jahr, als Arsenal wieder im Finale war, hatte ich zu guter Letzt zwei Karten. Eine war von meinem direkten Zimmernachbarn, der Verbindungen zu einem sehr großen Club im Nordwesten Englands pflegte, einem Club, der aufgrund seiner lässig gehandhabten Verteilung von Pokalfinalkarten schon einmal Ärger mit dem Verband hatte: Mein Zimmernachbar schrieb ihnen einfach und fragte nach einer Karte, und sie schickten sie ihm.) Es gab ohne Zweifel einige, die sich ihren Sitzplatz viel mehr verdient hatten als ich, Leute, die die Saison damit verbracht hatten, durch das ganze Land zu reisen und Arsenal zuzusehen, statt sich am College herumzutreiben, aber ich war wenigstens ein echter Fan von einem der Pokalfinalisten und hatte als solcher ein größeres Recht dabei zu sein als viele, die dort waren.

Meine Gefährten für den Nachmittag waren umgängliche, aufgeschlossene Männer mittleren Alters in ihren späten Dreißigern und frühen Vierzigern, die einfach keine Vorstellung davon hatten, was uns das Ganze bedeutete. Für sie war es eine Art Ausflug, eine spaßige Sache für einen Samstagnachmittag; sollte ich sie wiedersehen, wären sie, glaube ich, nicht in der Lage, sich an das Ergebnis des Spieles oder den Torschützen zu erinnern (in der Halbzeit unterhielten sie sich über Machenschaften im Büro), und in gewisser Hinsicht beneidete ich sie um ihre Gleichgültigkeit. Vielleicht könnte man argumentieren, daß Pokalfinalkarten an Fans vergeudet sind, so wie die Jugend an junge Menschen vergeudet ist; diese Männer, die gerade genug vom Fußball verstanden, um durch den Nachmittag zu kommen, genossen den Anlaß lebhaft, seine Dramatik, seinen Lärm und seinen Schwung, während ich jede einzelne Minute haßte, so wie ich jedes Pokalfinale gehaßt hatte, an dem Arsenal beteiligt war.

Ich war mittlerweile seit zehn Spielzeiten Anhänger von Arsenal – etwas weniger als mein halbes Leben. Nur in zwei dieser zehn Spielzeiten hatte Arsenal Trophäen gewonnen; weitere zweimal hatte der Club ein Finale erreicht und fürchterlich versagt. Doch diese Triumphe und Fehlschläge hatten sich alle in meinen ersten vier Jahren ereignet, und ich war nicht mehr fünfzehn, als mein Leben ein bestimmtes Aussehen hatte, sondern einundzwanzig, und mein Leben hatte jetzt ein vollkommen anderes Aussehen. So wie Gaslampen und Pferdekutschen – oder vielleicht wie Spiral-Malschablonen und erbsenschießende Spielzeugpistolen – schienen Wembley und Meistertitel ganz allmählich einer vergangenen Welt anzugehören.

Als wir 1978 das FA-Cup-Halbfinale erreichten und es dann gewannen, war das ein Gefühl, als wäre die Sonne nach mehreren Jahren von Novembernachmittagen herausgekommen. Arsenal-Hasser werden vergessen haben oder sich einfach weigern zu glauben, daß dieses Arsenalteam imstande war, herrlichen, ja sogar bezaubernden Fußball zu spielen: Rix und Brady, Stapleton und Macdonald, Sunderland und, der beste von allen, der nur eine Saison bei uns war, Alan Hudson ... drei oder vier Monate lang sah es so aus, als wäre das ein Team, das uns auf alle im Fußball nur erdenklichen Weisen glücklich machen könnte.

Wenn ich einen Roman schreiben würde, gewänne Arsenal das Pokalfinale 78. Ein Sieg ist rhythmisch und thematisch sinnvoller, eine weitere Wembley-Niederlage an dieser Stelle würde die Geduld und das Gerechtigkeitsempfinden des Lesers überbeanspruchen. Die einzige Entschuldigung, die ich für meine armselige Handlungsführung anbieten kann, ist, daß Brady offenkundig nicht fit war und niemals hätte spielen sollen, und Supermac, der in der Presse einige typische und unkluge Bemerkungen darüber gemacht hatte, was er mit der Verteidigung von Ipswich anstellen werde, schlechter als ein Totalausfall war. (Er hatte den gleichen Fehler, der darin bestand, erst laut anzugeben und dann keine Leistung zu bringen, schon vier Jahre vorher gemacht, als er für Newcastle spielte. Einige Zeit nach dem Ipswich-Fiasko druckte der GUARDIAN eine Pokal-Quizfrage ab: »Was wird jedes Jahr zum Pokalfinale mitgenommen und nie gebraucht?« Die gesuchte Antwort waren die Bändchen in den Farben des unterlegenen Teams, die nie an den Griff des Pokals gebunden werden, aber irgendein Klugscheißer schrieb ihnen und schlug Malcolm Macdonald vor.) Es war ein überwältigend einseitiges Finale, auch wenn Ipswich erst in der zweiten Hälfte traf; es sah nie so aus, als ob wir das Tor aufholen könnten, und wir verloren 0:1.

Also hatten wir jetzt drei von drei Endspielen in Wembley verloren, und ich war überzeugt, Arsenal niemals mit irgendwas in Wembley herumrennen zu sehen. Und doch ist 78 vielleicht die am wenigsten schmerzende Niederlage, weil ich von Leuten umgeben war, denen das Ergebnis überhaupt nicht weh tat, nicht mal dem Mann mit dem rot-weißen Schal (der verdächtig sauber war, so als ob er ihn vor dem Stadion gekauft hätte). Es ist ein eigenartiges Paradoxon, daß, obwohl das Leid (und es ist wirkliches Leid) von Fußballfans etwas Persönliches ist – jeder von uns hat eine individuelle Beziehung zu seinem Club, und ich glaube, daß wir insgeheim überzeugt sind, daß keiner der anderen Fans tatsächlich versteht, warum es uns härter als irgendeinen anderen getroffen hat –, man gezwungen ist, öffentlich zu trauern, inmitten von Leuten, die ihren Schmerz ganz anders ausdrücken als man selbst.

Viele Fans sind wütend auf ihr Team oder die Anhänger des Gegners – und zwar richtig ausfallend wütend, was mich verwirrt und traurig macht. Ich habe nie ein derartiges Verlangen verspürt; ich will nur allein sein, um nachzudenken, mich ein Weilchen in Selbstmitleid zu wälzen und die Kraft wiederzufinden, die nötig ist, um zurückzukehren und wieder von vorn anzufangen. Diese Männer an jenem Nachmittag, typische Geschäftsleute, waren sehr mitfühlend, aber nicht betroffen. Sie boten mir einen Drink an, und ich lehnte ab, also schüttelten sie mir die Hand und drückten ihr Bedauern aus, und ich verschwand; für sie war es wirklich nur ein Spiel, und es tat mir vermutlich gut, Zeit mit Menschen zu verbringen, die sich in jeder Hinsicht so verhielten, als wäre Fußball eine amüsante Unterhaltung wie Rugby, Golf oder Cricket. Das ist er natürlich überhaupt nicht, aber so für einen Nachmittag war es interessant und aufschlußreich, Leute zu treffen, die dieser Ansicht waren.

## Zuckermäuse und Buzzcocks-Alben

**Cambridge United gegen Leyton Orient – 4.11.78**

Es passierte etwas: Chris Roberts kaufte sich bei Jack Reynolds (»Der König der Pfefferminzstangen«) eine Zuckermaus, biß ihr den Kopf ab und ließ den Rest des Tieres auf der Newmarket Road aus der Hand fallen, wo er von einem Auto überfahren wurde. An diesem Nachmittag schlug Cambridge United, das bis dahin einen schweren Stand in der zweiten Division hatte (zwei Siege in der ganzen Saison, einer daheim, einer auswärts), Orient 3:1 – ein Ritual war geboren. Vor jedem Heimspiel marschierten wir alle in den Süßwarenladen, erstanden unsere Mäuse, gingen nach draußen, bissen den Kopf ab, als ob wir den Sicherungssplint einer Handgranate entfernen würden, und warfen die Torsos unter die Räder entgegenkommender Autos.

Jack Reynolds stand dann immer im Türrahmen, sah uns zu und schüttelte besorgt den Kopf. United, derartig beschützt, blieb zu Hause monatelang ungeschlagen.

Ich weiß, daß ich im Hinblick auf Rituale besonders blöd bin, aber das war ich schon immer, seit ich angefangen habe, zu Fußballspielen zu gehen, und ich weiß auch, daß ich nicht der einzige bin. Ich kann mich erinnern, daß ich in jungen Jahren ein Stück Kitt oder Blutack-Kleber oder was ähnlich Dämliches mit nach Highbury nehmen mußte, um daran den ganzen Nachmittag nervös herumzukneten (ich war schon Raucher, bevor ich alt genug war zu rauchen); ich kann mich auch erinnern, daß ich mein Programm immer vom selben Programmverkäufer kaufen und das Stadion immer durch dasselbe Drehkreuz betreten mußte.

Es hat Hunderte vergleichbare Kinkerlitzchen gegeben, alle dazu bestimmt, Siege für eines meiner beiden Teams zu garantieren. Im Verlauf der in die Länge gezogenen, nervenaufreibenden Halbfinalauseinandersetzung zwischen Arsenal und Liverpool 1980 schaltete ich das Radio Mitte der zweiten Halbzeit des letzten Spiels aus. Arsenal war mit 1:0 auf der Siegerstraße, und da Liverpool in den letzten Sekunden des vorangegangenen Spiels ausgeglichen hatte, konnte ich es nicht ertragen, bis zum Schluß zuzuhören. Stattdessen legte ich ein Album der Buzzcocks auf (das Sammelalbum SINGLES – GOING STEADY), in dem Wissen, daß mich eine Seite bis zum Schlußpfiff bringen würde. Wir gewannen das Spiel, und ich bestand darauf, daß mein Mitbewohner, der in einem Plattenladen arbeitete, das Album am Nachmittag des Pokalfinales um zwanzig nach vier abspielte, aber es hat nichts geholfen. (Ich habe den Verdacht, daß er es möglicherweise vergessen hat.)

Ich habe versucht, Tore »hineinzurauchen« (Arsenal erzielte einmal ein Tor, als drei von uns eine Zigarette anzündeten) und Käse-Zwiebel-Chips zu einem bestimmten Zeitpunkt in der ersten Hälfte zu essen. Ich habe versucht, den Videorecorder bei Spielen, bei denen ich im Stadion war, nicht zu programmieren (es kam mir nämlich so vor, als hätte das Team vorher böse gelitten, wenn ich Spiele aufgezeichnet hatte, um die Partie später zu Hause genau analysieren zu können). Ich habe glückbringende Socken versucht, und glückbringende Hemden, glückbringende Hüte und glückbringende Freunde und mich bemüht, andere auszuschließen, von denen ich das Gefühl hatte, daß sie dem Team nichts als Ärger einbrachten.

Nichts (außer den Zuckermäusen) hat je irgendwas gebracht. Doch was können wir anderes tun, wenn wir so schwach sind? Wir investieren jeden Tag Stunden, jedes Jahr Monate, während unseres Lebens Jahre in etwas, über das wir keine Kontrolle haben; ist es da irgendwie verwunderlich, daß wir darauf zurückgeworfen sind, erfinderische und etwas eigenwillige Liturgien zu erschaffen, die uns die Illusion geben, daß wir letztlich voller Macht sind, also daß wir einfach genau das tun, was jede andere primitive Kultur getan hat, wenn sie einem tiefen und anscheinend undurchdringlichen Geheimnis gegenüberstand?

## Wembley IV – die Katharsis

**Arsenal gegen Manchester United (in Wembley) – 12.5.79**

Ich hatte keine persönlichen Ziele bevor ich mit sechsundzwanzig oder siebenundzwanzig den Entschluß faßte, daß ich fähig und willens war, mir meinen Lebensunterhalt mit Schriftstellerei zu verdienen, und meinen Job an den Nagel hängte und darauf wartete, daß Verleger und/oder Hollywoodproduzenten anriefen und mich darum baten, unbesehen etwas für sie zu schreiben. Freunde am College müssen mich gefragt haben, was ich mit meinem Leben anzufangen gedachte, vor allem weil ich mittlerweile im letzten Trimester stand, aber die Zukunft erschien mir immer noch so unvorstellbar und so uninteressant wie im Alter von vier oder fünf, und darum habe ich keine Ahnung, was ich ihnen wohl geantwortet haben mag. Vermutlich murmelte ich etwas von Journalismus oder Verlagswesen (das exakte Gegenstück des ziellosen Studenten der Geisteswissenschaften zu Zugfahrer oder Raumfahrt), doch insgeheim begann ich zu vermuten, daß, so unklug wie ich meine drei Jahre in Cambridge vertan hatte, so was für mich nicht in Frage kam. Ich kannte Leute, die ihr gesamtes Studentenleben damit zugebracht hatten, für Universitätszeitungen zu schreiben, und denen keine Jobs angeboten wurden. Wie sah es da mit meinen Chancen aus? Ich entschied, daß es besser war, es nicht zu wissen, und bewarb mich deshalb für überhaupt nichts.

Ich mag für mich selbst keine Pläne gehabt haben, aber für meine Fußballteams hatte ich große Pläne. Zwei dieser Träume – Cambridge Uniteds Aufstieg aus der vierten in die dritte und aus der dritten in die zweite Division – waren bereits Wirklichkeit geworden. Aber der dritte wirklich brennende Wunsch, Arsenal den FA Cup in Wembley gewinnen zu sehen, hatte sich immer noch nicht erfüllt. (Und vielleicht kann man diesen letzten Wunsch auch als einen Plan sehen, den ich für mich selbst hatte, da meine Anwesenheit im Stadion ein entscheidender Bestandteil bei der ganzen Sache war.)

Arsenal hatte mit dem zweiten Einzug ins Pokalfinale in Folge eine bemerkenswerte Leistung vollbracht. Es waren fünf Spiele nötig, um Drittdivisionär Sheffield Wednesday aus dem Weg zu räumen (die Polizei hat unlängst in ihrer gemeinnützigen Art entschieden, daß die wundervolle und eigenartige FA-Cup-Tradition des Spielemarathons von nun an nicht mehr zugelassen werden sollte); dann erwischten sie ein hartes Los auswärts bei Nottingham Forest, dem Europapokalsieger, und hatten noch eine heikle Partie gegen das Team von Southampton, das sie im Wiederholungsspiel durch zwei großartige Treffer von Alan Sunderland aus dem Cup warfen. Das Halbfinale gegen Wolverhampton war vergleichsweise unkompliziert, trotz Bradys verletzungsbedingtem Fehlen: Zwei Tore in der zweiten Halbzeit, durch Sunderland und Stapleton, und sie standen gegen Manchester United im Endspiel. Arsenal war wieder in Wembley.

Exakt ein Jahrzehnt nach diesem Pokalfinale gegen Manchester United, im Mai 1989, wartete ich gerade auf Neuigkeiten über ein Script, das ich in der Zeit geschrieben hatte, in der sich Arsenals große Chance, nach achtzehn Jahren wieder die Meisterschaft zu gewinnen, rasant in Luft aufzulösen schien. Das Script, ein Pilot für eine geplante Situationskomödie, hatte es weiter als üblich geschafft, es hatte Treffen mit Leuten von CHANNEL 4 und großen Enthusiasmus gegeben, es sah gut aus. Aber in meiner Verzweiflung, in die ich nach einem schlimmen Spiel, einer Heimniederlage gegen Derby im letzten Wochenendspiel der Saison, geraten war, bot ich meine Arbeit (deren Annahme die Rettung einer Karriere und einer Selbstachtung, die sich auf dem Weg in die Vergessenheit befand, bedeutet hätte) auf einer Art persönlichem Altar zum Opfer dar: Wenn wir den Titel holen, nehme ich einen ablehnenden Bescheid in Kauf. Der ablehnende Bescheid kam ordnungsgemäß und schmerzte monatelang höllisch, doch die Meisterschaft kam auch, und jetzt, zwei Jahre später, wo ich die Enttäuschung längst verschmerzt habe, aber das prickelnde Gefühl bei Michael Thomas' Tor mir noch immer eine Gänsehaut verschafft, sobald ich dran denke, weiß ich, daß der Handel, den ich eingegangen bin, richtig gewesen ist.

Im Mai 1979 war das Potential möglicher Geschäfte beträchtlich und verworren. Am Donnerstag vor dem Pokalfinale versuchte Frau Thatcher ihre ersten Parlamentswahlen zu gewinnen, am Donnerstag danach begannen meine Abschlußexamina. Von den drei Ereignissen betraf mich, was naheliegt, das Pokalfinale am meisten, obwohl ich auch, was genauso naheliegt, von der Aussicht beunruhigt war, Frau Thatcher könnte Premierministerin werden. (Vielleicht hätte ich in einer anderen, ruhigeren Woche die Zeit und Energie gefunden, mir über meine Examina Sorgen zu machen, doch war ein mittelmäßiger Abschluß mittlerweile ohnehin eine Unvermeidlichkeit, und andererseits ist es an britischen Universitäten ebenso leicht, einen akademischen Grad zu erwerben wie Geburtstag zu haben: häng nur eine Weile lang rum, und es ergibt sich.) Aber die schreckliche Wahrheit ist, daß ich willens war, eine konservative Regierung zu akzeptieren, wenn das einen Pokalsieg von Arsenal garantierte; es konnte doch kaum von mir erwartet werden, vorherzusehen, daß Frau Thatcher in der Folgezeit die Premierministerin mit der längsten Amtszeit in diesem Jahrhundert werden sollte. (Hätte ich denselben Handel gemacht, wenn ich das gewußt hätte? Elf Jahre Thatcherismus gegen einen FA Cup? Natürlich nicht. Ich hätte mich auf nichts weniger als ein weiteres Double eingelassen.)

Die Tatsache, daß die Tories am Donnerstag komfortabel gewannen, bedeutete nicht, daß ich erwartete, wir würden am Samstag komfortabel gewinnen. Ich wußte, daß Tauschgeschäfte zu machen, genau wie Kitt zu kneten und bestimmte Hemden zu tragen, Erfolg nicht garantiert, und in jedem Fall war der andere Finalist, Manchester United, ein richtiges Team, keine Truppe, die man mal kurz niedermacht, kein Wir-sind-nur-für-ein-Bier-hier-auf-der-Party-Haufen wie, na ja, sagen wir mal Ipswich oder Swindon. Manchester United war die Art von Mannschaft, die ohne weiteres imstande war, Parlamentswahlabmachungen unsportlich zu ignorieren, indem sie massenweise Tore erzielte und uns eine Abfuhr erteilte.

Wie auch immer, den größten Teil des Spiels bestritt Manchester United so, als ob sie um meine Abmachung wüßten und sie mehr als zufrieden wären, ihren Teil davon zu erfüllen. Arsenal traf in der ersten Halbzeit zweimal, das erste Mal nach zwölf Minuten (ich hatte vorher in vier Spielen noch nie erlebt, wie Arsenal in Wembley in Führung ging), das zweite Mal unmittelbar vor Halbzeit; die Pause waren selig entspannte fünfzehn Minuten einer rauhen Feier. Der Großteil der zweiten Hälfte verging auf die gleiche Weise, bis Manchester United fünf Minuten vor Ende traf ... und zwei Minuten vor Schluß, in traumatisierender, wirrer Zeitlupe, noch ein Tor fiel. Wir hatten das Spiel verschenkt, Spieler und Fans wußten das, und als ich die Spieler von United an der gegenüberliegenden Seitenlinie herumtanzen sah, blieb mir das furchtbare Gefühl, das ich als Kind hatte – daß ich Arsenal haßte, daß der Club eine Last war, die ich nicht mehr länger tragen konnte, aber nie und nimmer wirklich loszuwerden vermochte.

Ich stand bei den anderen Arsenalfans ganz oben auf den Zuschauerrängen, direkt hinter dem Tor, das Manchester United verteidigte; ich setzte mich hin, zu benommen von Schmerz und Wut, Frustration und Selbstmitleid, um noch länger auf den Beinen zu bleiben. Da waren andere, die das gleiche machten, und hinter mir weinten zwei Mädchen im Teenageralter still vor sich hin, und zwar nicht so übertrieben wie Mädchen im Teenageralter auf Bay-City-Rollers-Konzerten, sondern in einer Weise, die auf tiefes und privates Leid schließen ließ. Ich kümmerte mich den Nachmittag über um einen jungen Amerikaner, einen Freund der Familie, dessen sanftes Mitgefühl, aber auch offensichtliches Erstaunen mein Elend noch um einiges peinlicher wirken ließen. Ich wußte, daß es nur ein Spiel war, daß auf See schlimmere Dinge passierten, daß Menschen in Afrika Hunger litten, daß es vielleicht eine nukleare Katastrophe in den nächsten paar Monaten geben konnte, und ich wußte, um Himmels willen, daß das Ergebnis immer noch 2:2 war und die Möglichkeit bestand, daß Arsenal irgendwie einen Weg fand, sich aus der Klemme zu ziehen (obwohl ich auch wußte, daß sich das Blatt gewendet hatte und die Spieler zu demoralisiert waren, um das Spiel in der Verlängerung gewinnen zu können). Aber keine dieser Erkenntnisse konnte mir helfen. Ich war fünf Minuten davon entfernt gewesen, das einzige klar umrissene Ziel zu erreichen, das ich seit meinem elften Lebensjahr ständig bewußt verfolgt hatte. Und wenn Leuten zugestanden wird zu trauern, wenn sie bei Beförderungen übergangen werden oder es ihnen nicht gelingt, einen Oscar zu gewinnen, oder wenn ihr Roman von jedem Verleger in London abgelehnt wird – und unsere Gesellschaft erlaubt ihnen das, auch wenn diese Leute diesen Traum erst seit ein paar Jahren träumen mögen, statt des Jahrzehnts, des *halben Lebens*, das ich meinen träumte –, dann hatte ich verdammt noch mal das Recht, mich zwei Minuten lang auf einem Brocken Beton niederzulassen und zu versuchen, Tränen wegzublinzeln.

Und es waren wirklich nur zwei Minuten. Als das Spiel weiterlief, trieb Liam Brady den Ball weit in Uniteds Hälfte hinein (hinterher sagte er, daß er kaputt war und nur versuchte, ein drittes Gegentor zu vermeiden) und paßte ihn ganz nach außen zu Rix. Ich beobachtete das, ohne es zu *sehen*; selbst als Rix' Flanke hereinsegelte und Uniteds Torwart Gary Bailey sie verpaßte, schenkte ich dem nicht viel Aufmerksamkeit.

Aber dann brachte Alan Sunderland seinen Fuß an den Ball und stocherte ihn rein, genau in das Tor vor uns, und ich schrie nicht »Ja« oder »Tor« oder irgendeinen der anderen Laute, die üblicherweise in solchen Momenten aus meiner Kehle kommen, sondern produzierte nur einen Laut, »AAAARRRRGGGGHHHH«, einen Laut, der aus höchster Freude und gelähmtem Unglauben geboren war, und plötzlich waren wieder Menschen auf den Betonrängen, doch sie rollten übereinander und durcheinander, mit fiebrigen Augen und in Raserei. Brian, der junge Amerikaner, sah mich an, lächelte höflich und versuchte, im Chaos um ihn herum seine Hände zu finden, um sie hochheben zu können und mit einer Begeisterung zu klatschen, von der ich vermutete, daß er sie nicht empfand.

Ich schwebte durch meine Abschlußexamina, als wäre ich mit einer netten, gehirnerweichenden Droge betäubt worden. Einige meiner Mitstudenten, grau vor Schlaflosigkeit und Besorgnis, waren verblüfft über meine Verfassung, andere, die Fußballfans unter ihnen, verstanden sie und waren neidisch. (Am College, genau wie in der Schule, gab es keine anderen Arsenalfans.) Ich schaffte meinen mittelmäßigen Abschluß ohne unnötige Aufregung; und etwa zwei Monate später, als ich vom Pokalfinalsieg und den Schulabschlußfeiern wieder heruntergekommen war, begann ich der Tatsache ins Auge zu blicken, daß ich am Nachmittag des 12. Mai das meiste von dem erreicht hatte, was ich überhaupt in meinem Leben hatte erreichen wollen, und daß ich keine Vorstellung davon besaß, was ich mit dem verbleibenden Rest anfangen sollte. Ich war zweiundzwanzig, und die Zukunft sah plötzlich leer und beängstigend aus.

## Wie man ein Loch füllt

**Arsenal gegen Liverpool – 1.5.80**

Es fällt mir und vielen von uns schwer, Jahre als in sich abgeschlossen zu betrachten, mit einem Anfang am 1. Januar und einem Ende 365 Tage später. Ich wollte gerade sagen, daß 1980 ein träges, unausgefülltes Jahr für mich war, doch das wäre falsch: Es war 79/80, daß all das war. Fußballfans reden so. Unsere Jahre, unsere Zeiteinheiten gehen von August bis Mai (Juni und Juli finden nicht wirklich statt, vor allem in Jahren, die mit einer ungeraden Zahl aufhören, weil in ihnen keine Welt- oder Europameisterschaft ausgetragen wird). Frag nach den besten oder schlechtesten Zeiten in unserem Leben, und wir werden häufig mit vier Zahlen antworten – 66/67 für Manchester-United-Fans, 67/68 für Manchester-City-Fans, 69/70 für Evertonfans und so weiter –, die einen unausgesprochenen Schrägstrich in ihrer Mitte als einziges Zugeständnis an den Kalender haben, der sonst in der westlichen Welt verwendet wird. Wir besaufen uns am Silvesterabend genau wie alle anderen, aber in Wirklichkeit wird unsere geistige Uhr nach dem Pokalfinale im Mai gestellt, und wir schwelgen in all den Vorsätzen, dem Bedauern und den Erneuerungen, die sich normale Menschen am Ende des konventionellen Jahres erlauben.

Vielleicht sollten wir nach dem Pokalfinale einen arbeitsfreien Tag bekommen, damit wir uns versammeln und feiern können. Wir sind schließlich eine Gemeinschaft in der Gemeinschaft, und so wie die Chinesen ihr Neujahr haben, wenn in London die Straßen um Leicester Square abgesperrt werden, und die Londoner Chinesen einen Umzug veranstalten, traditionelle Speisen essen und die Touristen kommen, um ihnen zuzusehen, gibt es vielleicht einen Weg, wie wir das Ende einer weiteren Saison trostlosen Versagens, hinterhältiger Schiedsrichterentscheidungen, schlechter Rückpässe und grausamer Transfergeschäfte begehen können. Wir könnten uns mit unseren schrecklichen, neuen Trikots, die wir bei Auswärtsspielen tragen, herausputzen und Sprechchöre anstimmen und singen; wir könnten Wagon Wheels essen – die Marshmallow-Kekse, die nur von Fußballfans gegessen werden, weil sie nur in Fußballstadien verkauft werden – und brandige Hamburger und warme, grell orangefarbene Limo aus einer Plastikflasche trinken, eine Erfrischung, die von einer Firma hergestellt wird, die Stavros aus Edmonton oder so ähnlich heißt. Und wir könnten die Polizei holen, die dafür sorgt, daß wir ... ach, vergiß es. Diese furchtbare Litanei hat mich gerade erkennen lassen, wie gräßlich unser Leben in diesen neun Monaten ist, und daß ich, wenn sie vorbei sind, jeden Tag der zwölf kurzen, mir zur Verfügung stehenden Wochen so leben will, als wäre ich ein menschliches Wesen.

Für mich war 79/80 eine Saison, in der der Fußball – bis dahin immer das Rückgrat des Lebens – für das ganze Skelett sorgte. Während der kompletten Saison tat ich nichts anderes als in die Kneipe zu gehen, zu arbeiten (da ich mir keine bessere Beschäftigung vorstellen konnte, jobbte ich in einer Autowerkstatt außerhalb von Cambridge), mit meiner Freundin, deren Studiengang ein Jahr länger dauerte als meiner, rumzuhängen, und auf Samstage und Mittwoche zu warten. Das Merkwürdige war, daß besonders Arsenal auf mein Bedürfnis nach so viel Fußball wie möglich einzugehen schien: Die Mannschaft bestritt in jener Saison siebzig Spiele, achtundzwanzig davon Pokalspiele der verschiedensten Art. Jedesmal wenn irgendwelche Anzeichen zu erkennen waren, daß ich schlaffer wurde als mir guttat, zeigte sich Arsenal gefällig und sorgte für ein weiteres Spiel.

Im April 1980 hatte ich meinen Job, meine Unentschlossenheit und mich selbst tödlich satt. Aber gerade als es so auszusehen begann, als ob die Löcher in meinem Leben so groß würden, daß selbst der Fußball sie nicht mehr stopfen konnte, wurde Arsenals Besorgtheit, mich abzulenken, hektisch: Zwischen dem 9. April und dem 1. Mai bestritt Arsenal sechs Halbfinalspiele, vier gegen Liverpool im FA Cup und zwei gegen Juventus im Pokal der Pokalsieger. Nur eins davon, das Hinspiel gegen Juventus, fand in London statt, und folglich drehte sich alles um das Radio. Meine einzige Erinnerung an den gesamten Monat ist, daß ich arbeitete und schlief und Peter Jones und Bryon Butler live aus Villa Park, Hillsborough oder Highfield Road lauschte.

Ich bin kein guter Radiohörer, schließlich sind das nur sehr wenige Fans. Die Zuschauermenge ist viel schneller als der Reporter – das Gebrüll und Gestöhne eilt den Beschreibungen des Geschehens etliche Sekunden voraus, und meine Unfähigkeit, den Platz zu sehen, macht mich viel nervöser, als ich es wäre, wenn ich im Stadion stehen oder das Spiel im Fernsehen verfolgen würde. Im Radio ist jeder Schuß auf dein Tor in Richtung Winkel unterwegs, jede Flanke erzeugt Panik, jeder gegnerische Freistoß ist unmittelbar an der Strafraumgrenze. In jenen Tagen, in denen es noch keine Live-Übertragungen im Fernsehen gab und Radio meine einzige Verbindung zu Arsenals abgelegenen Pokalabenteuern war, saß ich für gewöhnlich da und raste auf der Skala des Radios zwischen zwei Sendern hin und her, verzweifelt darum bemüht mitzubekommen, was vor sich ging, aber ebenso verzweifelt darauf bedacht, es nicht hören zu müssen. Fußball im Radio ist Fußball auf den kleinsten gemeinsamen Nenner reduziert.

Ohne die ästhetischen Freuden des Spiels oder den Trost einer Menschenmenge, die genauso fühlt wie du, oder ohne das Gefühl von Sicherheit, das du kriegst, wenn du siehst, daß deine Verteidiger und dein Torwart mehr oder weniger da stehen, wo sie hingehören, ist alles, was noch bleibt, nackte Angst. Das düstere, gespenstische Pfeifen, unter dem die Ausstrahlungen von RADIO 2 abends zu leiden pflegten, war vollkommen passend.

Die letzten beiden der vier Halbfinalspiele gegen Liverpool brachten mich beinah um. In der dritten Partie ging Arsenal in der ersten Minute in Führung und hielt diese die nächsten neunundachtzig; ich saß, stand, rauchte und verbrachte die komplette zweite Halbzeit herumwandernd, unfähig zu lesen, zu sprechen oder zu denken, bis Liverpool in der Nachspielzeit ausglich. Das Tor war wie ein Schuß aus einem Revolver, der seit einer Stunde auf meinen Kopf gerichtet war, wobei der gräßliche Unterschied darin bestand, daß er dem allem, anders als eine Kugel, kein Ende setzte – im Gegenteil, er zwang mich dazu, die gesamte Geschichte noch einmal durchmachen zu müssen. Im vierten Spiel, drei Tage später, ging Arsenal einmal mehr in Führung, was mich derart mit Angst erfüllte, daß ich das Radio ausschalten mußte und die magischen Fähigkeiten der Buzzcocks entdeckte. Dieses Mal schaffte Liverpool nicht den Ausgleich, und Arsenal erreichte sein drittes FA-Cup-Finale in drei Jahren; das Problem war, daß ich fast zu ausgelaugt, nervös und nikotinvergiftet war, um mir daraus etwas zu machen.

## Liam Brady

**Arsenal gegen Nottingham Forest – 5.5.80**

Ein Jahr lang hatte ich mit der Möglichkeit von Liam Bradys Transfer zu einem anderen Club in der gleichen Weise gelebt, wie amerikanische Teenager in den späten Fünfzigern und frühen Sechzigern mit der Möglichkeit der drohenden Apokalypse gelebt hatten. Ich wußte, es würde passieren, und doch, trotz allem, erlaubte ich mir zu hoffen; ich machte mir darüber täglich Sorgen, las alle Zeitungen peinlich genau auf Hinweise durch, daß er vielleicht woanders unterschreiben könnte, und studierte während des Spiels sorgfältig sein Verhältnis zu den anderen Spielern des Clubs, für den Fall, daß es Bande enthüllte, die zu stark waren, um gebrochen zu werden. Ich hatte noch nie so intensive Gefühle für einen Arsenalspieler gehabt. Fünf Jahre lang war er der Mittelpunkt des Teams und daher das Zentrum eines sehr wichtigen Teils meiner selbst, und das Wissen um seinen gerüchteweise kursierenden Wunsch,

Arsenal zu verlassen, begleitete mich ständig, ein kleiner Schatten auf jedem Röntgenbild meines Wohlbefindens.

Das meiste an dieser Fixierung war einfach zu erklären. Brady war ein Mittelfeldspieler, jemand, der Pässe spielen konnte, und Arsenal hat so einen eigentlich nicht mehr gehabt, seit er weg ist. Es mag für diejenigen, die nur eine rudimentäre Vorstellung von den Regeln des Spieles haben, überraschend sein zu erfahren, daß ein Erstligateam versuchen kann, Fußball zu spielen, ohne jemand zu haben, der den Ball passen kann und der für ein Kombinationsspiel sorgt, aber für den Rest von uns ist es keine Überraschung mehr: Das Kombinieren kam kurz nach Seidenschals und unmittelbar vor aufblasbaren Bananen aus der Mode.

Manager, Trainer und daher Spieler bevorzugen mittlerweile alternative Methoden, den Ball von einem Teil des Spielfeldes in einen anderen zu befördern, deren Kernstück eine Art Mauer aus aneinandergereihten Muskeln längs der Mittellinie ist, die die Aufgabe hat, den Ball in die ungefähre Richtung der Stürmer abzufälschen. Die meisten, nein, alle Fußballfans bedauern das. Ich denke, ich kann wirklich für uns alle sprechen, wenn ich sage, daß uns das Kurzpaßspiel *gefallen* hat, daß wir das Gefühl hatten, daß es alles in allem eine gute Sache war. Es war nett anzusehen, des Fußballs hübschestes Beiwerk (ein guter Spieler konnte zu einem Teamkollegen abspielen, den wir nicht gesehen hatten, oder einen Winkel finden, den wir nicht für möglich gehalten hätten, folglich hatte das Ganze eine wohltuende Geometrie), aber die Trainer waren anscheinend der Ansicht, daß es eine Menge Mühe bereitete und hörten deshalb auf, sich darum zu kümmern, irgendwelche Spieler hervorzubringen, die dazu in der Lage waren. Es gibt noch ein paar Spieler in England, die Pässe schlagen können, aber schließlich gibt es auch noch eine Anzahl von Hufschmieden.

Die meisten von uns über Dreißigjährigen überschätzen die Siebziger. Wir blicken auf sie als ein goldenes Zeitalter zurück, kaufen die alten Hemden, schauen alte Videos an und sprechen mit Hochachtung und Bedauern von Keegan und Toshack, Bell und Summerbee, Hector und Todd. Wir vergessen, daß sich England bei zwei Weltmeisterschaften nicht mal qualifiziert hat, und wir sehen über die Tatsache hinweg, daß die meisten Teams der ersten Division zumindest einen Spieler hatten – Storey bei Arsenal, Smith bei Liverpool, Harris bei Chelsea –, der fußballerisch einfach nicht viel draufhatte. Reporter und Journalisten beklagen sich über das Benehmen der heutigen Profis – Gazzas Gereiztheit, Fashanus Ellbogen, Arsenals Raufereien –, aber sie glucksen nachsichtig, wenn sie sich daran erinnern, wie Lee und Hunter auf dem ganzen Weg in die Umkleidekabine miteinander rangelten, nachdem sie vom Platz gestellt worden waren, oder daß Bremner und Keegan gesperrt wurden, weil sie sich in einem Spiel um das CHARITY SHIELD geprügelt hatten. Spieler in den Siebzigern waren nicht so flink und nicht so fit wie die heutige Spielergeneration, und wahrscheinlich waren die meisten von ihnen nicht einmal so kunstfertig; aber jede einzelne Mannschaft hatte jemand, der Pässe spielen konnte.

Liam Brady konnte das so gut, wie nur ein oder zwei andere Spieler in den letzten zwanzig Jahren, und das war bereits Grund genug, um von wirklich allen Arsenalfans verehrt zu werden. Aber für mich war noch anderes von Bedeutung. Ich betete ihn an, weil er großartig war, und ich betete ihn an, weil, bildlich gesprochen, Arsenal geblutet hätte, wenn man ihn geschnitten hätte (wie Charlie George war er ein Produkt der Jugendmannschaft); doch da war auch noch ein dritter Punkt. *Er war intelligent.* Diese Intelligenz offenbarte sich in erster Linie in seinen Pässen, die genau, phantasievoll und immer wieder überraschend waren. Aber sie zeigte sich auch außerhalb des Platzes: Er drückte sich geschickt aus, hatte einen trockenen Witz und war engagiert (»Komm schon, David, hau ihn rein«, rief er aus der Kommentatorenbox, als sein Freund und Arsenalkollege David O'Leary im Begriff stand, den entscheidenden Elfmeter für Irland im Weltmeisterschaftsspiel 1990 gegen Rumänien auszuführen). Ich schritt auf meinem Weg durch die akademischen Schichten voran und traf mehr und mehr Leute, die eine Unterscheidung zwischen Fußball auf der einen und dem geistigen Leben auf der anderen Seite zu machen schienen, und Brady schien für eine Brücke zwischen den beiden Welten zu sorgen.

Selbstverständlich ist Intelligenz bei einem Fußballer keine schlechte Sache, speziell bei einem Mittelfeldspieler, einem Spielmacher, obwohl diese Intelligenz nicht die gleiche Intelligenz ist, die man braucht, um, sagen wir mal, einen »schwierigen« europäischen Roman zu genießen.

Paul Gascoigne hat fußballerische Intelligenz im Überfluß (und das ist eine verblüffende Intelligenz, die, neben anderen Fähigkeiten, eine erstaunliche Koordination und das blitzschnelle Ausnutzen einer Situation erfordert, die sich binnen weniger Sekunden ändert), aber trotzdem ist es offensichtlich und legendär, daß ihm selbst Ansätze von gesundem Menschenverstand fehlen.

Alle großen Fußballer haben eine Art von geistiger Fähigkeit an sich: Linekers Antizipation, Shiltons Stellungsspiel, Beckenbauers Spielverständnis sind eher Produkte ihres Gehirns und beruhen nicht auf simpler Athletik.

Aber es ist trotzdem der klassische Mittelfeldspieler, dessen intellektuelle Eigenschaften die meiste Aufmerksamkeit erfahren, besonders durch die Sportjournalisten der anspruchsvollen Blätter und die Fußballfans aus der Mittelschicht.

Das ist nicht nur so, weil die Art von Intelligenz, die Brady und Leute seiner Art besitzen, fußballerisch am augenfälligsten ist, sondern weil sie der Art von Intelligenz entspricht, die in der Kultur der Mittelschicht hochgeschätzt wird. Sieh dir die Adjektive an, die verwendet werden, um Spielmacher zu beschreiben: *elegant, aufmerksam, feinsinnig, raffiniert, geschickt, visionär* ... das sind Worte, die genausogut einen Dichter, einen Filmemacher oder einen Maler beschreiben könnten. Anscheinend ist der wahrhaft begabte Fußballer zu gut für seine Umgebung und muß auf eine andere, höhere Stufe gestellt werden. Zweifellos hing meine Vergötterung Bradys zum Teil mit dieser Einstellung zusammen. Charlie George, das vorherige Idol von Arsenals Nordtribüne, war nie in der Weise *mein* Spieler gewesen wie Liam es war. Brady war anders (auch wenn er das natürlich nicht wirklich war – sein Werdegang war ziemlich genau der gleiche wie der der meisten Fußballer), weil er lässig und geheimnisvoll war, und obwohl ich selbst diese beiden Eigenschaften nicht besaß, hatte ich das Gefühl, daß meine Erziehung mich befähigte, sie bei anderen zu erkennen. »Ein Dichter des linken Fußes«, pflegte meine Schwester trocken zu bemerken, wenn ich seinen Namen erwähnte, und das tat ich oft, aber es steckte etwas Wahres hinter ihrer Ironie: Eine Zeitlang wollte ich, daß Fußballer so untypisch waren wie möglich, und obwohl das dumm war, tun andere das noch immer. Pat Nevin, besonders in seiner Zeit bei Chelsea, wurde ein viel besserer Spieler, als herauskam, daß er etwas von Kunst, Büchern und Politik verstand.

Die Partie gegen Nottingham Forest, ein einschläferndes 0:0-Unentschieden an einem Montag, einem einschläfernden, grauen Bankfeiertag, war Bradys letztes Spiel in Highbury. Er hatte entschieden, daß seine Zukunft im Ausland lag, in Italien, und er verschwand für einige Jahre. Ich war da, um ihn zu verabschieden, und er machte mit dem Rest der Mannschaft eine langsame, traurige Ehrenrunde. Ich glaube, tief in meinem Inneren hoffte ich noch immer, daß er seine Meinung änderte oder sich der Club letztlich des irreparablen Schadens bewußt würde, den er sich selbst zufügte, indem er Brady ziehen ließ. Manche behaupteten, daß Geld dahintersteckte und er geblieben wäre, wenn Arsenal mehr gezahlt hätte, doch ich zog es vor, ihnen nicht zu glauben. Ich zog es vor zu glauben, daß es die Aussicht auf Italien selbst war, dessen Kultur und Lebensart, die ihn weggelockt hatte, und daß ihn die beschränkten Vergnügungen, die Hertfordshire oder Essex oder wo immer er lebte, boten, unvermeidlich mit existenzieller Langeweile zu erfüllen begonnen hatten. Was ich aber ganz bestimmt wußte, war, daß er uns alle nicht verlassen wollte, daß er hin und her gerissen war, daß er uns so liebte, wie wir ihn liebten, und daß er eines Tages zurückkehren würde.

Nur sieben Monate nachdem ich Liam an Juventus verloren hatte, verlor ich meine Freundin an einen anderen Mann, Knall auf Fall in der ersten, trostlosen Post-Brady-Saison. Und obwohl ich wußte, welcher Verlust mehr schmerzte – Liams Transfer erzeugte Bedauern und Traurigkeit, aber dankenswerterweise nicht die Schlaflosigkeit, Übelkeit und unerträgliche, untröstliche Bitterkeit eines Herzens, daß dreiundzwanzig Jahre alt war und gebrochen –, glaube ich, daß sie und Liam in meinem Kopf auf eigenartige Weise miteinander verquickt wurden. Beide, Brady und das Mädchen, verfolgten mich eine lange Zeit, vielleicht sechs oder sieben Jahre, also war es in gewisser Hinsicht vorhersehbar, daß der eine Geist mit dem anderen verschmolz. Nachdem Brady weg war, probierte Arsenal eine Reihe von Mittelfeldspielern aus – einige waren gut, andere nicht –, die alle dem Untergang geweiht waren, weil sie nicht die Person waren, die sie zu ersetzen versuchten: Zwischen 1980 und 1986 spielten Talbot, Rix, Hollins, Price, Gatting, Peter Nicholas, Robson, Petrovic, Charlie Nicholas, Davis, Williams und sogar Mittelstürmer Paul Mariner im zentralen Mittelfeld.

Und ich hatte im Verlauf der nächsten vier oder fünf Jahre eine Reihe von Beziehungen, einige waren ernsthafter Natur, andere nicht ... die Parallelen waren endlos. Bradys häufig gerüchteweise verbreitete Rückkehr (er spielte in seinen acht Jahren in Italien für vier verschiedene Clubs, und vor jedem Transfer war die englische Boulevardpresse voll von unverzeihlich grausamen Geschichten darüber, wie kurz Arsenal davorstehe, ihn erneut unter Vertrag zu nehmen) begann etwas Unwirkliches anzunehmen. Ich wußte, natürlich, daß die Anfälle von fürchterlicher, erschöpfender Depression, die mich von Anfang bis Mitte der achtziger Jahre heimsuchten, weder von Brady noch von dem Mädchen, das ich verloren hatte, verursacht wurden. Sie hatten mit etwas anderem zu tun, etwas, das viel schwerer zu fassen war, etwas, das schon sehr viel länger in mir gewesen sein mußte als diese beiden schuldlosen Menschen.

Aber während dieser furchtbaren Tiefs dachte ich zurück an die Zeiten, in denen ich mich zum letzten Mal glücklich, erfüllt, tatkräftig, optimistisch gefühlt hatte; und das Mädchen und Brady waren ein Teil dieser Zeiten. Sie waren nicht ausschließlich für sie verantwortlich, aber sie waren in ihnen sehr oft da, und das reichte, um diese beiden Liebesaffären in Zwillings-Stützpfeiler einer anderen, verzauberten Zeit zu verwandeln.

Etwa fünf oder sechs Jahre nachdem er weggegangen war, kehrte Brady heim, um in Pat Jennings' Abschiedsspiel für Arsenal zu spielen. Es war ein eigenartiger Abend. Wir brauchten ihn sogar noch mehr als je zuvor (eine graphische Darstellung von Arsenals Schicksal in den Achtzigern würde einer U-Kurve ähneln), und vor dem Spiel war ich nervös, aber es war nicht die Art von Nervosität, die ich normalerweise vor großen Spielen hatte – das hier war das Nervenflattern eines früheren Verehrers, der im Begriff stand, sich auf ein unvermeidlich schmerzliches, aber langersehntes Wiedersehen einzulassen. Ich schätze, ich hatte die Hoffnung, daß ein überschwenglicher, tränenreicher Empfang etwas in Brady auslösen würde, daß er feststellen würde, daß seine Abwesenheit ihn, genau wie uns, irgendwie nicht ganz vollständig machte. Aber nichts dergleichen geschah. Er bestritt das Spiel, winkte uns zu und flog am nächsten Morgen zurück nach Italien, und als wir ihn das nächste Mal sahen, trug er ein West-Ham-Trikot und hämmerte den Ball von der Strafraumgrenze an unserem Torwart Lukic vorbei ins Netz.

Wir haben ihn niemals befriedigend ersetzt, aber wir fanden andere Leute, mit anderen Qualitäten; ich brauchte lange Zeit, um zu begreifen, daß das nicht die schlechteste Art ist, mit einem Verlust umzugehen

## Arsenalmäßig

**West Ham gegen Arsenal – 10.5.80**

Jedermann kennt den Song, den die Fans von Millwall zur Melodie von »Sailing« singen: »Keiner mag uns / Keiner mag uns / Keiner mag uns / Scheißegal.« Tatsächlich habe ich immer das Gefühl gehabt, daß der Song ein wenig melodramatisch ist und daß, wenn irgend jemand ihn singen sollte das Arsenal ist.

Jeder Arsenalfan, der jüngste und der älteste, ist sich bewußt, daß keiner uns mag, und jeden Tag hören wir aufs neue von dieser Abneigung. Der durchschnittliche, auf Medien eingestellte Fußballfan – jemand, der an den meisten Tagen die Sportseiten liest, fernsieht, immer wenn etwas kommt, ein Fanzine oder Fußballmagazin liest – stößt vielleicht zwei- oder dreimal pro Woche auf eine geringschätzige Erwähnung von Arsenal (etwa so oft, wie er oder sie einen Song von Lennon und McCartney zu hören kriegt, würde ich schätzen). Ich habe mir gerade das Video SAINTS AND GREAVSIE angesehen, in dessen Verlauf Jimmy Greaves dem Trainer von Wrexham dafür dankte, daß er durch den Sieg seiner Viertligamannschaft über uns im FA Cup »Millionen in Entzücken versetzte«; das Titelblatt eines Fußballmagazins, das sich in der Wohnung herumtreibt, verspricht eine Story mit dem Titel »Warum haßt jeder Arsenal?« Letzte Woche gab es einen Artikel in einer landesweiten Zeitung, in dem unsere Spieler wegen ihres Mangels an Kunstfertigkeit angegriffen wurden; einer der Spieler, den sie heruntermachten, ist achtzehn Jahre alt und hat überhaupt noch nicht in der ersten Mannschaft gespielt.

Wir sind langweilig und haben nur Glück und sind

schlecht und gereizt und reich und schäbig, und sind das alles, soweit ich das sagen kann, schon seit den Dreißigern. Damals führte der größte Fußballtrainer aller Zeiten, Herbert Chapman, einen zusätzlichen Verteidiger ein, veränderte dadurch die Art wie Fußball gespielt wurde und begründete Arsenals Ruf, destruktiven, unattraktiven Fußball zu spielen; aber zugleich nutzten spätere Arsenalteams, auf denkwürdige Weise das Double-Team von 1971, eine einschüchternd gute Abwehr als Sprungbrett zum Erfolg. (Dreizehn unserer Ligaspiele in jenem Jahr endeten 0:0 oder 1:0, und wenn man ehrlich ist, muß man sagen, daß keins davon schön anzusehen war.) Ich kann mir vorstellen, daß »Glückliches Arsenal« aus »Langweiliges Arsenal« entstanden ist, weil sechzig Jahre mit 1:0-Siegen geeignet sind, die Leichtgläubigkeit und die Geduld der gegnerischen Fans auf die Probe zu stellen. Im Gegensatz zu uns ist West Ham, genauso wie Tottenham, bekannt für seine Poesie und Eleganz und dafür, daß es sich dem guten, flüssigen Fußball verpflichtet fühlt. (Statt flüssig heißt es im derzeitigen Jargon »progressiv«, ein Wort, das Leute meiner Generation qualvoll an Emerson, Lake and Palmer und King Crimson erinnert.) Genauso wie jeder eine Schwäche hat für Peters, Moore, Hurst und Brooking und die West-Ham-»Akademie«, genauso haßt und verachtet jeder Storey, Talbot und Adams und die ganze Idee und die Wirkung von Arsenal. Da ist es egal, daß der wild dreinschauende Martin Allen und der hirn- und seelenlose Julian Dicks derzeit West Ham verkörpern, so wie Van Den Hauwe, Fenwick und Edinburgh Tottenham. Da ist es egal, daß der talentierte Merson und der glänzende Limpar für Arsenal spielen. Da ist es egal, daß wir 1989 und 1992 mehr Tore als irgendwer sonst in der ersten Division erzielt haben. West Ham, die Hammers, und Tottenham, die Lilienweißen, sind die Hüter der Flamme, die einzigen Wanderer auf dem Pfad der Wahrheit; wir sind die Kanoniere, die Westgoten, mit König Herodes und dem Sheriff von Nottingham als unser Zwillingspaar in der Innenverteidigung, die mit erhobenen Armen auf Abseits reklamieren.

West Ham, Arsenals Gegner im Pokalfinale 1980, spielte in jener Saison in der zweiten Division, und ihr unterklassiger Status ließ die Leute sogar noch mehr von der Mannschaft schwärmen. Zum Entzücken der Nation verlor Arsenal. Der »Heilige Trevor« von England erzielte das einzige Tor und erschlug das abscheuliche Ungeheuer, die Hunnen waren zurückgeschlagen, Kinder konnten wieder sicher in ihren Betten schlafen. Was blieb uns also übrig, uns Arsenalfans, die wir es die meiste Zeit in unserem Leben zugelassen haben, daß wir mit den Bösewichten gleichgesetzt werden? Nichts. Unser Sinn für Gleichmut und Groll ist fast sensationell.

Die einzigen Details des Spiels, an die sich heute noch jeder erinnert, sind Brookings außergewöhnliches Kopfballtor und Willie Youngs grausam routinierte Notbremse an Paul Allen, gerade als der jüngste Spieler, der je in einem Pokalfinale aufgelaufen ist, im Begriff war, eines der schönsten und romantischsten Tore zu erzielen, die man je in Wembley gesehen hatte. Als ich auf den Rängen von Wembley stand, inmitten der schweigenden, peinlich berührten Arsenalfans, betäubt von dem Gebuhe, das aus dem West-Ham-Block und von den anderen Zuschauern im Stadion kam, war ich von Youngs Zynismus entsetzt.

Aber abends, als ich die Höhepunkte im Fernsehen sah, wurde mir bewußt, daß ein Teil von mir das Foul tatsächlich genoß – nicht weil es Allen am Torerfolg hinderte (das war kaum von Bedeutung, denn das Spiel war vorbei, wir hatten verloren), sondern weil es so komisch, parodistisch *arsenalmäßig* war. Wer anders als ein Verteidiger von Arsenal hätte ein winziges, siebzehnjähriges Mitglied der West-Ham-»Akademie« umgemäht? Motson oder Davies, ich kann mich nicht mehr erinnern welcher von beiden, war natürlich entrüstet über das Ganze und entsprechend wichtigtuerisch. Für mich, der ich das Gerede, wie die Guten die Bösewichte in die Flucht geschlagen hatten, nicht mehr hören konnte, klang seine Rechtschaffenheit provozierend. In gewisser Weise erinnerte mich das daran, wie Bill Grundy die Sex Pistols 1976 im Fernsehen aufzog und dann später seiner Empörung über ihr Verhalten Ausdruck verlieh. Arsenal, die ersten echten Punkrocker: unsere Vorstopper erfüllten ein öffentliches Bedürfnis nach harmloser, durch Körpersprache ausgedrückter Abweichung von der Norm – lange bevor Johnny Rotten des Weges kam.

## Leben nach dem Fußball

**Arsenal gegen Valencia – 14.5.80**

Fußballteams sind außerordentlich einfallsreich, wenn es darum geht, Wege zu finden, ihren Anhängern Kummer zu bereiten. Sie führen in Wembley und verschenken das Spiel letztlich; sie übernehmen die Tabellenspitze der ersten Division und dann geht ihnen abrupt die Luft aus; sie schaffen im schweren Auswärtsspiel ein Unentschieden und verlieren zu Haus das Wiederholungsspiel; in der einen Woche schlagen sie Liverpool und unterliegen in der nächsten Scunthorpe; sie verleiten dich dazu, Mitte der Saison zu glauben, daß sie Aufstiegsaspiranten sind und dann werden sie durchgereicht ... immer wenn du glaubst, daß du dich auf das Schlimmste, was passieren kann, eingestellt hast, lassen sie sich irgend etwas Neues einfallen.

Vier Tage nach der Finalniederlage gegen West Ham verlor Arsenal auch gegen Valencia im Endspiel des Europapokals der Pokalsieger, und die Siebzig-Spiele-Saison war unter dem Strich erfolglos. Wir waren der spanischen Mannschaft spielerisch überlegen, konnten aber kein Tor erzielen, und das Spiel ging ins Elfmeterschießen; Brady und Rix verschossen ihre (manche behaupten, daß Rix nach dem Trauma dieser Nacht nicht mehr derselbe war, und ganz sicher ist, daß er nie wieder die Form erreichte, die er Ausgang der Siebziger hatte, obwohl er später für England spielen sollte), und das war's dann. Soweit ich weiß, gibt es keinen anderen englischen Club, der zwei Endspiele in einer Woche verloren hat, aber trotzdem fragte ich mich in den Jahren danach, als eine Niederlage in einem Finale das Äußerste war, worauf Arsenalanhänger zu hoffen wagten, warum ich mich so niedergeschlagen gefühlt hatte. Doch jener Abend hatte auch einen wohltuend reinigenden Nebeneffekt: Nach sechs geballten Wochen, die aus Halbfinals und Endspielen, Radiohören und dem Auftreiben von Karten für Wembley bestanden hatten, war das Fußball-Wirrwarr vorbei, und es gab nichts, womit es zu ersetzen war. Ich mußte mir endgültig Gedanken darüber machen, was ich unternehmen sollte, statt mich damit zu beschäftigen, was der Trainer von Arsenal unternahm. Also bewarb ich mich an der pädagogischen Hochschule in London und gelobte – nicht zum letzten Mal –, niemals zuzulassen, daß der Fußball das Leben vollständig ersetzte, egal wie viele Spiele Arsenal in einem Jahr bestritt.

## Ein Teil des Spiels

**Arsenal gegen Southampton – 19.8.80**

Das erste Saisonspiel, also ist man immer noch einen Tick schärfer darauf, dabei zu sein. Und im Verlauf des Sommers war ein außergewöhnliches Transfergeschäft über die Bühne gegangen: Wir hatten Clive Allen für eine Million Pfund gekauft und ihn dann, als uns der Eindruck, den er in ein paar Freundschaftsspielen während der Saisonvorbereitung machte, nicht gefiel, gegen Kenny Sansom (einen Stürmer gegen einen Verteidiger, so macht man das bei Arsenal) eingetauscht, bevor er auch nur ein Pflichtspiel bestritten hatte. So kam eine Zuschauermenge von mehr als vierzigtausend, obwohl Liam weg und Southampton nicht der attraktivste Gegner war.

Irgendwas ging schief – sie hatten nicht genügend Drehkreuze geöffnet, oder die Polizei hatte bei der Überwachung des Zuschauerstroms Mist gebaut, was auch immer –, und es kam zu einem riesigen Gedränge vor den Eingängen zur Nordtribüne in der Avenell Road. Wenn ich meine beiden Füße anhob, blieb ich ohne Bodenkontakt in der Menge hängen, und zeitweise mußte ich meine Arme in die Luft strecken, um mir ein ganz klein wenig mehr Platz zu verschaffen und um meine Hände daran zu hindern, sich in meine Brust und meinen Bauch einzugraben. Das war wirklich nichts Besonderes; jeder Fan kennt Situationen, in denen es für einige Augenblicke übel aussieht.

Aber ich erinnere mich, daß ich nach Atem rang, während ich dem Eingang näher kam (ich war so eingezwängt, daß ich meine Lungen nicht richtig füllen konnte), was bedeutet, daß es ein klein wenig schlimmer war als üblich. Als ich endlich das Drehkreuz passiert hatte, setzte ich mich für eine Weile auf eine Stufe, um mich zu erholen, und bemerkte, daß eine Menge anderer Leute das gleiche tat.

Aber die Sache ist die, daß ich dem System vertraute: Ich wußte, daß ich nicht zu Tode gequetscht werden konnte, weil das bei Fußballspielen nie passierte. Die Sache in Ibrox, gut, das war anders, eine unberechenbare Kombination von Ereignissen; und sowieso war das in Schottland, während eines »Old-Firm-Spiels«, einem Lokalderby der Glasgower Erzrivalen, und jeder weiß, daß die besonders problematisch sind.

Nein, sehen Sie, in England wußte irgend jemand, irgendwo, was die Verantwortlichen taten, und es gab dieses *System*, das uns niemand je erklärt hat, welches Unfälle dieser Art verhinderte. Es mochte den *Anschein* haben, als hätten die Behörden, der Club und die Polizei gelegentlich ihr Glück strapaziert, aber das lag daran, daß wir nicht richtig verstanden, wie sie die Dinge organisierten. An jenem Abend lachten einige Leute im Gewühl in der Avenell Road und zogen lustige Ich-werde-erwürgt-Grimassen, als die Luft aus ihnen herausgepreßt wurde; sie lachten, weil sie nur wenige Meter von gleichgültig wirkenden Wachtmeistern und berittenen Polizisten entfernt waren, und sie wußten, daß diese Nähe ihre Sicherheit garantierte. Wie konnte man sterben, wenn Hilfe so nah war?

Aber neun Jahre später, am Nachmittag der Katastrophe in Hillsborough, dachte ich an jenen Abend in der Avenell Road, und ich dachte an viele andere Nachmittage und Abende, an denen es so schien, als seien zu viele Menschen im Stadion oder das Publikum sei ungleichmäßig verteilt worden.

Mir wurde bewußt, daß ich an jenem Abend hätte sterben können und daß ich bei ein paar anderen Anlässen dem Tod sehr viel näher war als mir lieb ist. Es gab also doch keine Planung; sie hatten tatsächlich die ganze Zeit auf ihr Glück vertraut.

## Mein Bruder

**Arsenal gegen Tottenham – 30.8.80**

Es muß viele Väter überall im Land geben, die die grausamste und niederschmetterndste aller Ablehnungen erleben mußten: Ihre Kinder wurden zu Anhängern des falschen Teams. Wenn ich mich mit Elternschaft befasse, was ich mehr und mehr tue, da meine sensible biologische Uhr auf Mitternacht zutickt, wird mir klar, daß ich aufrichtige Angst vor dieser Art von Verrat habe. Was würde ich tun, wenn mein Sohn oder meine Tochter im Alter von sieben oder acht entscheiden würden, daß Dad ein Verrückter und Tottenham, West Ham oder Manchester United das Team für sie ist? Wie würde ich damit zu Rande kommen? Würde ich mich anständig elterlich verhalten und akzeptieren, daß meine Tage in Highbury vorbei sind und ein Paar Dauerkarten für White Hart Lane oder Upton Park kaufen? Zum Teufel, nein. Ich selbst bin zu kindisch, was Arsenal anbelangt, um mich den Launen eines Kindes zu unterwerfen. Ich würde ihm oder ihr erklären, daß – auch wenn ich jede derartige Entscheidung respektieren – sie einleuchtenderweise auf meine Begleitung verzichten müssen und zusehen sollen, wie sie dorthin kommen und den Eintritt bezahlen, wenn sie ihr Team sehen wollen. Das müßte den kleinen, blöden Zwerg aufwecken.

Ich habe mir mehr als einmal vorgestellt, daß Arsenal im Pokalfinale gegen Tottenham spielt; in dieser Phantasie ist mein Sohn ein Tottenhamfan, genauso entrückt, angespannt und unglücklich wie ich, als ich Arsenal das erste Mal unterstützte, und weil wir keine Karten für Wembley gekriegt haben, schauen wir das Spiel zu Hause im Fernsehen an. In der letzten Minute erzielt der alte Haudegen Kevin Campbell das Siegtor ... und ich explodiere in einen Freudentaumel, hüpfe durch das Wohnzimmer, recke meine Fäuste in die Luft, *verspotte mein eigenes, traumatisiertes Kind, remple es an und zerzause ihm die Haare.* Ich fürchte ich bin dazu fähig, und deshalb wäre es das vernünftigste, einsichtsvollste, heute Nachmittag einen Arzt aufzusuchen, um mich sterilisieren zu lassen. Wenn mein Vater 1969, an jenem grauenvollen Nachmittag in Wembley, ein Fan von Swindon Town gewesen wäre und sich dementsprechend verhalten hätte, würden wir seit zweiundzwanzig Jahren nicht mehr miteinander sprechen.

Es ist mir bereits einmal gelungen, einen nachwachsenden Fan Arsenal zuzuführen. Im August 1980 kamen mein Vater und seine Familie nach mehr als zehn Jahren im Ausland, in Frankreich und Amerika, zurück nach England. Mein Halbbruder Jonathan war dreizehn und verrückt nach Soccer – teilweise infolge meines Einflusses, teilweise weil er zu einer Zeit in den Staaten war, als die heute nicht mehr existierende nordamerikanische »Soccer League« ihren Zenit erreicht hatte. Ich nahm ihn so schnell wie möglich mit zu Arsenal, so daß ihm keine Möglichkeit blieb, herauszufinden, daß das, was in White Hart Lane mit Hoddle und Ardiles ablief, unendlich viel interessanter war als das, was in Highbury mit Price und Talbot stattfand.

Er war einmal vorher dagewesen, 1973, als er als Sechsjähriger die ganze Zeit über unkontrollierbar gezittert und verständnislos auf den Platz gestarrt hatte, während Arsenal seine Drittrundenpartie im Pokal gegen Leicester bestritt. Aber das hatte er schon lange vergessen, also war dieses Lokalderby früh in der Saison ein neuer Anfang. Es war kein schlechtes Spiel und ganz sicher kein Indikator für die bevorstehenden Zeiten der Verzweiflung: Erst bewahrte uns Pat Jennings, bei Tottenham ausgemustert, gegen Crooks und Archibald vor einem Rückstand, und dann kassierte irgendeiner von Tottenhams furchtbaren Post-Pat-Torhütern (Daines? Kenndall?) ein Ei, ehe Stapleton ihnen mit einer wundervollen Bogenlampe den Rest gab.

Aber es war nicht der Fußball, der Jonathan gefangennahm. Es war die Gewalt. Überall um uns herum prügelten sich Menschen – auf der Nordtribüne, im Gästeblock, auf der Ost- und auf der Westtribüne. Alle paar Minuten bildete sich irgendwo auf den Rängen im dicht gewobenen Netz der Köpfe ein riesiger Riß, wenn die Polizei die kriegführenden Splittergruppen trennte, und mein kleiner Bruder war außer sich vor Aufregung. Er drehte sich ständig um und sah mich an, wobei sein Gesicht voll ungläubiger Freude strahlte. »Das ist Klasse«, sagte er, wieder und wieder. Danach hatte ich keine Schwierigkeiten mit ihm: Er kam zum nächsten Spiel, einer langweiligen, ruhigen Partie gegen Swansea im Ligapokal, und zu den meisten anderen in der Saison. Und jetzt haben wir beide Dauerkarten, und er fährt mich zu Auswärtsspielen, also ist alles gut ausgegangen.

Ist er nur deshalb ein Arsenalfan, weil er lange Zeit die Erwartung hatte, Menschen zu sehen, die versuchen, sich gegenseitig umzubringen? Oder liegt es nur daran, daß er zu mir aufsah – was er, wie ich weiß, unerklärlicherweise eine Weile tat, als er jünger war – und deshalb Vertrauen in mich und die Wahl meines Teams hatte? Wie auch immer, ich hatte vermutlich nicht das Recht, ihm Willie Young, John Hawley und Arsenals Abseitsfalle für den Rest seines Lebens aufzubürden, was ich letztlich getan habe. Daher fühle ich mich verantwortlich, aber ich bereue nicht, was ich getan habe: Wenn es mir nicht gelungen wäre, ihn an Arsenal zu binden, wenn er entschieden hätte, sein fußballerisches Leiden woanders zu suchen, dann wäre unser Verhältnis vollkommen anderer und möglicherweise kälterer Natur.

Allerdings ist es lustig, daß Jonathan und ich in Highbury sitzen, Woche für Woche, und das nicht zuletzt aufgrund der bedrückenden Umstände, die zu seiner Existenz geführt haben. Mein Vater verließ meine Mutter, um mit seiner Mutter zu leben, und mein Halbbruder wurde geboren, und irgendwie hat mich das alles zu einem Arsenalfan gemacht; wie seltsam ist es da, daß sich meine besonders abartige Veranlagung auf ihn übertragen sollte, wie ein genetischer Fehler.

## Clowns

**Arsenal gegen Stoke – 13.9.80**

Wieviele Spiele dieser Art mußten wir zwischen Bradys Weggang und George Grahams Ankunft ansehen? Die Gästemannschaft quält sich über die Runden, ein mittelmäßiges Team ohne Ehrgeiz; ihr Trainer (Ron Saunders, Gordon Lee, Graham Turner oder in diesem Fall Alan

Durban) will ein Unentschieden in Highbury und spielt mit fünf Verteidigern, vier Mittelfeldspielern, die sonst immer als Verteidiger auflaufen, und einem hoffnungslosen Mittelstürmer, der mutterseelenallein vorn rumsteht und auf weite Abschläge seines Torwarts wartet. Ohne Liam (und, nach jener Saison, ohne Frank Stapleton) hatte Arsenal nicht den Spielwitz, den Einfallsreichtum, den Gegner auszuspielen, und vielleicht gewannen wir (durch zwei Tore nach Ecken auf den kurzen Pfosten oder einen abgefälschten Weitschuß und einen Elfmeter), oder vielleicht spielten wir Unentschieden (0:0), oder vielleicht verloren wir durch einen Konter 0:1, aber irgendwie war das ohnehin egal. Arsenal war nicht mal ansatzweise gut genug, um den Titel zu gewinnen, aber zu stark, um abzusteigen; Woche für Woche, Jahr für Jahr erschienen wir in dem sicheren Wissen, daß uns das, was uns bevorstand, zutiefst deprimieren würde.

Dieses Spiel gegen Stoke war ziemlich typisch – eine torlose erste Hälfte, und dann, inmitten steigender Unzufriedenheit, zwei späte Tore (per Kopf durch die beiden kleinsten Spieler auf dem Platz, Sansom und Hollins, was angesichts der turmhohen Statur von Stokes zahlreichen Vorstoppern nicht frei von Ironie war). Niemand, nicht einmal jemand wie ich, würde sich noch an das Spiel erinnern, wäre da nicht die Pressekonferenz nach dem Spiel gewesen, in der sich Alan Durban über die feindselige Haltung der Journalisten seiner Mannschaft und seiner Taktik gegenüber aufregte. »Wenn ihr Unterhaltung wollt«, fauchte er, »geht in den Zirkus und guckt euch Clowns an.«

Es wurde eines der berühmtesten Fußballzitate des Jahrzehnts. Vor allem die anspruchsvolleren Blätter liebten es für seine mühelose Zusammenfassung der modernen Fußballkultur: Es war ein schlüssiger Beweis dafür, daß der

Fußball vor die Hunde gegangen war, daß niemandem mehr etwas anderes als Ergebnisse am Herzen lag, daß der schwärmerisch-individualistische Stil gestorben war, daß Hüte nicht mehr in die Luft geschleudert wurden. Man konnte den Standpunkt dieser Leute verstehen. Warum sollte sich Fußball von jedem anderen Zweig der Unterhaltungsindustrie unterscheiden? Man wird wohl nicht allzu viele Hollywood-Produzenten und West-End-Theaterdirektoren finden, die den Wunsch des Publikums nach Zerstreuung verhöhnen, warum also sollten Fußballtrainer damit ungestraft davonkommen?

Trotzdem bin ich im Verlauf der letzten paar Jahre zu der Überzeugung gelangt, daß Alan Durban recht hatte. Es war nicht sein Job, für Unterhaltung zu sorgen. Es war sein Job, sich um die Interessen der Fans von Stoke City zu kümmern, was bedeutet, daß es darum ging, auswärts Niederlagen zu vermeiden, ein angeschlagenes Team in der ersten Division zu halten und vielleicht ein paar Pokalspiele zu gewinnen, um die düstere Stimmung aufzuhellen. Die Fans von Stoke wären mit einem torlosen Unentschieden glücklich gewesen, genauso wie Arsenalfans mit torlosen Unentschieden bei Tottenham, Liverpool oder Manchester United vollauf glücklich sind; zu Hause erwarten wir, mehr oder weniger jeden zu schlagen, und es ist uns nicht besonders wichtig, wie das bewerkstelligt wird.

Diese Festlegung auf Resultate bedeutet unvermeidlich, daß Fans und Journalisten Spiele auf eine höchst unterschiedliche Art sehen. 1969 erlebte ich, wie George Best in Highbury für Manchester United spielte und zwei Tore erzielte. Das Erlebnis hätte eine tiefen Eindruck hinterlassen sollen, so als ob man Nijinski tanzen gesehen oder Maria Callas singen gehört hätte, und obwohl ich manchmal in dieser Art davon spreche – mit jüngeren Fans oder denen, die Best aus anderen Gründen verpaßt haben –, ist meine liebevolle Darstellung des Erlebten von Grund auf verlogen: Ich haßte jenen Nachmittag. Jedesmal wenn er den Ball erhielt, jagte er mir Angst ein, und ich wünschte damals, genauso wie ich es vermutlich heute noch tue, daß er verletzt gewesen wäre. Und ich habe Law und Charlton gesehen, Hoddle und Ardiles, Dalglish und Rush, Hurst und Peters, und das gleiche Phänomen trat auf: Nichts von dem, was diese Spieler jemals in Highbury gemacht haben, hat mir Freude bereitet (auch wenn ich gelegentlich widerwillig die Dinge bewundert habe, die sie gegen andere Teams gezeigt haben). Gazzas Freistoß gegen Arsenal im FA-Cup-Halbfinale in Wembley war einfach erstaunlich, eines der bemerkenswertesten Tore, das ich je gesehen habe ... doch ich wünschte von ganzem Herzen, daß ich es nicht gesehen und er es nicht erzielt hätte. Tatsächlich hatte ich während des ganzen Monats vor dem Finale gebetet, das Gascoigne nicht spielen möge, was die Andersartigkeit des Fußballs unterstreicht: Wer würde eine teure Karte fürs Theater kaufen und hoffen, daß der Star des Stücks unpäßlich ist?

Die neutralen Beobachter liebten natürlich das ruhmreiche Theater um Gascoignes großen Augenblick, aber im Stadion gab es nur sehr wenige neutrale Beobachter. Es gab Arsenalfans, die ebenso entsetzt waren wie ich, und Tottenhamfans, die vom zweiten Treffer – Gary Lineker schob den Ball nach einem Gewühl aus zwei Metern Entfernung ins Tor – genauso begeistert waren. Genaugenommen rasteten sie da sogar noch mehr aus, weil Arsenal beim Stand von 2:0 nach zehn Minuten tot und begraben war. Besteht also angesichts der Tatsache, daß der Fan ein derart problematisches Verhältnis zu einigen der großartigsten Momente des Spiels hat, überhaupt eine Beziehung zwischen Fan und Unterhaltung? Es *gibt* eine solche Beziehung, doch sie ist ganz und gar nicht unkompliziert. Tottenham, das nach allgemeiner Ansicht die fußballerisch bessere Mannschaft ist, hat zum Beispiel keine so treue Anhängerschaft wie Arsenal; und Mannschaften, die im Ruf stehen zu unterhalten (West Ham, Chelsea, Norwich), sorgen nicht für Schlangen, die sich um den Häuserblock ziehen. Die Spielweise unseres Team ist für die meisten von uns nebensächlich, genauso wie es nebensächlich ist, Pokale und Meistertitel zu gewinnen. Wenige von uns haben sich ihre Clubs *ausgesucht*, sie wurden uns schlicht gegeben; und wenn sie aus der zweiten Division in die dritte abrutschen oder ihre besten Spieler verkaufen oder Spieler kaufen, von denen du weißt, daß sie nichts können, oder wenn sie den Ball zum siebenhundertsten Mal in Richtung eines drei Meter großen Mittelstürmers dreschen, machen wir deshalb nichts anderes, als einfach zu fluchen, nach Hause zu gehen, uns vierzehn Tage Sorgen zu machen und wiederzukommen, um erneut zu leiden.

Ich, für meinen Teil, bin in erster Linie Arsenalfan und erst in zweiter Linie Fußballfan (und, ja, nochmals, ich kenne all die Scherze). Ich werde nie in der Lage sein, das Tor von Gazza zu genießen, und es gibt zahllose ähnliche Momente. Aber ich weiß, was unterhaltsamer Fußball ist, und habe die relativ seltenen Anlässe geliebt, bei denen es Arsenal gelungen ist, ihn zu produzieren; und wenn andere Mannschaften, die in keiner Weise mit Arsenal in Konkurrenz stehen, elegant und schwungvoll aufspielen, dann weiß ich das auch zu schätzen. Wie jedermann habe ich lange und laut über die Unzulänglichkeiten des englischen Spiels und die dauerhaft deprimierende Häßlichkeit des Fußballs, den unsere Nationalmannschaft spielt, lamentiert, aber das ist eigentlich – wenn ich ganz ehrlich bin –

Stammtischgewäsch und nicht viel mehr. Über langweiligen Fußball zu klagen ist ein wenig so, wie über das traurige Ende von »King Lear« zu klagen: Man begreift irgendwie nicht das Wesentliche. Alan Durban hatte es begriffen: Fußball ist eine Ersatzwelt, so ernsthaft und anstrengend wie die Arbeit, mit den gleichen Sorgen, Hoffnungen, Enttäuschungen und gelegentlichen Hochgefühlen. Ich gehe aus vielerlei Gründen zum Fußball, aber ich tue es nicht der Unterhaltung wegen, und wenn ich mich an einem Samstag umschaue und diese überängstlichen, bedrückten Gesichter sehe, merke ich, daß es anderen auch so geht. Für den engagierten Fan existiert unterhaltsamer Fußball genauso wie die Bäume, die mitten im Dschungel abgeholzt werden: du gehst davon aus, daß es passiert, aber du bist nicht in der Lage, es besonders zu schätzen. Sportjournalisten und Männer von Welt im Lehnstuhl sind die Amazonas-Indianer, die mehr wissen als wir – aber andererseits wissen sie viel, viel weniger.

## Das gleiche alte Arsenal

**Arsenal gegen Brighton – 1.11.80**

Ein unbedeutendes Spiel zwischen zwei unbedeutenden Teams; ich bezweifle, daß sich irgend jemand, der da war, überhaupt noch dran erinnert, es sei denn, es war der erste oder der letzte Stadionbesuch, und ganz bestimmt hatten meine beiden Begleiter an diesem Nachmittag, mein Dad und mein Halbbruder, das Ereignis am nächsten Tag vergessen. Ich erinnere mich nur (wirklich nur!), weil ich das letzte Mal mit Dad in Highbury war, und obwohl es schon sein kann, daß wir irgendwann mal wieder hingehen (er hat kürzlich ein paar sehr leise Andeutungen gemacht), umgibt das Spiel jetzt eine Ende-einer-Ära-Aura.

Das Team war ungefähr in dem Zustand, in dem wir es vor zwölf Jahren vorgefunden hatten, und ich bin sicher, daß Dad sich über die Kälte und über Arsenals Unbeholfenheit beklagt haben muß, und ich bin sicher, daß ich mich für beides verantwortlich fühlte und mich entschuldigen wollte. Und ich hatte mich in entscheidender Hinsicht auch nicht groß verändert. Irgendwie war ich noch immer so schwermütig wie früher als Kind, und da ich mir dieser Schwermut mittlerweile bewußt war, begriffen hatte, was sie war, erschien sie düsterer und bedrohlicher als je zuvor. Und natürlich spielte das Team dabei immer noch eine Hauptrolle, war mit allem verbunden und führte mich in meine Tiefs oder folgte ihnen auf dem Fuß; keine Ahnung, was von beidem.

Andere Dinge hatten sich aber geändert, dauerhaft und zum Besseren, besonders in meinem Umgang mit meiner »anderen« Familie. Meine Stiefmutter hatte lange aufgehört, der Feind zu sein – in unserer Beziehung herrschte eine echte Wärme, die keiner von uns vor Jahren hätte vorhersehen können –, und mit den Kindern hatte es nie irgendwelche Probleme gegeben; aber am allerwichtigsten war, daß mein Vater und ich fast unmerklich ein Stadium erreicht hatten, in dem Fußball nicht länger das vornehmliche Mittel der Unterhaltung zwischen uns war. Ich lebte die ganze Saison 80/81, in die meine Ausbildung zum Lehrer fiel, mit ihm und seiner Familie in London; das war seit den Tagen meiner Kindheit das erste Mal, daß wir so etwas versuchten, und es klappte ganz gut. Wir hatten jetzt andere Probleme miteinander und haben sie auch heute noch. Ich glaube, das Scheitern seiner ersten Ehe muß dabei irgendwie noch immer eine Rolle spielen. Aber trotzdem ist es uns gelungen, etwas aufzubauen, was auf seine Art gut funktioniert; und obwohl es immer noch Frustrationen und Schwierigkeiten gibt, glaube ich nicht, daß unsere Beziehung von ihnen zerstört werden könnte. Ja, ich glaube nicht mal, daß unsere Probleme irgendwie schlimmer sind als die, die meine Freunde mit ihren Vätern haben – tatsächlich kommen wir viel besser klar als die meisten.

Damals dachte ich natürlich nicht an all das, weil, soweit mir bewußt war, ein 2:0-Heimsieg gegen Brighton keine tiefere Bedeutung hatte und ich davon ausging, daß es für uns beide zu einer anderen Zeit ein anderes letztes Spiel geben würde – auch wenn man festhalten muß, daß unser gemeinsames Debüt genauso unscheinbar verlaufen ist. Am besten wird es sein, uns drei dort zurückzulassen – Dad, wie er seinen Tee mit dem Inhalt seines Flachmanns krönt und sich brummelnd darüber beschwert, noch immer das gleiche alte Scheiß-Arsenal ansehen zu müssen, mich, wie ich unbehaglich auf meinem Sitz herumrutsche und hoffe, daß sich alles irgendwie zum Besseren wenden möge, und den damals immer noch kleinen Jonathan, wie er bleich vor Kälte dasitzt und sich vermutlich wünscht, daß sein Bruder und sein Vater 1968 einen anderen Weg gefunden hätten, ihre Probleme zu lösen.

## Quizstunde

**Arsenal gegen Manchester City – 24.2.81**

Ungefähr zu dieser Zeit verirrte ich mich und blieb es die nächsten paar Jahre. Zwischen einem Heimspiel (gegen Coventry) und dem nächsten (einer Mittwochpartie gegen Manchester City) trennte ich mich von meiner Freundin, sickerten all die Dinge, die wer weiß wie viele Jahre in mir vor sich hingefault waren, zum ersten Mal nach draußen, begann ich mein Probejahr als Lehrer an einer schwierigen Schule im Westen Londons, und Arsenal erreichte bei Stoke ein Unentschieden und bekam bei Nottingham Forest eine Packung. Es war eigenartig, an diesem Abend die gleichen Spieler auf die gleiche Art wie vor drei Wochen heraustraben zu sehen: Ich hatte das Gefühl, daß sie den Anstand hätten aufbringen sollen, sich selbst neu zu erfinden und zu akzeptieren, daß die Gesichter, die Staturen und die Unzulänglichkeiten, die sie im Spiel gegen Coventry gehabt hatten, einer vollkommen anderen Zeit angehörten.

Wenn es an jedem Abend der Woche und an beiden Nachmittagen des Wochenendes ein Spiel gegeben hätte, wäre ich hingegangen, weil die Spiele als Satzzeichen (wenn auch nur als Kommata) zwischen trostlosen Abschnitten fungierten, in denen ich zuviel trank, zuviel rauchte und erfreulich rasch an Gewicht verlor. Ich erinnere mich an dieses Spiel so genau, weil es einfach das erste von ihnen war – ein wenig später begannen sie alle miteinander zu verschmelzen; Gott weiß, daß auf dem Feld nicht viel passierte, außer daß Talbot und Sunderland ein paar Tore reinkullerten.

Aber Fußball hatte inzwischen schon wieder eine andere

Bedeutung bekommen, in Verbindung mit meinem neuen Beruf. Es war mir in den Sinn gekommen – so wie es vermutlich vielen jungen Lehrern, die ähnlich veranlagt sind, in den Sinn kommt –, daß meine Interessen (besonders Fußball und Popmusik) im Klassenzimmer von Vorteil sein würden, daß ich in der Lage sein würde, mich mit den »Kids« zu »identifizieren«, weil ich den Wert von The Jam und Laurie Cunningham verstand. Es war mir nicht in den Sinn gekommen, daß ich so kindisch war wie meine Interessen; und daß die Tatsache, daß ich wußte, worüber meine Schüler die meiste Zeit redeten, mir so etwas Ähnliches wie einen Zugang verschaffen mochte, mir aber nicht half, ihnen ein besserer Lehrer zu sein. Tatsächlich wurde mein Hauptproblem – nämlich, daß an einem schlechten Tag tumultartiges Chaos in meinem Klassenzimmer herrschte – durch meine Parteinahme für Arsenal schlichtweg verschlimmert. »Ich bin Arsenalfan«, sagte ich in meinem besten, flotten Lehrertonfall, um mich so geschickt bei einigen schwierigen Sechstkläßlern einzuführen. »Buh!« erwiderten sie lautstark und langanhaltend.

An meinem zweiten oder dritten Tag bat ich eine Gruppe Siebtkläßler, auf einem Stück Papier ihr Lieblingsbuch, ihr Lieblingslied, ihren Lieblingsfilm und so weiter niederzuschreiben und ging durch die Klasse, um mit jedem einzelnen zu sprechen.

Dabei entdeckte ich, daß der Störenfried in der letzten Reihe, der mit dem Mod-Haarschnitt und dem permanenten, spöttischen Grinsen (und unvermeidlicherweise derjenige mit dem größten Wortschatz und dem besten Schreibstil), vollständig von allem, was mit Arsenal zu tun hatte, erfüllt war, und ich stürzte mich darauf.

Doch als ich mein Geständnis abgelegt hatte, gab es keine Seelenverwandtschaft oder liebevolle Umarmung in

Zeitlupe; stattdessen erntete ich einen Blick schierer Verachtung. »Sie?« sagte er. »Sie? Was verstehen *Sie* davon?«

Für einen Moment sah ich mich selbst durch seine Augen, einen Schnösel mit einer Krawatte und einem schmeichlerischen Lächeln, der verzweifelt versuchte, sich an Orten einzuschleichen, an denen er nichts verloren hatte, und begriff. Doch dann übernahm etwas anderes – ein Zorn, der wahrscheinlich aus dreizehn Jahren in der Hölle von Highbury geboren war, und der Unwille, eines der wichtigsten Elemente meiner eigenen Identität zugunsten verkalkter und schwammiger Gesichtslosigkeit aufzugeben – das Kommando, und ich rastete aus.

Das Ausrasten nahm eine eigenartige Form an. Ich wollte das Kind am Kragen packen und an die Wand klatschen und ihn wieder und wieder anschreien: »Ich verstehe mehr davon, als du je verstehen wirst, du verdammter kleiner Klugscheißer!«, aber ich wußte, daß das nicht ratsam war. Also stotterte ich ein paar Sekunden, und dann sprudelte zu meiner Überraschung ein Sturzbach von Quizfragen aus mir heraus (ich sah zu, wie die Fragen stromartig herausperlten). »Wer erzielte unser Tor im Ligapokalfinale 69? Wer ging ins Tor, als Bob Wilson 72 in Villa Park vom Platz getragen wurde? Wen haben wir von den Spurs im Austausch gegen David Jenkins erhalten? Wer ...?« Und ich machte immer weiter; der Junge saß da, die Fragen prallten wie Schneebälle vom Scheitel seines Kopfes ab, während der Rest der Klasse uns in betäubtem Schweigen zusah.

Es klappte letztlich – oder zumindest gelang es mir, den Jungen davon zu überzeugen, daß ich nicht der Mann war, für den er mich gehalten hatte. Am Morgen nach dem Spiel gegen Manchester City, dem ersten Heimspiel nach meiner »Quizstunde«, sprachen wir beide ruhig und herzlich über die dringende Notwendigkeit eines neuen Mittelfeldspielers, und ich hatte bis zum Ende meiner Zeit an jener Schule nie mehr irgendwelchen Ärger mit ihm. Aber mich beunruhigte, daß ich nicht imstande gewesen war, loszulassen, daß mich der Fußball, der meine Entwicklung so nachhaltig verzögerte, angesichts einer spöttischen Bemerkung eines jungen Burschen nicht wie einen Erwachsenen hatte auftreten lassen. Es schien mir, daß die Tätigkeit als Lehrer per Definition ein Beruf für Erwachsene war, und es sah so aus, als ob ich irgendwo in der Gegend meines vierzehnten Geburtstages steckengeblieben war – genaugenommen in der siebten Klasse.

## Trainer

**Meine Schule gegen Ihre Schule – Januar 1982**

Natürlich hatte ich KES gesehen; ich hatte über Brian Glover gelacht, wie er Kinder umdribbelte und sie umschubste, sich selbst Elfmeter zusprach und den Kommentar dazu sprach.

Und mein Freund Ray, der stellvertretende Direktor der Schule in Cambridge, an der ich jetzt ein Englischlehrer der untersten Gehaltsstufe war (Cambridge, weil sich der Job anbot, weil ich dort noch immer Freunde hatte und weil mein Probejahr als Lehrer in London mich gelehrt hatte, Londoner Schulen wenn irgend möglich zu meiden), hatte einen endlosen Fundus an wahren Geschichten über Schulleiter, die sich selbst zum Schiedsrichter wichtiger Spiele ernannt und den fünfzehnjährigen Stürmer der gegnerischen Mannschaft in den ersten zwei Minuten der Partie vom Platz gestellt hatten.

Mir war daher vollauf bewußt, auf welche Weise Schulfußball Lehrer dazu anregte, sich erstaunlich albern zu benehmen. Doch was würden Sie tun, wenn Ihre Neuntkläßler zur Halbzeit eines Lokalderbys (zugegeben, Schulfußball neigt dazu, eine Anzahl von Lokalderbys zu erzeugen) 0:2 zurückliegen, und Sie machen in der Halbzeit einen raffinierten taktischen Wechsel, und die Jungs verkürzen um ein Tor, und dann, peng, nach neunzig Minuten, wenn Ihre Stimme vor Frustration und Machtlosigkeit heiser ist, gleichen sie aus? Sie würden sich wahrscheinlich so wie ich mit beiden Füßen in der Luft befinden, die Fäuste in den Himmel recken und einem würdelosen und definitiv unlehrerhaften Gebrüll freien Lauf lassen ... und unmittelbar bevor Ihre Füße die Auslinie berühren, würden Sie sich erinnern, welche Rolle Sie spielen sollten und wie alt diese Kinder sind, und Sie würden anfangen, sich blöd vorzukommen.

## Auf dem Platz

**Arsenal gegen West Ham – 1.5.82**

Rückblickend war es ziemlich klar, daß die Geschichten auf den Stehrängen schlimmer wurden und daß früher oder später etwas vorfallen würde, das all das irgendwie verändern würde. Nach meinen Erfahrungen waren die Siebziger gewalttätiger – das soll heißen, es gab mehr oder weniger jede Woche Kämpfe –, aber in der ersten Hälfte der Achtziger mit Millwalls »F-Troop« und West Hams »Inter-City-Firm« (und den Visitenkarten, die diese Gruppierungen dem Vernehmen nach auf den weichgeklopften Körpern ihrer Opfer zurückließen), den Englandfans und ihrem angeblichen »National-Front«-Programm – war alles weniger berechenbar und viel bösartiger. Die Polizei beschlagnahmte Messer, Macheten und andere Waffen, die ich nicht kannte, Geräte, aus den Nägel herausstanden; und da war dieses berühmte Foto eines Fans, dem ein Dartpfeil in der Nase steckte.

Eines wunderschönen Frühlingsmorgens 1982 nahm ich Rays Sohn Mark, damals ein Teenager, mit nach Highbury, um das Spiel gegen West Ham anzusehen, und erklärte ihm auf eine unerträgliche Den-alten-Hasen-raushängenlassende-Weise, wie und wo der Ärger, wenn überhaupt, losgehen würde. Ich zeigte auf die obere rechte Ecke der Nordtribüne und sagte ihm, daß da oben wahrscheinlich West-Ham-Fans ohne Farben seien, die sich entweder von Polizei umzingelt finden und so zur Harmlosigkeit degradiert seien, oder die versuchen würden, sich bis unters Dach durchzuschlagen, um die dort versammelten Arsenalfans zu vertreiben; und das erkläre, weshalb wir hier, im unteren, linken Bereich der Tribüne, in dem ich selbst seit ein paar Jahren gestanden hatte, sicher seien. Ich hatte das Gefühl, daß er für meine Unterweisung und meinen Schutz gebührend dankbar war.

Nach einem letzten fachmännischen Blick auf den fraglichen Abschnitt konnte ich ihm schließlich versichern, daß dort keine Fans der Hammers standen, und wir machten es uns gemütlich, um das Spiel anzusehen. Etwa drei Minuten nach dem Anpfiff erhob sich unmittelbar hinter uns ein riesiges Gebrüll und jenes schreckliche, schaurig gedämpfte Geräusch, das von Stiefeln auf Jeansstoff erzeugt wird. Leute hinter uns drängten nach vorne, und wir sahen uns in Richtung Rasen mitgerissen – und dann gab es erneut Gebrüll, und wir blickten uns um und sahen wabernde Wolken dicken, gelben Rauches. »Scheiß Tränengas!« schrie jemand, und obwohl das zum Glück nicht zutraf, löste der Alarm unvermeidlicherweise Panik aus. Inzwischen strömten so viele Menschen die Nordtribüne herunter, daß wir genau gegen die flache Mauer, die uns vom Spielfeld trennte, getrieben wurden, und letztlich hatten wir keine Wahl: Mark und ich und Hunderte andere sprangen über sie hinweg auf den heiligen Rasen, gerade als West Ham im Begriff stand, eine Ecke auszuführen. Für einige Augenblicke standen wir da und waren ziemlich verlegen, weil wir während eines Spiels der ersten Division im Strafraum standen, und dann pfiff der Schiedsrichter und führte die Spieler vom Platz. Und das war mehr oder weniger das Ende unserer Verwicklung in den Zwischenfall. Wir alle wurden längs des Platzes runter zum Clock End eskortiert, und von dort verfolgten wir völlig geknickt und schweigend den Rest des Spiels.

Aber in dem Ganzen liegt eine furchtbare, erschreckende Ironie. In Highbury gibt es keine Spielfeldumzäunung. Wenn es sie gegeben hätte, dann wären diejenigen von uns, die an diesem Nachmittag in Richtung Spielfeld gedrängt wurden, in ernsthaften Schwierigkeiten gewesen. Ein paar Jahre später, im Verlauf eines FA-Cup-Halbfinals zwischen Everton und Southampton, rannten einige hundert stumpfsinnige Fans von Everton auf das Spielfeld, nachdem ihr Team einen späten Siegtreffer erzielt hatte, und der Verband (obwohl er seine Ansichten mittlerweile wieder geändert hat) beschloß, daß Highbury nicht mehr länger als Austragungsort für Halbfinals genutzt werden sollte, es sei denn, der Club würde die Fans einzäunen. Zu seiner bleibenden Ehre weigerte sich der Club (von den Sicherheitsaspekten abgesehen behindern Zäune die Sicht) trotz der erlittenen Einnahmeverluste. Wie auch immer, Hillsborough hatte die Zäune und wurde deshalb bis 1989 als ein für derartige Spiele geeignetes Stadion betrachtet; und es war bei einem FA-Cup-Halbfinale zwischen Liverpool und Nottingham Forest, als all diese Menschen starben. Es waren die Zäune, also genau das, was das Spiel dort stattfinden ließ, die sie töteten, die sie daran hinderten, aus dem Gedränge und auf den Platz zu gelangen.

Nach der Partie gegen West Ham wurde ein junger Arsenalfan in einer der Straßen in der Nähe des Stadions niedergestochen und starb wo er lag: ein gräßliches Ende eines bedrückenden Nachmittags. Als ich am Montag morgen wieder in die Schule ging, schimpfte und tobte ich vor einer Klasse verwirrter Sechstkläßler über die ganze Kultur der Gewalt. Ich versuchte ihnen klarzumachen, daß ihre Hooligan-Utensilien – ihre Doc Martens, ihre grünen Bomberjacken und ihre Igelfrisuren – in gewisser Weise der Ausbreitung von Gewalt Vorschub leisteten, aber sie waren zu jung, und ich konnte mich nicht klar genug ausdrücken. Und in jedem Fall war irgendwas daran ziemlich zum Kotzen – obwohl mir das damals nicht bewußt war –, daß ausgerechnet ich einem ganzen Haufen Provinzkindern erklärte, daß ein »hartes« Outfit nicht bedeutete, daß man hart war, und daß hart sein zu wollen überhaupt ein eher bemitleidenswertes Ziel war.

## Die Munsters und Quentin Crisp

**Saffron Walden gegen Tiptree – Mai 1983**

Ich sehe mir jedes Fußballspiel an, zu jeder Zeit, an jedem Ort, bei jedem Wetter. In der Zeit zwischen meinem elften und meinem fünfundzwanzigsten Lebensjahr war ich ein Gelegenheitsbesucher in York Road, dem Zuhause von Maidenhead United, das in der Athenian League, die später zur Isthmian League wurde, spielte. Bei besonderen Anlässen ging ich sogar auf Reisen, um die Mannschaft in Auswärtsspielen zu sehen. (Ich war an jenem großen Tag 69 dabei, als sie den Berks and Bucks Senior Cup gewannen, indem sie Wolverton im Finale, das glaube ich in Chesham Uniteds Stadion stattfand, 3:0 besiegten. Und einmal kam in Farnborough ein Mann aus dem Vereinsheim und forderte die mitgereisten Gästefans auf, nicht so viel Lärm zu veranstalten.) Wenn United oder Arsenal nicht spielten, ging ich in Cambridge in die Milton Road, dem Zuhause von Cambridge City, und als ich als Lehrer zu arbeiten begann, zog ich mit meinem Freund Ray los, um seinen Schwiegersohn Les, dessen gutes Aussehen und tadelloses Verhalten ihm den Anschein eines Gary Linekers der Amateurligen gaben, für Saffron Walden spielen zu sehen.

Einen Teil der Faszination des Amateurfußballs machen die anderen Zuschauer aus: Manche, wenn auch keineswegs alle der Leute, die den Spielen beiwohnen, sind schrecklich verrückt, möglicherweise durch die Qualität des Fußballs, den sie jahrelang angeschaut haben. (Es gibt auch auf den Rängen der ersten Division Geistesgestörte – meine Freunde und ich verbrachten Jahre auf der Nordtribüne mit dem Versuch, einem, der jede Woche in unserer Nähe stand, aus dem Weg zu gehen –, aber sie fallen bei der großen Laufkundschaft weniger auf.) In Milton Road gab es einen alten Mann, den wir aufgrund der entwaffnenden Weiblichkeit seiner weißen Haare und seines runzligen Gesichts Quentin Crisp nannten: Er trug die gesamten neunzig Minuten hindurch einen Sturzhelm und verbrachte seine Nachmittage damit, wie ein alternder Greyhound wieder und wieder seine Runden im Stadion zu drehen (man konnte ihn ganz allein am anderen Ende des Platzes sehen, wo keine Tribünen waren, wie er sich seinen Weg durch Matsch und über Schutt bahnte, wild entschlossen, seinen Rundgang abzuschließen) und den Linienrichtern Beleidigungen ins Gesicht zu schleudern – »Ich werde dem Verband einen Brief über dich schreiben« –, sobald er in ihre Nähe kam. In York Road gab es (und gibt es vielleicht noch immer) eine komplette Familie, die aufgrund ihres etwas seltsamen und unglücklichen Aussehens bei jedermann als die Munsters bekannt war, und die es sich zur Aufgabe gemacht hatte, Ordner für eine zweihundertköpfige Zuschauermenge zu spielen, die wirklich kein Bedürfnis nach derartigen Dienstleistungen hatte. Es gab auch Harry Taylor, einen sehr alten und etwas einfachen Mann, der nicht bis zum Ende der Wochenspiele, die am Dienstag stattfanden, bleiben konnte, weil Dienstag Badetag war, und der bei seinem Eintreffen mit dem Sprechgesang »Harry Harry, Harry Harry, Harry Harry, Harry Taylor« zur Melodie des alten Hare-Krishna-Gesangs begrüßt wurde. Der Amateurfußball zieht diese Leute vielleicht geradezu von Natur aus an, und ich sage das in dem vollen Bewußtsein, daß ich einer der Leute bin, die dieser Anziehungskraft erliegen.

Ich wollte immer einen Ort finden, an dem ich mich in den Gesetzmäßigkeiten und Rhythmen des Fußballs verlieren konnte, ohne mich um das Ergebnis zu kümmern.

Ich habe diese Vorstellung, daß das Spiel unter den richtigen Umständen als eine Art New-Age-Therapie dienen könnte und die hektische Bewegung vor mir irgendwie mein ganzes Inneres aufsaugen und dann auflösen würde, doch das klappt nie so. Als erstes lenkten mich die Verschrobenheit ab – die Fans, die Rufe der Spieler (»Setz ihn in die Teebar!« forderte Maidenheads Micky Chatterton, unser Held, einen Mitspieler nachdrücklich auf, der sich eines Nachmittags einem besonders trickreichen Außenstürmer gegenübersah), die seltsame, miserable Darbietung der Unterhaltung (Cambridge City lief zur Titelmelodie von MATCH OF THE DAY auf das Feld, doch häufig brach die Musik gerade im entscheiden Moment mit einem bemitleidenswerten Ächzen ab). Und wenn ich mich dann soweit auf das Ganze eingelassen habe, fange ich an, mich ernstlich darum zu kümmern; und bald beginnen Maidenhead, Cambridge und Walden mehr zu bedeuten als sie sollten, und schon stecke ich wieder mittendrin, und dann kann die Therapie nicht funktionieren.

Saffron Waldens winziges Stadion ist einer der nettesten Orte, an dem ich jemals Fußball angesehen habe, und die Menschen dort erschienen immer verblüffend normal zu sein. Ich ging hin, weil Ray, Mark und Ben, ihr Hund, hingingen, und ich ging, weil Les spielte; und nach einer kleinen Weile, als ich die Spieler kennengelernt hatte, ging ich hin, um einem begabten, faulen Stürmer zuzuschauen, der unwahrscheinlicherweise Alf Ramsey hieß, angeblich ein starker Raucher war und im klassischen Greaves-Stil nichts tat, außer ein- oder zweimal pro Spiel zu treffen.

Als Walden an einem milden Maiabend Tiptree 3:0 schlug und was weiß ich gewann – den Essex Senior Cup? –, umgab das Ergebnis eine Wärme, die der Profifußball nie wird bieten können. Eine kleine, parteiische Zuschauermenge, ein gutes Spiel, eine Mannschaft, deren Spieler eine aufrichtige Liebe mit ihrem Club verband (Les spielte während seiner ganzen Karriere für niemand anderes und lebte wie die meisten seiner Mitspieler im Ort) ... und als am Ende des Spiels die Zuschauermenge auf das Feld rannte, war das nicht als ein Akt der Aggression oder als Draufgängertum oder als der Versuch, jemandem die Show zu stehlen, gedacht, wie es Invasionen des Spielfeldes so häufig sind, sondern um den Spielern zu gratulieren, die für fast alle der Zuschauer entweder ihre Söhne, ihre Brüder oder ihre Ehemänner waren. Eine gewisse Bitterkeit ist zentraler Teil der Erfahrung, ein großes Team zu unterstützen, und man kann daran nichts ändern, sondern muß damit leben und akzeptieren, daß Profisport bitter sein muß, wenn er überhaupt irgendwie bedeutsam sein will. Doch manchmal ist es schön, ein bißchen Urlaub davon zu haben und sich zu fragen, wie es wäre, wenn die Arsenalspieler alle aus London N4 oder N5 kämen, andere Jobs hätten und nur spielten, weil sie das Spiel liebten und das Team, für das sie aufliefen. Das ist sentimental, aber Teams wie Walden lösen Gefühle aus; manchmal denkt man, daß es schön wäre, wenn die Erkennungsmelodie des A-TEAMS, die Arsenals Ankunft auf dem Spielfeld anzeigt, fürchterlich abstürzte, wie es so oft bei Cambridge City passiert ist, und die Spieler schauten einander an und lachten.

## Charlie Nicholas

**Arsenal gegen Luton – 27.8.83**

Wie können Sie *nicht* überall Vorzeichen sehen? Im Sommer 1983, nach zwei Jahren, hängte ich meinen Lehrerjob an den Nagel, um Schriftsteller zu werden; und ein paar Wochen später verpflichtete Arsenal wider allen Erwartungen das begehrteste Stück des britischen Fußballs – Charlie Nicholas, das Cannonball Kid, der in der Saison davor in Schottland fünfzig und ein paar Tore für Celtic Glasgow erzielt hatte. *Jetzt* würden wir etwas zu sehen bekommen. Und mit Charlie in der Nähe fühlte ich, wie undenkbar es war, daß ich mit meinen witzigen und doch sensiblen Stücken keinen Erfolg haben würde, deren erstes – oh, unergründliche Geheimnisse der Kreativität – von einem Lehrer handelte, der Schriftsteller wird.

Es ist jetzt leicht zu erkennen, daß ich Charlies Karriere nicht mit meiner eigenen hätte verknüpfen sollen, doch zur damaligen Zeit fand ich das unwiderstehlich. Der Optimismus von Terry Neill, Don Howe und der Presse riß mich mit, und als die Charlie-Hysterie im Verlauf des Sommers 83 immer fieberhafter wurde (in Wahrheit hatte er sich in der Boulevardpresse bereits zum Narren gemacht, noch ehe er einen Ball getreten hatte), wurde es sehr einfach zu glauben, daß die Zeitungen von mir sprechen würden. Ich fühlte, daß es eindeutig möglich war, daß ich dicht davor stand, das Cannonball Kid des Fernsehdramas zu werden und dann des Theaters im West End (auch wenn ich nichts von beidem verstand und tatsächlich häufig meine Verachtung für die Bühne zum Ausdruck gebracht hatte).

Die hübsche und augenfällige Gleichzeitigkeit des Ganzen verwirrt mich noch immer. Beim letzten Neubeginn

1976, als Terry Neill das Ruder übernahm und Malcolm Macdonald zum Club kam, war ich im Begriff, an die Universität fortzugehen. Und Charlies Ankunft fiel mit meiner Rückkehr nach London zusammen. Ich hatte verschiedene fürchterliche Schlamassel, die ich in Cambridge angerichtet hatte, zurückgelassen und wollte in London ein neues Leben beginnen. Vielleicht haben Fußballteams und Menschen ständig Neuanfänge; vielleicht haben Arsenal und ich mehr als die meisten anderen und passen deshalb zueinander.

Charlie erwies sich letztlich als ziemlich genauer Indikator für meine Geschicke. Ich war natürlich bei diesem, seinem ersten Spiel da, zusammen mit gut vierzigtausend anderen, und er war in Ordnung: Er traf nicht, hatte aber ein paar gute Szenen, und wir gewannen 2:1. Er machte zwar im nächsten Spiel auswärts in Wolverhampton zwei Tore, aber das war's dann auch schon in der Liga bis Weihnachten (er traf noch einmal im November im Ligapokalspiel in Tottenham). In der nächsten Partie zu Hause, gegen Manchester United, wirkte er langsam und hatte keine Bindung zu seinen Mitspielern, und das Team wurde deklassiert – wir verloren bloß 2:3, waren aber in Wirklichkeit völlig chancenlos. (Genaugenommen traf er in Highbury bis zum 27. Dezember, als er einen Elfmeter gegen Birmingham verwandelte – was wir so leidenschaftlich feierten, als hätte er einen Hattrick gegen Tottenham erzielt –, überhaupt nicht.) Seine erste Saison war, kurzum, ein Desaster, genauso wie sie es für das ganze Team war, und der Trainer, Terry Neill, erhielt nach einer Serie trostloser Ergebnisse im November und frühen Dezember den Laufpaß.

Das andere Cannonball Kid, die literarische Version, beendete sein phantasievolles Stück und erhielt einen freundlichen und ermutigenden Ablehnungsbrief; begann dann ein anderes, das auch abgelehnt wurde, ein bißchen weniger freundlich. Und er verrichtete die allertrostlosesten Arten von Arbeit – Privatstunden geben, Korrekturlesen und als Aushilfslehrer einspringen –, um die Miete zu bezahlen. Er zeigte auch keine Anzeichen, vor Weihnachten zu treffen, und diese Sturmschwäche hielt noch einige weitere Weihnachten an; wenn er Liverpool unterstützt und seine Geschicke an Ian Rush gekoppelt hätte, wäre er im Mai Gewinner des Booker Preises gewesen.

Ich war 1983 sechsundzwanzig, und Charlie Nicholas war gerade einundzwanzig; es ging mir im Verlauf der nächsten paar Wochen auf – als ich die Hunderte von Charlie-Frisuren und Ohrringen auf den Rängen sah und bedauerte, daß mein bereits lichter werdendes Haar mir nicht erlaubte, dabei mitzumachen –, daß meine Helden nicht so altern würden, wie ich es tat. Ich werde fünfunddreißig, vierzig, fünfzig, während die Spieler dagegen gefeit sind: Paul Merson, Rocky, Kevin Campbell ... ich bin mehr als ein Jahrzehnt älter als die Leute, die ich im gegenwärtigen Arsenalteam liebe. Ich bin sogar ein Jahr älter als David O'Leary, der Veteran, der »Alte Mann«, dessen Tempo offenkundig nicht mehr das ist, was es einmal war, dessen Einsätze in der ersten Mannschaft begrenzt sind, um seine knirschenden Gelenke und seine nachlassende Kondition zu schonen.

Wie auch immer, das ändert nichts. Und im Grunde bin ich noch immer zwanzig Jahre jünger als O'Leary und zehn Jahre jünger als all die Vierundzwanzigjährigen.

In einer wichtigen Hinsicht bin ich das wirklich: Sie haben Dinge getan, die ich nie tun werde, und manchmal habe ich das Gefühl, daß ich endlich fähig wäre, all die

Kindereien zurückzulassen, wenn ich nur einen einzigen Treffer auf der Nordtribünen-Seite erzielen und zu den Fans hinter dem Tor laufen könnte.

## Ein siebenmonatiger Schluckauf

**Cambridge United gegen Oldham Athletic – 1.10.83**

Es war der Anfang einer weiteren typischen Cambridge-Saison. Die Mannschaft hatte ein Spiel gewonnen, ein paar unentschieden gespielt, ein paar verloren, aber sie starteten immer so. Anfang November sahen meine Freunde und ich, wie sie Oldham (ein Team, in dem, nebenbei bemerkt, Andy Goram, Mark Ward, Roger Palmer und Martin Buchan standen) 2:1 schlugen; sie gelangten in die wohltuende Bedeutungslosigkeit des Tabellenmittelfeldes, ihrem natürlichen Lebensraum, und wir gingen glücklich und vollkommen gerüstet für eine weitere Saison der Nichtigkeit nach Hause.

Und das war's dann. Zwischen dem 1. Oktober und dem 28. April schafften sie es nicht, Palace daheim, Leeds auswärts, Huddersfield daheim, Portsmouth auswärts, Brighton und Derby daheim, Cardiff auswärts, Middlesbrough daheim, Newcastle auswärts, Fulham daheim, Shrewsbury auswärts, Manchester City daheim, Barnsley auswärts, Grimsby daheim, Blackburn auswärts, Swansea und Carlisle daheim, Charlton und Oldham auswärts, Chelsea daheim, Brighton auswärts, Portsmouth daheim, Derby auswärts, Cardiff und Wednesday daheim, Huddersfield und Palace auswärts, Leeds daheim, Middlesbrough auswärts,

Barnsley daheim und Grimsby auswärts zu schlagen. Einunddreißig Spiele ohne einen Sieg, ein Ligarekord (ihr könnt es nachschlagen), siebzehn davon zu Hause ... und ich war bei allen siebzehn anwesend, genauso wie bei einer ordentlichen Anzahl von Spielen in Highbury. Ich verpaßte nur Uniteds Heimniederlage gegen Derby in der dritten Runde des FA Cups – als Weihnachtsgeschenk nahm mich das Mädchen, mit dem ich zusammenlebte, über das Wochenende mit nach Paris. (Als ich das Datum auf den Tickets sah, war ich beschämenderweise außerstande, meine Enttäuschung zu verbergen, und sie war verständlicherweise verletzt.) Mein Freund Simon brachte es nur auf sechzehn der siebzehn Ligaspiele – er schlug sich ein paar Stunden vor dem Spiel gegen Grimsby am 28. Dezember den Kopf an einem Bücherregal auf; seine Freundin mußte ihm seine Autoschlüssel abnehmen, weil er immer wieder verwirrte Versuche unternahm, von Fulham nach Cambridge zu fahren.

Es wäre indes absurd, so zu tun, als ob meine Treue auf eine schwere Probe gestellt worden wäre: Ich dachte nie auch nur für einen Moment daran, das Team aufzugeben, nur weil es unfähig war, überhaupt mal irgend jemand zu schlagen. Tatsächlich entwickelte diese Niederlagenserie (die unvermeidlicherweise den Abstieg zur Folge hatte) ihre ganz eigene Dramatik, eine Dramatik, die bei normalem Verlauf der Dinge vollkommen gefehlt hätte. Nach einer Weile, als das Spiel zu gewinnen eine Alternative zu sein schien, die irgendwie unmöglich geworden war, begannen wir, uns auf eine andere Werteordnung einzustellen und nach Dingen Ausschau zu halten, die die Genugtuung des Siegens ersetzten: Tore, Unentschieden, eine tapfere Leistung angesichts eines überwältigend feindseligen Schicksals (und die Mannschaft war gelegentlich schrecklich,

schrecklich glücklos, wie das bei einem Team der Fall sein muß, das volle sechs Monate nicht gewinnt) ... all dies wurden Anlässe für stille, gelegentlich auch selbstironische Feierlichkeiten. Und in jedem Fall entwickelte Cambridge im Verlauf des Jahres eine gewisse traurige Berühmtheit. Während seine Ergebnisse früher für nicht erwähnenswert befunden wurden, fanden sie jetzt immer eine Erwähnung in SPORTS REPORT; Leuten zu erzählen, daß ich den gesamten Zeitraum über dort war, verleiht einem selbst sieben Jahre später in gewissen Kreisen ein bestimmtes soziales Prestige.

Letztlich lernte ich in diesem Zeitabschnitt mehr als in irgendeinem anderen meiner fußballerischen Geschichte, daß es für mich ganz einfach nicht zählt, wie schlecht sich die Dinge entwickeln, daß Ergebnisse letztlich keine Rolle spielen. Wie ich bereits angedeutet habe, wäre ich gern einer jener Menschen, die ihr örtliches Team wie ihr örtliches Restaurant behandeln und sich deshalb als Gäste zurückziehen, wenn ihnen ungesunder Abfall vorgesetzt wird. Doch leider (und das ist ein Grund, warum der Fußball sich selbst in so viele Schlamassel manövriert hat, ohne irgendeins davon beseitigen zu müssen) gibt es viele Fans wie mich. Für uns ist der Konsum alles; die Qualität des Produkts ist unerheblich.

## Kokosnüsse

**Cambridge United gegen Newcastle United – 28.4.84**

Ende April kam Newcastle in die Abbey, mit Keegan, Beardsley und Waddle. Newcastle war in der zweiten Division ganz vorne mit dabei und brauchte dringend einen Sieg, um aufzusteigen, und Cambridge war schon längst abgestiegen. United erhielt in den ersten paar Minuten einen Elfmeter zugesprochen und traf, was, in Anbetracht der jüngsten Geschichte, für sich allein genommen nicht fesselnd war – wie wir im Verlauf der vorangegangenen Monate gelernt hatten, gab es zahllose Möglichkeiten, einen Vorsprung in eine Niederlage zu verwandeln. Aber es fielen tatsächlich keine weiteren Tore, und in den letzten fünf Minuten, als Cambridge den Ball so weit wie möglich in die Schrebergärten hämmerte, hätte man denken können, daß die Mannschaft im Begriff stünde, den Europapokal zu gewinnen. Beim Schlußpfiff umarmten die Spieler einander (die meisten von ihnen waren gekauft oder aus der Reservemannschaft geholt worden, um den Niedergang aufzuhalten, und hatten noch nie in einer siegreichen Mannschaft gespielt) und winkten ihren begeisterten Fans glücklich zu; zum ersten Mal seit Oktober konnte der Club-DJ »I've Got a Lovely Bunch of Coconuts« spielen. Letztlich war der Sieg bedeutungslos, und in der folgenden Saison stiegen sie erneut ab, aber nach jenem langen, freudlosen Winter bescherte er uns ein paar denkwürdige Stunden.

Das war das letzte Mal, daß ich in die Abbey ging; in jenem Sommer entschloß ich mich, vor Cambridge und United fortzulaufen, zurück nach London und zu Arsenal. Doch dieser Nachmittag – ungewöhnlich, lustig und erfreulich in einer Hinsicht, herzzerreißend in anderer, privat in einer Weise, die für den Fußball ungewöhnlich ist (es waren wahrscheinlich weniger als dreitausend Cambridge-Fans beim Spiel gegen Newcastle im Publikum) – war ein perfekter Abschluß meiner Beziehung zu dem Club. Und manchmal, wenn mir scheint, daß es eine undankbare, nicht zu rechtfertigende, lästige Aufgabe ist, ein Team der ersten Division zu unterstützen, vermisse ich sie sehr.

## Pete

**Arsenal gegen Stoke City – 22.9.84**

Du mußt meinen Freund treffen«, wird mir immer gesagt, »er ist ein großer Arsenalfan.« Und ich treffe den Freund, und es kommt heraus, daß er bestenfalls am Sonntagmorgen die Ergebnisse von Arsenal in der Zeitung nachschaut oder schlimmstenfalls nicht in der Lage ist, einen einzigen Arsenalspieler seit Denis Compton zu nennen. Keine dieser Verabredungen mit Unbekannten hat je was gebracht; ich war zu anspruchsvoll, und meine Partner waren einfach nicht an Hingabe interessiert.

Also erwartete ich wirklich nicht besonders viel, als man mir Pete auf der Seven Sisters Road vor dem Spiel gegen Stoke vorstellte; doch es war eine vollkommene, lebensverändernde Begegnung. Er war (und ist noch immer) genauso bescheuert wie ich – er hat das gleiche lächerliche Gedächtnis, den gleichen Hang, sein Leben für neun Monate im Jahr von Spielansetzungen und Fernsehprogrammen beherrschen zu lassen. Er wird vor großen Spielen von der gleichen den Magen durcheinanderwirbelnden

Angst und den gleichen furchtbaren Stimmungstiefs nach schlimmen Niederlagen ergriffen. Ich glaube, er hat interessanterweise den gleichen Hang dazu, sich ein wenig durchs Leben treiben zu lassen, die gleiche Unsicherheit, was er damit anfangen soll, und ich glaube, er hat genauso wie ich zugelassen, daß Arsenal Lücken ausfüllt, die von etwas anderem hätten besetzt werden müssen – aber andererseits tun wir das alle.

Ich war siebenundzwanzig als ich ihn traf, und ich schätze, ohne seinen Einfluß hätte ich mich möglicherweise im Verlauf der nächsten paar Jahre allmählich vom Club entfernt. Ich näherte mich dem Alter, in dem das Abdriften manchmal beginnt (obwohl die Dinge, auf die man sich zutreiben lassen soll – häusliches Leben, Kinder, ein Job, der mir wirklich am Herzen lag, – einfach nicht da waren), doch mit Pete geschah das Gegenteil. Unser Verlangen nach allem, was mit Fußball zu tun hat, wurde stärker, und Arsenal begann, wieder tief in uns beide hineinzukriechen.

Vielleicht half auch das Timing: Zu Beginn der Saison 84/85 führte Arsenal die erste Division für einige Wochen an. Nicholas spielte mit atemberaubendem Geschick im Mittelfeld, Mariner und Woodcock sahen nach dem Sturmduo aus, das uns jahrelang gefehlt hatte, die Verteidigung war kompakt, und wieder ergriff mich einer dieser kleinen Funken von Optimismus und ließ mich einmal mehr glauben, daß, wenn sich die Dinge für das Team ändern konnten, sie sich auch für mich ändern konnten. (Bis Weihnachten, nach einer Kette von enttäuschenden Ergebnissen für mich und das Team, waren wir alle zurück im Sumpf der Verzweiflung.) Wenn Pete und ich uns am Anfang der darauffolgenden, trostlosen Saison getroffen hätten, wäre vielleicht alles ganz anders gekommen –

vielleicht hätten wir nicht den gleichen Antrieb gehabt, die Partnerschaft während dieser kritischen ersten paar Spiele zum Funktionieren zu bringen.

Ich habe allerdings den Verdacht, daß die Qualität von Arsenals Fußball in der Frühphase der Saison nur ganz wenig mit irgendwas zu tun hatte. Es gab ganz andere Gründe, warum wir uns von Anfang an verstanden, wie etwa die uns beiden gemeinsame Unfähigkeit, mit den Dingen außerhalb von Highbury zurechtzukommen und das uns beiden gemeinsame Bedürfnis, für uns selbst ein kleines Iglu zu schaffen, um uns vor den eisigen Winden der mittleren achtziger Jahre und unserer späten Zwanziger zu schützen. Seit ich Pete 1984 traf, habe ich in sieben Jahren weniger als ein Dutzend Spiele in Highbury verpaßt (vier in jenem ersten Jahr, alle im Zusammenhang mit den fortgesetzten Umwälzungen in meinem Privatleben, und während der letzten vier Spielzeiten überhaupt keins) und bin zu mehr Auswärtsspielen gereist als je zuvor. Und obwohl es Fans gibt, die seit Jahrzehnten gar keine Spiele, daheim oder auswärts, versäumt haben, hätte mich mein augenblicklicher Anwesenheitsrekord in Erstaunen versetzt, wenn ich ihn, sagen wir mal, 1975 bereits gekannt hätte, als ich für ein paar Monate erwachsen wurde und nicht mehr hinging, ja selbst 1983, als meine Beziehung zu dem Club höflich und freundlich, aber auch distanziert war. Pete schubste mich über die Grenze, und manchmal weiß ich nicht, ob ich ihm dafür danken soll oder nicht.

## Heysel

**Liverpool gegen Juventus – 29.5.85**

Als ich im Sommer 1984 aus Cambridge davonlief und nach London kam, fand ich in einer Schule in Soho Arbeit als Lehrer für Englisch als Fremdsprache, ein Übergangsjob, der irgendwie vier Jahre dauerte, genauso wie alles, in das ich aus Lethargie, Zufall oder Panik geriet, viel länger anzudauern schien als es hätte sollen. Aber mir gefiel die Arbeit, und mir gefielen die Schüler (größtenteils junge Westeuropäer, die eine Auszeit von ihren Studiengängen nahmen); und obwohl mir das Unterrichten reichlich Zeit zum Schreiben ließ, tat ich es nicht und verbrachte lange Nachmittage mit anderen Leuten aus dem Kollegium oder einem Schwarm charmanter junger Italiener in Kaffeebars in der Old Crompton Street. Es war eine wundervolle Art, meine Zeit zu vergeuden.

Natürlich wußten sie über mein Verhältnis zum Fußball Bescheid (das Thema schien sich irgendwie in mehr als nur einer Konversationsklasse zu ergeben). Als die italienischen Schüler also am Nachmittag des 29. Mai zu klagen begannen, daß sie keinen Zugang zu einem Fernseher haben und deshalb nicht sehen können, wie Juve Liverpool an jenem Abend im Europapokalfinale schlagen werde, bot ich an, mit den Schlüsseln zur Schule zu kommen, damit wir das Spiel gemeinsam anschauen konnten.

Als ich eintraf, waren Dutzende von ihnen da, und ich war der einzige Nicht-Italiener; ich wurde durch ihre fröhliche Gegnerschaft und meinen eigenen, vagen Patriotismus dazu genötigt, für den Abend zu einem Liverpoolfan ehrenhalber zu werden. Als ich den Fernseher anschaltete, unterhielten sich Jimmy Hill und Terry Venables immer noch, und ich schaltete den Ton aus, damit die Schüler und ich über das Spiel sprechen konnten, und schrieb einige Fachausdrücke an die Tafel, während wir warteten. Doch nach einer Weile, als die Unterhaltung zu erlahmen begann, wollten sie wissen, warum das Spiel noch nicht angefangen hatte und was die Engländer sagten, und erst da begriff ich, was vor sich ging.

Also mußte ich einer Gruppe bezaubernder italienischer Jungen und Mädchen erklären, daß in Belgien die englischen Hooligans den Tod von achtunddreißig Menschen verursacht hatten, die meisten davon Anhänger von Juventus. Ich weiß nicht, wie ich mich gefühlt hätte, wenn ich das Spiel zu Hause gesehen hätte. Ich hätte die gleiche Wut empfunden, die ich an jenem Abend in der Schule empfand, und die gleiche Verzweiflung und die gleiche furchtbare, grausige Scham; ich bezweifle, daß ich den gleichen Drang empfunden hätte, mich wieder und wieder und wieder zu entschuldigen, obwohl ich das vielleicht hätte tun sollen. Ich hätte in der Abgeschiedenheit meines eigenen Wohnzimmer bestimmt über die nackte Dummheit der ganzen Sache geweint, doch in der Schule konnte ich das nicht. Vielleicht dachte ich, daß das etwas zuviel wäre: ein Engländer, der am Abend von Heysel vor den Augen von Italienern weint.

Das ganze Jahr 1985 hindurch war der Fußball unaufhaltsam auf etwas Derartiges zugesteuert. Es gab die erstaunlichen Ausschreitungen bei der Partie Luton gegen Millwall in Luton, als die Polizei in die Flucht geschlagen wurde, und die Dinge schienen weiter zu gehen als je zuvor in einem englischen Fußballstadion (zu der Zeit plante Mrs. Thatcher ihr unsinniges Ausweissystem); es gab auch die Ausschreitungen beim Spiel Chelsea gegen Sunderland, als Chelseafans das Spielfeld stürmten und Spieler attakkierten. Diese Vorfälle ereigneten sich innerhalb weniger Wochen, und sie waren nur das Beste vom Besten. Heysel stand bevor, so unvermeidlich wie Weihnachten.

Es war am Ende eine Überraschung, daß diese Tode von etwas so Harmlosem wie dem »Rennen« verursacht wurden, dem Brauch, dem die Hälfte der jugendlichen Fans im Lande frönte, und der eigentlich keinen anderen Sinn hatte, als die Gegenseite zu erschrecken und die Renner zu amüsieren. Die Fans von Juventus – viele davon elegante Männer und Frauen aus der Mittelschicht – konnten das allerdings nicht wissen, und warum sollten sie das auch tun? Sie hatten nicht das komplizierte Wissen um das Verhalten englischer Zuschauermassen, das wir andere, fast ohne es zu merken, aufgenommen haben. Als sie einen Haufen brüllender, englischer Hooligans auf sich zustürmen sahen, gerieten sie in Panik und liefen zum Rand ihres Blocks. Eine Mauer brach zusammen und in dem folgenden Chaos wurden Menschen zu Tode gequetscht. Es war eine grausige Art zu sterben, und vermutlich sahen wir Menschen dabei zu: Wir alle erinnern uns an den großen, bärtigen Mann, der Typ, der ein wenig wie Pavarotti aussah, wie er mit seinen Händen um einen Ausweg flehte, den ihm niemand bieten konnte.

Einige der Liverpoolfans, die später verhaftet wurden, müssen aufrichtig verwirrt gewesen sein. In gewisser Hinsicht bestand ihr Verbrechen einfach darin, englisch zu sein: Es war nur so, daß die Bräuche ihrer Kultur Menschen töteten, wenn man sie von ihrer angestammten Umgebung löste und an einen Ort übertrug, an dem sie schlicht nicht verstanden wurden. »Mörder! Mörder!« sangen die Fans von Arsenal über die Fans von Liverpool im Dezember nach Heysel, doch ich habe den Verdacht, daß, wenn die exakt gleichen Umstände mit einer beliebigen Gruppe von englischen Fans wieder gegeben wären – und diese Umstände schlössen eine hoffnungslos unzulängliche örtliche Polizeitruppe (Brian Glanville berichtet in seinem Buch CHAMPIONS OF EUROPE, die belgische Polizei habe sich gewundert, daß die Gewalttätigkeiten losgingen, bevor das Spiel anfing, wo doch ein einfacher Telefonanruf bei irgendeiner großstädtischen Polizeiwache in England genügt hätte, das richtigzustellen), ein lächerlich baufälliges Stadion, eine bösartige Clique gegnerischer Fans und bemitleidenswert armselige Planung durch die relevanten Fußballfunktionäre mit ein –, genau das gleiche passieren würde.

Ich denke, das ist der Grund, warum ich mich der Ereignisse jenes Abends dermaßen schämte. Ich wußte, daß Arsenalfans möglicherweise das gleiche getan hätten und daß ich ganz sicher dort gewesen wäre, wenn an jenem Abend Arsenal in Heysel gespielt hätte – nicht kämpfend oder auf Leute zurennend, aber eindeutig ein Teil der Gemeinschaft, die diese Art von Verhalten hervorbrachte. Und jeder, der den Fußball einmal für das benutzt hat, für das er bei zahllosen Anlässen benutzt wird, nämlich um den aufregenden Anflug des Tierischen zu spüren, der sich unweigerlich auf einen derart gesinnten Zuschauer überträgt, muß sich gleichfalls geschämt haben. Denn der tatsächlich entscheidende Punkt an der Tragödie war: Fußballfans konnten Fernsehberichte über, sagen wir mal, die Ausschreitungen beim Spiel Luton gegen Millwall oder den Messerstich bei der Partie Arsenal gegen West Ham ansehen und ein Gefühl des grausigen Entsetzens empfinden, ohne sich wirklich verbunden oder betroffen zu fühlen. Die Täter waren nicht die Art von Menschen, die wir anderen verstanden, oder mit denen wir uns identifizierten. Aber der Kinderkram, der sich in Brüssel als mörderisch erwies, gehörte eindeutig zu einem Kreis von offensichtlich harmlosen, aber ganz klar bedrohlichen Handlungen – laute Gesänge, ausgestreckte Mittelfinger, das ganze Harter-Mann-Getue –, denen sich eine sehr große Minderheit der Fans fast zwanzig Jahre lang hingegeben hatte. Heysel war, kurz gesagt, ein organischer Teil einer Kultur, zu der viele von uns, ich inbegriffen, beigetragen hatten. Du konntest diese Liverpoolfans nicht ansehen und dich fragen (so, wie du es bei den Millwallfans in Luton oder den Chelseafans beim Ligapokalspiel gekonnt hättest): »Wer *sind* diese Leute?«; du kanntest sie schon.

Die Tatsache, daß ich das Spiel ansah, ist mir noch immer peinlich. Ich hätte den Fernseher ausschalten und alle dazu auffordern sollen, nach Hause zu gehen; ich hätte eine einseitige Entscheidung treffen sollen, daß Fußball unwichtig geworden war und das auch für eine ganze Weile bleiben würde. Doch mehr oder weniger alle, die ich kenne, wo immer sie auch zusahen, blieben vor dem Bildschirm hocken. In meinem Schulraum interessierte sich niemand mehr wirklich dafür, wer den Europapokal gewann, aber es blieb eine letzte, untilgbare Spur von Besessenheit in uns, die uns dazu verleitete, über die zweifelhafte Elfmeterentscheidung zu sprechen, die Juventus zu seinem 1:0-Sieg verhalf. Ich denke gern, daß ich auf die meisten mit Fußball verbundenen Irrationalitäten eine Antwort habe, aber diese eine scheint sich jeder Erklärung zu widersetzen.

## Den Geist aufgeben

**Arsenal gegen Leicester – 31.8.85**

Die auf Heysel folgende Saison war die schlimmste, an die ich mich erinnern kann – nicht nur wegen Arsenals schwacher Form, obwohl es das nicht besser machte (und ich muß leider sagen, daß ich, hätten wir die Meisterschaft oder den Pokal geholt, ganz sicher fähig gewesen wäre, all diese Toten in einer Art anderem *Licht* zu sehen), sondern weil alles von dem, was im Mai passiert war, vergiftet zu sein schien. Die seit Jahren unmerklich rückläufigen Zuschauerzahlen waren noch weiter gesunken, und die mordsmäßig großen Löcher auf den Rängen waren plötzlich unübersehbar. Die Stimmung bei den Spielen war gedämpft; ohne europäische Wettbewerbe waren zweite, dritte und vierte Plätze in der Liga wertlos (ein vorderer Platz hatte einem Team bis dahin einen Platz im UEFA-Cup garantiert), und folglich waren die meisten Partien in der zweiten Hälfte der Saison sogar noch bedeutungsloser als gewöhnlich.

Eine meiner italienischen Schülerinnen, eine junge Frau mit einer Dauerkarte bei Juventus, bekam mit, daß ich ein Fußballfan war und fragte, ob sie mit mir zum Spiel gegen Leicester nach Highbury kommen könne. Und obwohl es nett war, mit ihr zusammenzusein, und sich die Gelegenheit, mit einer fußballverrückten Italienerin über den Unterschied zwischen ihrer und meiner Besessenheit zu sprechen, nicht allzuoft bietet, hatte ich Bedenken. Es war bestimmt nicht deshalb, weil ich eine junge Dame nicht mit auf die Nordtribüne nehmen konnte, um zwischen den Schlägertypen zu stehen (selbst eine Italienerin, einen Fan von Juventus, dreieinhalb Monate nach Heysel): Wie wir im Mai festgestellt hatten, waren die Leute, mit denen sie ihre Sonntagnachmittage verbrachte, mit den Symptomen der englischen Krankheit vertraut, und sie hatte meine unbeholfenen, gutgemeinten Versuche, mich im Namen der Liverpoolfans zu entschuldigen, bereits zurückgewiesen. Es war eher, weil ich mich für die ganze Sache schämte – die hoffnungslose Qualität von Arsenals Fußball, das halbleere Stadion, das ruhige, gleichgültige Publikum. Sie sagte schließlich, es habe ihr gefallen und behauptete sogar, daß Juventus in der Frühphase der Saison ganz genauso schlecht sei (Arsenal traf nach einer Viertelstunde und verbrachte den Rest des Spiels mit dem Versuch, eine trostlose Leicester-Mannschaft am Ausgleich zu hindern). Ich machte mir nicht die Mühe, ihr zu sagen, daß wir sonst auch nicht besser waren.

In meinen vorangegangenen siebzehn Jahren des Fanseins hatte das Zum-Fußball-Gehen immer etwas, das unabhängig von seinen komplizierten und verdrehten Bedeutungen war, die es für mich hatte, es hatte etwas, das darüber hinausging. Auch wenn wir nicht gewannen, hatte es immer Charlie George oder Liam Brady gegeben, große, lärmende Zuschauermengen oder faszinierende Störungen im Sozialverhalten, Cambridge Uniteds packende Niederlagenserien oder Arsenals endlose Pokalwiederholungsspiele. Aber wenn ich das Ganze mit den Augen des italienischen Mädchens sah, konnte ich erkennen, daß nach Heysel einfach überhaupt nichts mehr los war; zum ersten Mal schien Fußball ganz nackt dazustehen, reduziert auf seinen Kern, auf das, was ihn wirklich ausmachte; und hätte ich diesen Kern nicht wahrgenommen, wäre ich fähig gewesen, das Ganze aufzugeben, so wie Tausende andere es auch zu tun schienen.

## Das Trinken geht weiter

**Arsenal gegen Hereford – 8.10.85**

Ich denke, man muß einen Unterschied zwischen der Form von Hooliganismus machen, die in diesem Land stattfindet, und der Form, an der englische Fans im Ausland beteiligt sind. Die meisten Fans, mit denen ich gesprochen habe, behaupten, daß alkoholische Getränke niemals einen sonderlich großen Einfluß auf die in England stattfindenden Gewalttätigkeiten hatten (es gab sogar bei Spielen mit morgendlichem Anpfiff Ärger, einem Konzept, das dazu bestimmt war, die Fans davon abzuhalten, vor dem Spiel in die Kneipe zu gehen); wie auch immer, die Reisen ins Ausland, mit den zollfreien Überfahrten auf der Fähre, den langen, langweiligen Zugreisen, den zwölf Stunden, die man in einer fremden Stadt totschlagen muß ... das ist ein ganz anderes Problem. Es gab Berichte von Augenzeugen über weit verbreitete Trunkenheit bei den Liverpoolfans vor Heysel (auch wenn man nicht vergessen darf, daß die Polizei von Yorkshire unanständigerweise versuchte, geltend zu machen, daß in Hillsborough Alkohol eine Rolle gespielt habe), und es besteht der Verdacht, daß auch viele der Ausschreitungen von englischen Fans Anfang der achtziger Jahre in Bern, Luxemburg und Italien durch Alkohol angeheizt (wenn auch wahrscheinlich nicht ausgelöst) wurden.

Nach Heysel gab es eine Menge schmerzlicher und lange überfälliger Selbstgeißelung; der Alkohol stand dabei zwangsläufig sehr viel im Brennpunkt, und zum Auftakt der neuen Saison wurde sein Verkauf in den Stadien untersagt. Das verärgerte einige Fans, die argumentierten, daß zwischen Alkohol und Hooliganismus nur ein vager

Zusammenhang bestehe und deshalb der wahre Zweck dieses Schrittes sei, von der Notwendigkeit irgendwelcher radikaler Maßnahmen abzulenken. Nichts sei in Ordnung, sagten die Leute – die Beziehung zwischen den Clubs und den Fans, der Zustand der Stadien und der fehlende Komfort in ihnen, die mangelnde Repräsentation von Fans in allen Entscheidungsprozessen, alles –, und den Verkauf von Alkohol im Stadion zu verbieten werde nichts bringen, da die Leute das Trinken ohnehin schon vorher in den Pubs erledigen (es ist, wie viele Fans betonten, sowieso unmöglich, sich bei der Masse von Menschen, die darauf warten, bedient zu werden, in einem Stadion zu betrinken).

Ich stimmte, wie jeder es tun würde, dem allen zu, aber es bleibt problematisch zu behaupten, daß mit ein paar mehr Toiletten und einem Vertreter der Anhänger in der Vorstandsetage eines jeden Clubs Heysel nicht passiert wäre. Entscheidend war, daß es nicht schadete, gar nicht schaden konnte, den Verkauf von Alkohol zu untersagen: Es hätte keine Gewalt hervorgerufen und vielleicht sogar die eine oder andere Schlägerei verhindert. Und in jedem Fall zeigte es, daß wir es mit unserer Reue ernst meinten. Das Verbot hätte als kleines, aber wahrnehmbares Zeichen für die Menschen in Italien verstanden werden können, die vielleicht ihre Lieben verloren hatten, weil ein paar dumme Jungs zu viel getrunken hatten.

Und was passierte? Die Clubs jammerten, weil das Verbot einige ihrer wohlhabenderen Fans verärgerte, und es wurde aufgehoben. Am 8. Oktober, siebzehn Wochen nach Heysel, beschlossen Pete und ich und ein paar andere an einem trostlosen Abend, uns Sitzplatzkarten auf der Westtribüne für ein Ligapokalspiel zu kaufen und waren zu unserer Verwunderung in der Lage, eine Runde Kurze zu ordern, um die Kälte zu vertreiben: Die Regel war von

»Kein Alkohol« in »Kein Alkohol in Sichtweite des Spielfeldes« geändert worden, als ob es die berauschende Kombination von Gras und Whiskey wäre, die uns alle wütend machte und in Wahnsinnige verwandelte. Was war also von all der ach so tief empfundenen Reue geblieben? Was taten die Clubs faktisch, um zu beweisen, daß wir in der Lage waren, uns selbst in den Griff zu bekommen und eines Tages imstande sein würden, gegen andere europäische Mannschaften zu spielen, ohne die Hälfte ihrer Anhänger auszulöschen? Die Polizei unternahm einiges, und die Fans unternahmen einiges (es war dieses Klima der Verzweiflung nach Heysel, die das lebensrettende WHEN SATURDAY COMES und all die Club-Fanmagazine und die Vereinigung der Fußballanhänger – deren Rogan Taylor vier Jahre später in den Wochen nach Hillsborough ein so versierter, leidenschaftlicher und intelligenter Wortführer war – hervorbrachte); aber die Clubs, muß ich leider sagen, unternahmen nichts. Diese eine prägnante, kleine Geste hätte sie ein paar Schillinge gekostet, deshalb warfen sie sie über Bord.

## Ganz grausam

**Aston Villa gegen Arsenal – 22.1.86**
**Arsenal gegen Aston Villa – 4.2.86**

Das Auswärtsspiel bei Villa im Viertelfinale des Ligapokals im Januar 86 war einer der besten Abende, an die ich mich erinnern kann: eine großartige Unterstützung Arsenals durch die mitgereisten Fans, ein herrliches

Stadion, das ich nicht mehr besucht hatte, seit ich ein Kind war, ein gutes Spiel und ein annehmbares Ergebnis (1:1 nach einem Tor von Charlie Nicholas in der ersten Halbzeit und einer Phase der Überlegenheit zu Beginn der zweiten Hälfte, als Rix und Quinn Chancen vergaben, die nicht zu vergeben waren). Der Abend hatte auch ein interessantes, historisches Element: Die frostige Januarluft war, zumindest in unserer Nähe, voll von Marihuanarauch, das erste Mal, daß mir tatsächlich auffiel, daß eine gewisse Art von alternativer Tribünenkultur im Entstehen war.

Über Weihnachten hatte es so etwas Ähnliches wie eine Mini-Auferstehung gegeben: Wir schlugen an aufeinanderfolgenden Samstagen Liverpool daheim und Manchester United auswärts, gerade als die Lage wirklich schlecht auszusehen begann. (Im Vorfeld des Spiels gegen Liverpool verloren wir in Everton 1:6, und blieben dann an drei aufeinanderfolgenden Samstagen sogar ohne Torerfolg. Am mittleren der drei Samstage gab es zu Hause ein 0:0 gegen Birmingham, den späteren Absteiger, das mit Sicherheit das schlechteste Spiel war, das jemals in der Geschichte der ersten Division stattgefunden hat.) Wir erlaubten uns bescheidene Hoffnungen – immer eine Dummheit –, doch von Februar an bis zum Ende der Saison fiel alles auseinander.

Das Viertelfinalwiederholungsspiel im Ligapokal zu Hause gegen Villa war wahrscheinlich mein allerschlimmster Abend beim Fußball, ein neuer Tiefpunkt in einer bereits von Tiefpunkten übersäten Beziehung. Es lag nicht nur an der Art und Weise der Niederlage (Don Howe ließ an diesem Abend Mariner im Mittelfeld spielen und setzte Woodcock auf die Bank); es lag nicht nur daran, daß eigentlich niemand mehr im Ligapokal vertreten war und wir es zumindest bis nach Wembley hätten schaffen sollen (bei einem

Sieg gegen Villa wären wir im Halbfinale auf Oxford getroffen); es lag auch nicht daran, daß wir das sechste Jahr in Folge keine Trophäe gewinnen würden. Es lag an mehr als an all diesen Dingen, obwohl sie alleingenommen trostlos genug waren.

Es lag zum Teil an meiner eigenen, verborgenen Depression, die sich dauernd überlegte, wie sie ausbrechen konnte, und der gefiel, was sie an diesem Abend in Highbury sah; aber noch mehr lag es daran, daß ich mir wie üblich Arsenal ansah, damit es mir zeigte, daß die Dinge nicht für alle Zeiten schlecht bleiben konnten, daß es möglich *war*, Gewohnheiten zu ändern, daß Niederlagenserien ein Ende hatten. Wie auch immer, Arsenal hatte andere Vorstellungen: Das Team schien mir zeigen zu wollen, daß Tiefs tatsächlich dauerhaft sein konnten, daß manche Menschen, so wie manche Clubs, einfach nie Wege aus den Räumen finden konnten, in die sie sich selbst eingesperrt hatten. Es schien mir an jenem Abend und für die nächsten paar Tage, daß wir beide zu oft eine falsche Entscheidung getroffen und den Dingen viel zu lange ihren Lauf gelassen hatten, als das sich je etwas zum Besseren wenden konnte. Da war es wieder, dieses Gefühl, und diesmal viel tiefer und viel beängstigender, dieses Gefühl, daß ich für alle Zeiten an den Club und folglich an dieses armselige Ersatzleben gekettet war.

Ich war durch die Niederlage niedergeschmettert und erschöpft (1:2, und für die Eins wurde in der letzten Minute gesorgt, als feststand, daß wir die Partie verlieren): Am nächsten Morgen rief mich eine Freundin bei der Arbeit an und fragte, als sie die Niedergeschlagenheit in meiner Stimme hörte, was nicht stimme. »Hast du's noch nicht gehört?« fragte ich sie mitleiderregend. Sie klang besorgt und dann, als ich ihr erzählte, was passiert war, konnte ich – nur für eine Sekunde – Erleichterung hören (es war also wenigstens nichts von dem, was sie im ersten Moment für mich befürchtet hatte), ehe sie sich daran erinnerte, mit wem sie sprach, und an die Stelle der Erleichterung trat all das Mitgefühl, das sie aufbringen konnte. Ich wußte, daß sie diese Art von Schmerz nicht wirklich verstand, und ich hätte nicht den Mut gehabt, es ihr zu erklären; denn diese Vorstellung, daß da diese Sackgasse war, dieser völlige Stillstand, und daß, solange Arsenal seine Probleme nicht gelöst hatte, ich auch nicht ... diese Vorstellung war dumm und tadelnswert (sie gab dem Abstieg eine ganz neue Bedeutung), und, was noch schlimmer war, ich wußte jetzt, daß ich wirklich an sie glaubte.

## Der Weg aus der Sackgasse

**Arsenal gegen Watford – 31.3.86**

Ich vermutete, es waren nicht nur die paar Partien nach dem Spiel gegen Villa, die den Vorstand begreifen ließen, daß etwas passieren mußte – obgleich sie schlimm genug waren: Die besonders klägliche 0:3-Niederlage gegen Luton im FA Cup wird als das Spiel genannt (zum Beispiel im Video HISTORY OF ARSENAL 1886–1986), das Trainer Don Howes Rücktritt bewirkte, aber jeder weiß, daß das nicht stimmt. Tatsächlich trat Howe nach einem 3:0-Sieg über Coventry zurück, weil er mitbekam, daß hinter seinem Rücken Präsident Peter Hill-Wood an Terry Venebales herangetreten war.

Zwischen dem Spiel gegen Villa und seinem Rücktritt

hatten wir auf der Nordtribüne einige »Howe-raus«-Gesänge zu hören gekriegt; als er dann wirklich ging, fiel das trainerlose Team auseinander, und die Gesänge richteten sich von da an gegen den Präsidenten, obwohl ich nicht mit einstimmen konnte. Ich wußte, daß sich der Vorstand auf ziemlich verstohlene Weise um die Dinge kümmerte, aber es mußte etwas getan werden. Diese Arsenalmannschaft – voll von Cliquen und überbezahlten Stars, die ihre besten Jahre hinter sich hatten – würde niemals schlecht genug sein, um abzusteigen, aber auch niemals gut genug, um irgendwas zu gewinnen, und die Stagnation erweckte den Wunsch, vor Frustration laut aufzuschreien.

Die Freundin, die am Morgen nach dem Villaspiel vergebens versucht hatte, aus mir schlau zu werden, kam mit mir zur Partie gegen Watford, das erste Mal, daß sie Fußball live erlebte. In gewisser Weise war es eine lächerliche Einführung. Es waren weniger als zwanzigtausend Leute im Stadion, und die meisten von ihnen waren einfach deshalb gekommen, um ihrer Mißbilligung all dessen, was abgelaufen war, Ausdruck zu verleihen. (Ich gehörte zur anderen Kategorie: jene, die da waren, weil sie immer da waren.)

Nachdem die Spieler ungefähr eine Stunde lang herumgestümpert hatten und mit zwei Toren zurücklagen, passierte etwas Eigenartiges: die Nordtribüne wechselte die Seiten. Jeder Angriff von Watford wurde mit einem aufmunternden Gebrüll begrüßt, jede knapp vergebene Chance (und es gab Hunderte davon) wurde mit einem »Oooh!« des Bedauerns bedacht. In gewisser Weise war das lustig, aber es war auch trostlos. Hier waren Fans, die vollkommen entfremdet waren, denen nichts Verletzenderes einfiel, um ihren Widerwillen auszudrücken, als dem Team den Rücken zuzukehren; es war praktisch eine Form der Selbstverstümmelung.

Mittlerweile war offensichtlich, daß der absolute Tiefpunkt erreicht war, und es war eine Erleichterung. Wir wußten, daß, wer immer der Trainer war (Venables machte schnell klar, daß er nicht in diese Art von Schlamassel verwickelt werden wollte), alles irgendwie nicht schlimmer werden konnte.

Nach dem Spiel gab es vor dem Haupteingang eine Demonstration, bei der es schwierig war, genau festzustellen, was die Leute wollten; manche stimmten Sprechchöre an, in denen die Rückkehr Howes gefordert wurde, andere ließen einfach einer unbestimmten, aber echten Wut freien Lauf. Wir schlenderten hin, um uns das anzusehen, aber niemand in meiner Gruppe konnte den erforderlichen Zorn aufbringen, der nötig war, um mitzumachen. Für mich, der ich mich noch an mein kindisches, melodramatisches Verhalten am Telefon am Morgen nach dem Spiel gegen Villa erinnern konnte, war die Demonstration seltsam tröstlich – das Mädchen, das mein Schmollen hatte tolerieren müssen, konnte sehen, daß ich nicht der einzige war, daß es diese ganze Gemeinde gab, die sich mehr darum sorgte, was ihrem Arsenal widerfuhr, als um irgendwelche anderen Dinge. Die Dinge, die ich Leuten oft über Fußball zu erklären versucht habe – daß er keine Flucht ist oder eine Form der Unterhaltung, sondern eine andere Version der Welt –, waren deutlich für sie zu sehen; irgendwie fühlte ich mich bestätigt.

# 1986 – 1992

## George

**Arsenal gegen Manchester United – 23.8.86**

Meine Mutter hat zwei Katzen, eine heißt O'Leary und die andere heißt Chippy, Liam Bradys Spitzname; die Wände ihrer Garage ziert noch immer das Graffiti, das ich vor zwanzig Jahren mit Kreide aufgemalt habe: »RADFORD FÜR ENGLAND!« – »CHARLIE GEORGE!« Meine Schwester Gill kann, wenn man sie drängt, noch immer die Namen der meisten Spieler des Double-Teams nennen.

Irgendwann im Mai 1986 rief mich Gill vormittags während einer meiner Pausen in der Sprachenschule an. Sie arbeitete zu dieser Zeit bei der BBC, und der Sender verkündet wichtige Neuigkeiten, sobald sie hereinkommen, zum Wohle all seiner Angestellten über eine Lautsprecheranlage.

»George Graham«, sagte sie, und ich dankte ihr und legte den Hörer auf.

Genauso ist es in meiner Familie immer abgelaufen. Ich habe ein schlechtes Gefühl dabei, daß Arsenal auch in ihr Leben eingedrungen ist.

Es war keine sonderlich phantasievolle Entscheidung, und es war offensichtlich, daß George für den Job die zweite oder sogar dritte Wahl war, ganz gleich was der Präsident jetzt sagt. Es ist möglich, daß er für die Position nicht einmal in Erwägung gezogen worden wäre, wenn er nicht ruhmreich für den Club gespielt hätte, ungefähr zu der Zeit, als ich anfing hinzugehen. Er kam von Millwall, die er vor dem Abstieg bewahrt und dann zum Aufstieg geführt hatte, aber ich kann mich nicht erinnern, daß er dort das Pulver erfunden hätte; ich machte mir Sorgen, daß sein Mangel an Erfahrung dazu führen würde, daß er Arsenal wie ein anderes Team der zweiten Division behandeln und kleine Brötchen backen würde, daß er billig einkaufen und es eher darauf anlegen würde, seinen Job zu behalten statt die anderen großen Teams anzugreifen, und anfangs schienen diese Befürchtungen wohlbegründet – der einzige neue Spieler, den er in seinem ersten Jahr kaufte, war Perry Groves von Colchester für 50.000 Pfund, wobei er Martin Keown sofort und Stewart Robson nicht lange danach verkaufte, und das waren junge Spieler, die wir kannten und mochten. So wurde der Kader kleiner und kleiner: Woodcock und Mariner waren gegangen, Caton ging, und niemand ersetzte sie.

Er gewann sein erstes Spiel daheim gegen Manchester United durch ein spätes Tor von Charlie Nicholas, und wir gingen in gedämpftem Optimismus nach Hause. Aber er verlor die nächsten beiden, und Mitte Oktober steckte er dann in einigen Schwierigkeiten. Es gab ein 0:0 zu Hause gegen Oxford, ein Spiel, das so schwach wie nur irgendwas war, was wir in den vergangenen sechs Jahren gesehen hatten, und schon brüllten ihm die Leute um mich herum Beschimpfungen zu, weil sie die trostlose Leistung auf seine geizige Einkaufspolitik zurückführten. Dennoch übernahmen wir Mitte November, nachdem wir Southampton mit 4:0 abgefertigt hatten (zugegebenermaßen wurden all unsere vier Tore erzielt, nachdem der Torwart von Southampton vom Platz getragen worden war), die Tabellenspitze der Liga und blieben dort einige Monate, und das war erst der Anfang dessen, was noch alles kommen sollte. Er verwandelte Arsenal in etwas, das niemand unter fünfzig je vorher in Highbury gesehen haben konnte, und er rettete, im wahrsten Sinne des Wortes, jeden einzelnen Arsenalfan. Und Tore ... als wir uns darauf eingestellt hatten, 1:0-Siege in Highbury zu erwarten, wurde es plötzlich alltäglich, daß vier und fünf, sogar sechs Treffer erzielt wurden; ich habe während der letzten sieben Monate fünf Hattricks durch drei verschiedene Spieler erlebt.

Das Spiel gegen Manchester United, das erste unter George Grahams Regie, war aus einem anderen Grund von Bedeutung: es war mein erstes als Dauerkartenbesitzer. In jenem Sommer kauften Pete und ich Stehplatzkarten für die ganze Saison, nicht weil wir wirklich erwarteten, daß der neue Trainer irgendwas ändern würde, sondern weil wir uns mit der Hoffnungslosigkeit unserer Sucht abgefunden hatten. Es war sinnlos, weiter so zu tun, als wäre der Fußball eine vorübergehende Laune oder als ob wir bei unseren Spielen wählerisch wären, also verhökerte ich einen Stapel alter Punk-Singles, die irgendwie an Wert gewonnen hatten, und benutzte das Geld, um mich mit Georges Schicksal zu verbinden, was ich oft bitter bereut habe – wenn auch nie sehr lange.

Die intensivste aller fußballerischen Beziehungen ist natürlich die zwischen Fan und Club.

Doch die Beziehung zwischen Fan und Trainer kann genauso stark sein. Spieler können nur selten die gesamte Stimmungslage unseres Lebens so verändern, wie Trainer es vermögen, und jedesmal, wenn ein neuer ernannt wird, ist es möglich, größere Träume zu träumen als der Vorgänger je erlaubt hat. Wenn ein Arsenaltrainer zurücktritt oder entlassen wird, ist das ein ebenso düsterer Anlaß wie der Tod eines Monarchen: Bertie Mee trat etwa zur gleichen Zeit ab wie Harold Wilson, aber es ist keine Frage, daß mir der erstgenannte Rücktritt mehr bedeutete als letzterer. Premierminister, egal wie verrückt, ungerecht oder schlecht sie sein mögen, haben einfach nicht die Macht, mir das anzutun, was ein Arsenaltrainer mir antun kann, und es ist kein Wunder, daß, wenn ich der vier, die ich erlebt und durchlebt habe, gedenke, ich ihrer als Verwandte gedenke.

Bertie Mee war ein Großvater, freundlich, etwas weltfremd, Angehöriger einer Generation, die ich nicht verstand; Terry Neill war ein neuer Stiefvater, vertraulich, spaßig, unsympathisch, egal wie sehr er sich bemühte, und Don Howe war ein angeheirateter Onkel, streng und unerschütterlich, aber wahrscheinlich völlig überraschend Weihnachten für ein paar Kartentricks gut. George dagegen ... George ist mein Dad, weniger kompliziert, aber viel furchterregender als der wirkliche. (Beunruhigenderweise sieht er sogar ein klein wenig aus wie mein Dad – ein aufrechter, tadellos gepflegter, gutaussehender Mann mit einer offenkundigen Vorliebe für teure, gutgeschnittene, förmliche Kleidung.)

Ich träume ziemlich regelmäßig von George, vielleicht so oft, wie ich von meinem anderen Vater träume. In den Träumen ist er genauso wie im Leben: hart, zielstrebig, entschlossen, nicht enträtselbar. Für gewöhnlich verleiht er seiner Enttäuschung über einen meiner entdeckten Fehltritte, ziemlich häufig sexueller Natur, Ausdruck, und ich empfinde höllische Schuldgefühle. Aber manchmal ist es auch umgekehrt, und ich ertappe ihn dabei, wie er stiehlt oder jemand verprügelt, und ich wache auf und fühle mich minderwertiger. Ich denke über diese Träume und ihre Bedeutungen nicht gern allzulange nach.

George beendete sein fünftes Jahr bei Arsenal genau wie er sein erstes begonnen hatte, mit einem Heimspiel gegen Manchester United, doch diesmal war Highbury von Glückwünschen für die eigene Leistung statt von skeptischer Vorfreude überflutet: Wir hatten die Meisterschaft 1991 ungefähr fünfundvierzig Minuten vor Anstoß des letzten Spiels geholt, und das Stadion war erfüllt von Lärm, Farbe und Lächeln. Es gab ein riesiges Transparent, das über die Kante der oberen Ränge der Westtribüne drapiert war und auf dem einfach stand: »George weiß Bescheid«, und das auf eigenartige Weise den Umstand, daß ich mich als Sohn dieses Mannes fühlte, hervorhob und umriß. Er *wußte Bescheid*, und zwar in einer Art, in der Väter es sehr selten tun. An diesem verzauberten Abend fing jede einzelne seiner verwirrenden Entscheidungen (der Verkauf von Lukic, der Kauf von Linighan, selbst das Festhalten an Groves) an, unermeßlich weise auszusehen. Vielleicht wollen kleine Jungs, daß Väter so sind, daß sie handeln, aber ihre Handlungen nie erklären, daß sie in unserem Interesse triumphieren und dann sagen können: »Du hast an mir gezweifelt, doch ich hatte recht, und jetzt mußt du mir vertrauen«; einer der Reize des Fußballs ist, daß er diese Art von unerreichbarem Traum erfüllen kann.

## Eine Männerphantasie

**Arsenal gegen Charlton Athletic – 18.11.86**

Typisch, ich erinnere mich an ihr erstes Spiel und sie nicht: eben gerade steckte ich meinen Kopf in die Schlafzimmertür und fragte sie nach dem Namen des Gegners, dem Ergebnis und den Torschützen, und sie konnte mir nicht mehr sagen, als daß Arsenal gewonnen und Niall Quinn ein Tor gemacht hat. (2:0, und das andere Tor war das Geschenk eines Verteidigers von Charlton.)

Man kann getrost sagen, daß wir damals, in den ersten paar Monaten unserer Beziehung, Probleme hatten (Probleme, die ich verursachte), und ich glaube nicht, daß einer von uns beiden der Ansicht war, wir würden es noch sonderlich lange machen. So wie sie es heute darstellt, glaubte sie, daß das Ende eher früher als später kommen würde und sie Charlton an einem nassen, kalten Novemberabend aussuchte, weil sie dachte, sie werde nicht mehr allzuviele weitere Gelegenheiten haben, mit mir in Highbury zu sein. Es war keine große Partie, aber es war ein günstiger Zeitpunkt für einen Besuch, denn Arsenal steckte mitten in einer tollen Serie von zweiundzwanzig ungeschlagenen Spielen, die Zuschauerzahlen waren klasse, die Stimmung war klasse und junge Spieler (Rocky, Niall, Adams, Hayes, der später ihr unerklärlicher Liebling wurde) standen in der Mannschaft und spielten gut; und am Samstag davor waren wir alle unten in Southampton gewesen, um den neuen Spitzenreiter der Liga zu sehen.

Sie reckte ihren Hals und verfolgte das, was sie sehen konnte, und nach dem Spiel gingen wir in eine Kneipe, und sie sagte, daß sie gern wiederkomme. Genau das sagen Frauen immer, und es bedeutet für gewöhnlich, daß sie gern in einem anderen Leben wiederkommen, und zwar noch nicht mal im nächsten Leben, sondern in dem danach. Ich sagte natürlich, daß sie jederzeit willkommen sei; sofort fragte sie, ob am Samstag wieder ein Heimspiel sei. Es gab eins, und sie kam erneut, ebenso wie zu den meisten Heimspielen im Verlauf der restlichen Saison. Sie war auch in Villa Park, Carrow Road und anderen Stadien in London, und nach einem Jahr kaufte sie eine Dauerkarte. Noch immer ist sie regelmäßig im Stadion und erkennt mühelos jeden Spieler aus dem Kader von Arsenal, auch wenn es keinen Zweifel gibt, daß ihre Begeisterung mittlerweile im Schwinden begriffen ist und meine dauerhafte Leidenschaft sie um so stärker irritiert, je älter wir beide werden.

Ich möchte nicht glauben, daß ihr Interesse am Fußball unsere Beziehung rettete – tatsächlich weiß ich, daß es nicht so war. Aber es hatte, anfangs, bestimmt eine aufmunternde Wirkung, auch wenn es Angelegenheiten komplizierte, die ohnehin schon verworren waren. Am Neujahrstag 1987, als sie und ich einen 3:1-Sieg über Wimbledon ansehen gingen, fing ich an zu begreifen, warum eine Frau, die den ritualisierten Fußball nicht nur erträgt, sondern aktiv daran teilnimmt, für viele Männer so etwas wie eine Phantasiegestalt geworden ist: Manche meiner männlichen Bekannten, die die Feierlichkeiten am Vorabend und die traditionelle familiäre Ruhe an Feiertagen ruiniert hatten, indem sie sich nach Goodison oder sonstwohin geschleppt hatten, um einen morgendlichen Anpfiff mitzuerleben, würden zu selbstverschuldeten Spannungen und haßerfüllten Blikken nach Hause zurückkehren, während ich in der glücklichen Lage war, in Highbury zu sein, weil es ein organischer Teil unseres Tages war.

Später fing ich allerdings an, mich zu fragen, ob dieses Teilen von Arsenal wirklich das war, was ich wollte. Einmal, es war während der Zeit, in der sich ihre plötzliche Leidenschaft auf dem Höhepunkt befand, sahen wir einen Vater, der sich mit einem sehr kleinen Kind ins Stadion kämpfte, und ich bemerkte nebenbei, daß ich mein Kind nicht zu einem Spiel mitnehmen würde, bis er oder sie alt genug war, hingehen zu wollen; das führte zu einem Gespräch über zukünftige Wer-betreut-die-Kinder-an-Samstagnachmittagen-Vereinbarungen, ein Gespräch, das mich danach für Wochen und Monate verfolgte. »Jedes zweite Heimspiel, würde ich sagen«, bemerkte sie, und eine Weile lang nahm ich an, daß sie damit meinte, sie werde versuchen, es zu jedem zweiten Spiel in Highbury zu schaffen, und daß unsere Kinder einmal im Monat irgendwo untergebracht würden, aber eben nicht öfter, und daß sie kommen würde, wenn sie konnte. Aber was sie meinte war, daß wir *abwechselnd* hingehen würden, daß ich während der Hälfte der Heimspiele einer Saison zu Hause sein und SPORT ON FIVE oder CAPITAL GOLD zuhören würde (CAPITAL GOLD ist irgendwie nicht so maßgeblich, aber hält dich über all die Londoner Clubs genau auf dem laufenden), während sie auf *meinem Sitzplatz* saß und *meinem Team* zusah, dem Team, mit dem ich sie erst vor wenigen Jahren bekannt gemacht hatte. Wo ist jetzt also der Vorteil? Freunde mit Partnerinnen, die Fußball hassen, können zu jedem Spiel gehen; ich hingegen – der eine anscheinend ideale Beziehung mit einer Frau hat, die weiß, warum Arsenal ohne Smithy als Sturmspitze nicht das gleiche ist – sehe einer Zukunft ins Auge, in der ich mit einem Haufen Postman-Pat-Videos und geöffnetem Fenster in meinem Wohnzimmer sitze, traurig darauf hoffend, daß ein Windstoß einen Aufschrei zu mir trägt. Das war nicht das, was ich mir an jenem Abend gegen Charlton ausgemalt hatte, als sie sagte, sie wolle wieder hingehen.

Und das ist noch nicht alles. Mein ganzes fußballerisches Leben habe ich mit Menschen verbracht – meiner Mum, meinem Dad, meiner Schwester, Freundinnen, Mitbewohnern –, die lernen mußten, vom Fußball ausgelöste Stimmungen zu tolerieren, und sie haben das alle, mehr oder weniger, mit erfreulichem Humor und Takt getan. Plötzlich lebte ich mit jemandem zusammen, der versuchte, Anspruch auf eigene Stimmungen zu erheben, und das gefiel mir nicht. Ihre Begeisterung nach dem Littlewoods-

Cup-Finale 1987... das war ihre *erste Saison*. Welches Recht hatte sie, an diesem Sonntag abend mit einem Arsenalhut in die Kneipe zu stolzieren? Nicht das geringste Recht. Für Pete und mich war dies die erste Trophäe seit 1979. Wie konnte sie, die erst seit vier Monaten dabei war, verstehen, was das für ein Gefühl war? »Du mußt wissen, sie gewinnen nicht jedes Jahr irgendwas«, sagte ich ihr ununterbrochen, mit all dem sinnlosen und gereizten Neid eines Elternteils, dessen schmatzend Marsriegel kauendes Kind niemals die Entbehrungen der Lebensmittelrationierung während des Krieges erlebt hat.

Ich fand bald heraus, daß der einzige Weg, den gesamten emotionalen Bereich für mich zu beanspruchen, darin bestand, eine Art von Geknickt-sein-Krieg anzufangen, im Vertrauen auf das Wissen, daß ich, was Fußball anging, jeden Anwärter auf den Titel »Ich leide am meisten« von den Tribünen murren und schmollen konnte. Und ich gewann diesen Krieg letztlich, genauso wie ich es erwartet hatte. Es geschah Ende der Saison 88/89, als es nach einer Heimniederlage gegen Derby so aussah, als würden wir die Meisterschaft verpassen, nachdem wir die erste Division die meiste Zeit der Saison über angeführt hatten. Und obwohl ich aufrichtig untröstlich war (an jenem Abend gingen wir ins Old Vic, um Eric Porter in KING LEAR zu sehen, und das Theaterstück fesselte mich nicht, weil ich nicht verstehen konnte, was Lears Problem war), hegte und pflegte ich jedes Stückchen des seelischen Schmerzes, bis er monströse, erschreckende Ausmaße annahm; ich benahm mich aus Prinzip schlecht, und wir bekamen unvermeidlicherweise Streit (darüber, ob wir ein paar Freunde auf eine Tasse Tee besuchen sollten), und als er sich zuspitzte, wußte ich, daß Arsenal wieder ganz mir gehörte: Ihr blieb keine andere Wahl, als zu sagen, daß es nur ein Spiel sei (dankenswerterweise verwendete sie diese Worte nicht, aber die eigentliche Bedeutung war, fand ich, klar), daß es immer ein nächstes Jahr gab und selbst in dieser Saison nicht alle Hoffnung vergeblich war, und ich stürzte mich triumphierend auf diese Worte.

»Du verstehst das nicht«, rief ich, wie ich es schon seit Monaten gewollt hatte, und ich hatte recht – sie verstand nicht, nicht wirklich. Und ich glaube, daß, sobald sich mir diese Gelegenheit geboten hatte, sobald ich diese Worte, die die meisten Fans wie einen Nierenspender-Ausweis mit sich herumtragen, ausgesprochen hatte, alles vorbei war. Was blieb ihr denn noch? Sie konnte versuchen – oder vortäuschen –, sich noch schlechter zu benehmen als ich es getan hatte; oder sie konnte sich zurückziehen, Boden aufgeben, die Höllenqualen und die Ekstase mehr oder weniger vollständig mir überlassen und ihr eigenes Leid allein dazu verwenden, meines zu unterstützen. Sie ist eine viel zu sanfte Person, um zu versuchen, mich in Sachen Wutanfall zu überbieten, also wählte sie die zweite Möglichkeit, und ich kann gefahrlos und selbstgefällig sagen, daß ich in diesem Haus der Chef in Sachen Arsenal bin und daß, wenn und falls wir Kinder haben werden, ausschließlich mein Hintern unseren Dauerkarten-Sitzplatz füllen wird. Ich schäme mich, selbstverständlich schäme ich mich, daß ich derart miese Tricks einsetzen mußte, aber ich war damals eben etwas beunruhigt.

## Von NW3 zu N17

**Tottenham gegen Arsenal – 4.3.87**

Wenn dieses Buch eine zentrale Stelle hat, dann ist sie hier, an dem Mittwochabend im März 1987, an dem ich aus der Praxis eines Psychiaters in Hampstead zur White Hart Lane in Tottenham fuhr, um ein Wiederholungsspiel im Halbfinale im Littlewoods Cup zu sehen. Ich hatte das natürlich nicht so geplant: Die Fahrt nach Hampstead war lange bevor ein Wiederholungsspiel nötig wurde vorgesehen. Aber jetzt, wenn ich den Versuch unternehme zu erklären, warum der Fußball es schaffte, mich zu bremsen und anzutreiben, und wie Arsenal und ich in meinem Kopf völlig miteinander vermischt wurden, erscheint dieses besondere Zusammentreffen unwahrscheinlich passend.

Es ist einfacher zu erklären, warum Arsenal und Tottenham ein Wiederholungsspiel brauchten, als zu erklären, warum ich einen Psychiater brauchte, also fange ich mit ersterem an. Hin- und Rückspiel des Halbfinals hatten ein Gesamtergebnis von 2:2 ergeben, und auch die Verlängerung am Sonntag in White Hart Lane hatte keins der Teams in den Abgrund und aus dem Wettbewerb gestoßen, obwohl vier lumpige Tore in dreieinhalb Stunden Fußball ein unzulänglicher Indikator für die kräftezehrende Dramatik der zwei Spiele waren. In der ersten Partie in Highbury feierte Clive Allen seinen in für ihn typischer, räuberischer Manier erzielten Treffer in der ersten Hälfte, indem er in die Luft sprang und aus einer Höhe von etwa einem Meter fünfzig flach auf dem Rücken landete, eine der außergewöhnlichsten Freudenbekundungen, die ich je gesehen habe. Paul Davis verfehlte das leere Tor aus weniger als zwanzig Zentimetern Entfernung, Hoddle traf mit einem glänzenden, angeschnittenen Freistoß die Latte, und der arme Gus Caesar (Arsenals dünner Kader war bis an die Grenze zur Katastrophe strapaziert) – von Waddle jenseits aller Würde gequält – mußte von dem einzigen anderen Spieler ersetzt werden, der uns noch zur Verfügung stand, einem jungen Mann namens Michael Thomas, der vorher noch nie in der ersten Mannschaft gespielt hatte.

Im zweiten Spiel traf Allen wiederum frühzeitig, so daß die Spurs insgesamt mit 2:0 führten, und tauchte, als Arsenal nach vorne drängte, noch viermal allein vor Lukic auf, ohne zu treffen. Zur Halbzeit erklärte der Stadionsprecher der Spurs den Spursfans, wie sie sich um Karten für das Finale in Wembley bewerben konnten, ein unangebrachtes und provozierendes Moment extremer Selbstgefälligkeit, das dazu führte, die betäubten Arsenalfans (und, erfuhren wir später, die Mannschaft, die die Lautsprecherdurchsage in der Kabine hörte) in einem Ausmaß aufzuwecken und in Wut zu versetzen, daß unsere Spieler, als sie für die zweite Hälfte herauskamen, mit einem stolzen, herausfordernden Tosen begrüßt wurden. Frisch motiviert kämpfte sich das Team tapfer Zentimeter für Zentimeter zurück ins Spiel, und obwohl Adams, Quinn, Hayes, Thomas und Rocastle theoretisch keine Chance gegen Waddle, Hoddle, Ardiles, Gough und Allen hatten, stolperte zunächst Viv Anderson den Ball ins Tor, bevor uns Niall mit einem Traumtor in die Verlängerung schoß. Wir hätten in den dreißig Minuten der Verlängerung gewinnen müssen – Tottenham war fertig, und sowohl Hayes als auch Nicholas hätten ihnen den Rest geben können –, doch in Anbetracht der zahlreichen Chancen, die Tottenham im Verlauf der beiden Spiele gehabt hatte, und unseres Zweitorerückstandes zur Halbzeit der zweiten Partie war ein Wiederholungsspiel besser als alles, worauf wir zu hoffen gewagt hatten. Nach dem Spiel kam George auf den Platz und warf eine Münze, um den Austragungsort für das entscheidende Spiel festzulegen, und als er zu uns rübersah und geradewegs auf den Matsch der White Hart Lane hinabzeigte, um uns zu verstehen zu geben, daß er die Wahl verloren hatte, erhob sich ein erneutes Tosen der Arsenalfans: Wir hatten innerhalb weniger Wochen zweimal bei den Spurs gewonnen (das Ligaspiel Anfang Januar endete 2:1) und in Highbury nur ein Unentschieden und eine Niederlage gegen sie zustande gebracht. Wir würden alle am Mittwoch wieder da sein.

So ist es also zum Wiederholungsspiel gekommen – Fußball ist so einfach. Und wenn sie wissen wollen, wie wir ins Halbfinale des Littlewoods Cups gelangten, dann ist das auch einfach: Wir hatten im Viertelfinale Forest in Highbury geschlagen und davor Manchester City, Charlton und Huddersfield, und vor Huddersfield war überhaupt nichts. Der Kontrast zwischen dem festen, klaren, geradlinigen Verlauf eines Pokals und den vertrackten, verwirrenden, überwucherten Pfaden des Lebens ist überwältigend: Ich wünschte, ich könnte eines jener großen Diagramme über den Verlauf eines im K.-o.-System ausgetragenen Wettbewerbs aufmalen, um zu zeigen, wie es dazu kam, daß ich schließlich auf dem ungewohnten Terrain des Teppichs eines Psychiaters aus Hampstead spielte.

Im folgenden versuche ich mein Bestes. Im Frühjahr 1986 war ich über die Grenzen der Geduld hinaus entmutigt, entmutigt von meiner Unfähigkeit, selbst sieben Jahre nach dem Verlassen des College einen Job zu finden, der mir gefiel, und von meinem Versagen, sechs Jahre nach dem Verlust meiner Freundin irgendeine Art von dauerhafter, gesunder Beziehung einzugehen, auch wenn es zeitweilige, kranke Beziehungen, die normalerweise eine Art dritten

Beteiligten hatten, wie Sand am Meer gab. Und da ich viel Zeit damit verbracht hatte, mich mit dem Direktor meiner Sprachenschule zu unterhalten, einem Mann, der damals in der Ausbildung zum Jungschen Therapeuten stand, und ich Interesse daran gefunden hatte, was er über den Wert einer Therapie sagte, endete es irgendwie damit, daß ich einmal die Woche eine Dame in Bounds Green besuchte.

Ein großer Teil meines Innenlebens sträubte sich gegen diese Besuche. Hatte sich Willie Young je mit Therapie abgegeben? Oder Peter Storey? Oder Tony Adams? Und doch saß ich jeden Donnerstag in einem großen Lehnstuhl, schnippte gegen die Blätter des Gummibaums, die über meinem Kopf baumelten, versuchte über meine Familie und meine Jobs und meine Beziehungen und – auch ziemlich oft – über Arsenal zu sprechen. Nach ein paar Monaten dieses Gegen-die-Blätter-Schnippens platzte irgendein Knoten, und ich verlor die letzten Funken des aufgesetzten Durchwursteloptimismusses, der mich die paar Jahre davor hatte ertragen lassen. Wie bei der Mehrzahl der Depressionen, die Leute quälen, die mehr Glück gehabt haben als die meisten, schämte ich mich für meine, weil es keinen überzeugenden Grund für sie zu geben schien; ich hatte einfach das Gefühl, als ob ich irgendwo aus den Gleisen geraten war.

Ich hatte keine Vorstellung, an welchem Punkt das passiert sein könnte. Tatsächlich war ich nicht mal sicher, welche Gleise das waren. Ich hatte Unmassen von Freunden, einschließlich Freundinnen, ich hatte Arbeit, ich stand in regelmäßigem Kontakt zu allen Mitgliedern meiner näheren Familie, ich hatte keine Trauerfälle erlitten, ich hatte einen Wohnsitz ... ich war immer noch auf allen Gleisen, die mir einfielen; welcher Natur war meine Entgleisung also genau? Alles, was ich weiß, ist, daß ich mich unerklärlich *unglücklich*, auf irgendeine Weise *verflucht* fühlte, die jemandem ohne Job, Liebhaber oder Familie nicht sofort ersichtlich wäre. Ich wußte, daß ich zu einem Leben in Unzufriedenheit verdammt war: Meine Talente, worin immer sie lagen, würden für immer unentdeckt bleiben, meine Beziehungen von Umständen ruiniert werden, die sich völlig meiner Kontrolle entzogen. Und weil ich das jenseits jeglicher Zweifel wußte, hatte es folglich ganz einfach keinen Zweck zu versuchen, die Situation richtigzustellen, indem ich mich nach Arbeit umsah, die mich anspornen, oder nach einem Privatleben, das mich glücklich machen würde. Also hörte ich auf zu schreiben (weil es, wenn du unter einem schlechten Stern geboren bist, wie das bei mir der Fall war, einfach sinnlos ist, auf etwas zu beharren, was unvermeidlicherweise allein die Demütigung ständiger Zurückweisung mit sich bringt), verstrickte mich in so viele armselige, kräfteraubende Dreiecksbeziehungen wie irgend möglich und machte mich an den Rest der mir zugeteilten siebzig Jahre ungelinderter, fürchterlicher Nichtigkeit.

Es war wahrhaftig keine Zukunft, auf die ich mit sehr viel Begeisterung blicken konnte. Und auch wenn es die Therapie war, die den Großteil dieser Trostlosigkeit hervor- oder herausgebracht zu haben schien, hatte ich den Eindruck, daß ich mehr davon brauchte: Das letzte Fünkchen gesunden Menschenverstandes, das mir blieb, sagte mir, daß viele dieser Probleme eher in mir als in der Welt begründet lagen, daß sie eher psychologischer als tatsächlicher Natur waren, daß ich überhaupt gar nicht unter einem schlechten Stern geboren worden war, sondern eine Art selbstzerstörerischer Spinner war, und daß ich mich buchstäblich um meinen Kopf kümmern mußte. Allerdings war ich total pleite und konnte mir nicht leisten, meine Dame in Bounds Green weiterhin zu sehen. Deshalb schickte sie mich zu dem Mann in Hampstead, der die Befugnis hatte, mir einen Vorzugssatz für die weitere Behandlung zuzugestehen, wenn er überzeugt war, daß ich krank genug war. Und so ergab es sich – und es gibt eine Anzahl von Arsenal hassenden Fußballfans überall im Land, die diese Episode wunderbar und urkomisch bezeichnend finden mögen –, daß ich als Arsenalfan gezwungen war, meine Anwesenheit beim Halbfinalwiederholungsspiel des Littlewoods Cups mit einem Besuch beim Psychiater einzuleiten, um diesen zu überzeugen, daß ich verrückt war. Ich kriegte die Bescheinigung, die ich brauchte, und ich mußte noch nicht mal meine Dauerkarte vorlegen.

Ich fuhr von Hampstead runter zur Baker Street, von Baker Street nach King's Cross, von King's Cross nach Seven Sisters und erwischte einen Bus für den Rest des Weges die Tottenham High Road hinauf; und von Baker Street an, dem Punkt, an dem meine Rückreise vom Psychiater zu einer Anreise zu einem Auswärtsspiel wurde, fühlte ich mich besser, weniger isoliert, entschlossener (obwohl ich mich auf der letzten Etappe der Reise wieder schlecht fühlte, aber das war ein wohltuendes Vor-dem-Spiel-Schlechtfühlen – mein Magen verdrehte sich und mein Körper wurde bei dem Gedanken an die bevorstehende emotionale Anstrengung müde). Ich mußte nicht mehr länger versuchen, mir selbst zu erklären, wohin ich unterwegs war oder wo ich gewesen war, ich war wieder einer unter vielen. Der Wert des Herdentriebs, einmal mehr: Ich war nur zu glücklich darüber, den Identitätsverlust zu erfahren, den Zuschauermengen verlangen. In diesem Moment kam mir der Gedanke, daß ich niemals wirklich in der Lage sein würde, zu erklären oder mich auch nur genau daran zu erinnern, wie der Abend so begonnen hatte, wie er es hatte, und daß Fußball in mancherlei Hinsicht überhaupt keine gute Metapher für das Leben ist.

Für gewöhnlich hasse ich Spiele zwischen Arsenal und Tottenham, besonders die Auswärtsspiele, wenn das feindliche Territorium die allerschlimmsten Seiten der Arsenalfans herauskitzelt, und ich habe mittlerweile aufgehört, in White Hart Lane dabeizusein. »Ich hoffe, deine Frau stirbt an Krebs, Roberts«, schrie ein Mann hinter mir vor einigen Jahren. Und im September 1987, kurz bevor David Pleat gezwungen war, sein Amt als Trainer von Tottenham niederzulegen, aber kurz nachdem unappetitliche Behauptungen über sein Privatleben in den Boulevardzeitungen erschienen waren, saß ich inmitten mehrerer tausend Menschen, die »Triebtäter! Triebtäter! HÄNGT IHN HÄNGT IHN HÄNGT IHN!« brüllten, und hatte, vielleicht verständlicherweise, das Gefühl, daß ich bei weitem zu zartbeseelt für diese Art von Unterhaltung war. Die aufgeblasenen Gummipuppen, die in unserem Block fröhlich hin und her geschwenkt wurden, und die Hunderte von witzigen Busenbrillen, die für den engagierten Arsenalfan an jenem Nachmittag *de rigueur* waren, trugen kaum dazu bei, daß sich der sensible, liberal denkende Mensch wohler fühlte. Und 1989, als die Spurs uns zum ersten Mal seit vier Jahren in White Hart Lane schlugen, herrschte nach dem Schlußpfiff im Arsenalblock eine furchtbare und beunruhigende Widerwärtigkeit, Sitze wurden zerbrochen, und das reichte mir. Die antisemitischen Gesänge, wenngleich Arsenal genauso viele jüdische Fans hat wie Tottenham, sind widerlich und unverzeihlich, und im Verlauf der letzten paar Jahre ist die Rivalität zwischen den beiden Fangruppen unerträglich haßerfüllt geworden.

Wie auch immer, bei einem Pokalspiel ist es anders. Die

älteren Dauerkartenbesitzer, jene, die Tottenham zwar hassen, aber nicht mit der sabbernden, gewalttätigen Wut einiger der Zwanzig- und Dreißigjährigen, sind ausreichend motiviert, hinzufahren, und dadurch wird die Gereiztheit etwas gemildert. Und das Ergebnis und der Fußball zählen mehr als in vielen der Ligaspiele zwischen Arsenal und Tottenham – zumal sich beide Teams während der letzten zwanzig oder dreißig Jahre meist im Tabellenmittelfeld wiedergefunden haben –, und das hat zur Folge, daß es etwas gibt, auf das sich die Aggression richten kann. Paradoxerweise ist bei einem bedeutsamen Spiel die Identität der Gegner weniger wichtig.

Auf alle Fälle weiß ich, daß mein gutbürgerliches Zartgefühl nicht übermäßig gestört wurde, und daß es keine gebrüllten Hinweise auf Triebtäter oder Krebserkrankungen gab, die mir die Erinnerung an den Abend verderben. Das Spiel war schnell und offen, genau wie am Sonntag, und einmal mehr schienen wir die gesamte erste Hälfte damit zu verbringen, zuzusehen, wie Clive Allen allein auf das Tor, das sich vor uns befand, zustürmte, und je länger das so ging, desto mehr fürchtete ich um Arsenal. Das Team wurde mit jedem Spiel jünger und jünger (Thomas, im Hinspiel Ersatzmann für Gus Caesar als Außenverteidiger, bestritt sein erstes volles Spiel, und zwar im Mittelfeld), und auch wenn es zur Halbzeit 0:0 stand, traf Allen letztlich, gleich zu Beginn der zweiten Hälfte; kurz darauf wurde Nicholas vom Platz getragen und Ian Allinson mußte rein, ein Arbeitstier, aber kaum der Mann, um das Spiel aus dem Feuer zu reißen – alles war vorbei.

Ein paar Reihen vor mir begann eine Gruppe nebeneinandersitzender Männer und Frauen mittleren Alters, mit Decken über den Beinen und aufblitzenden Thermoskannen voll Suppe, das Irische Lied zu singen, das die älteren Fans auf den Sitzplätzen – ich habe nie eine Interpretation durch die Nordtribüne gehört – oft bei großen Anlässen zu singen pflegten, und jeder, der den Text kannte (»Und dann stand er auf und sang es erneut / Wieder und wieder und wieder von vorn«), stimmte ein. Deshalb dachte ich, als vielleicht noch sechs oder sieben Minuten zu spielen waren, daß mir der Anlaß zumindest mit einer gewissen Innigkeit in Erinnerung bleiben würde, auch wenn er einen bitteren, trostlosen Abschluß haben sollte. Und dann gab Allinson, nachdem er nicht gerade überzeugend auf den linken Flügel ausgewichen war, einen schwachen Schuß aus der Drehung ab, der Clemence vollkommen überraschte und schuldbewußt neben dem kurzen Pfosten reintrudelte, und es kam zu einem gewaltigen Ausbruch von Erleichterung und entfesselter Freude. Tottenham war genauso fertig wie am Sonntag: Während der nächsten zwei Minuten fing Hayes einen schlechten Rückpaß ab und schoß ans Außennetz, bahnte sich Thomas mit der Art von Unbekümmertheit, die wir in der Folgezeit lieben und hassen lernen sollten, seinen Weg bis zum Strafraum und schoß knapp am Pfosten vorbei. Auf meinem Video sieht man, daß die Arsenalfans buchstäblich vor Erregung auf und ab springen, als Anderson sich anschickt, einen Einwurf auszuführen. Und es sollte noch besser kommen. Als Tottenhams Digitaluhr bei neunzig Minuten anhielt, nahm Rocky eine ungenaue Flanke auf, ließ sie von der Brust abtropfen und knallte sie an Clemence vorbei ins Netz; fast unmittelbar danach pfiff der Schiedsrichter ab, und die Menschenreihen lösten sich auf und verwandelten sich in einen zitternden Haufen überschwenglicher Menschlichkeit.

Es war der zweite von drei oder vier Momenten beim Fußball in meinem Leben, bei dem mein Delirium dergestalt war, daß ich keine Ahnung hatte, was ich tat, und bei dem für einige Augenblicke die völlige Leere herrschte. Ich weiß, daß ein alter Mann mir um den Hals fiel und nicht loslassen wollte und der Rest des Stadions beinahe leer war, als ich mich wieder in einer Verfassung befand, die man als annähernd normalen Bewußtseinszustand beschreiben könnte. Nur ein paar Tottenhamfans standen noch da und sahen uns zu, zu enttäuscht und betäubt, um sich zu bewegen (vor meinem geistigen Auge sehe ich weiße Gesichter, doch wir waren zu weit weg, um schockerzeugte Blässe entdecken zu können), und die Arsenalspieler tanzten unten herum, über ihren Sieg genauso außer sich vor Freude wie wir und wahrscheinlich auch genauso verblüfft.

Wir waren zwanzig Minuten nach dem Schlußpfiff alle immer noch im Stadion, und dann stürmten wir brüllend auf die Straße raus, und Pete und ich fuhren zurück in die Arsenal Tavern, wo wir nach der Polizeistunde eingesperrt wurden, so daß wir die Höhepunkte des Spiel auf dem großen Fernsehbildschirm ansehen konnten – und ich viel zuviel trinken konnte.

Die Depression, mit der ich den größten Teil der achtziger Jahre verbracht hatte, packte ihre Koffer und begann, in dieser Nacht zu verschwinden, und binnen eines Monats ging es mir besser. Unvermeidlicherweise wünscht sich ein Teil von mir, daß irgend etwas anderes die Heilung bewirkt hätte – die Liebe einer gütigen Frau, ein kleinerer literarischer Erfolg oder die transzendentale Erkenntnis während eine Sache wie Live Aid abläuft, daß mein Leben heilig und lebenswert war –, etwas Würdiges und Wahres und Bedeutungsvolles. Es ist mir peinlich zuzugeben, daß sich ein zehn Jahre währendes Tief hinweghob, weil Arsenal bei den Spurs im Littlewoods Cup gewann (es wäre mir etwas weniger peinlich, wenn es ein Sieg im FA Cup gewesen wäre, nicht ausgerechnet im *Littlewoods!*), und ich habe oft versucht herauszuarbeiten, warum es auf diese Weise geschah. Der Sieg bedeutete allen Arsenalfans natürlich viel: Sieben Jahre war unser Team noch nicht mal besonders nah dran gewesen, ein Halbfinale zu gewinnen, und der Niedergang hatte begonnen, endgültig auszusehen. Und möglicherweise gibt es sogar eine medizinische Erklärung. Es könnte sein, daß der gewaltige Adrenalinstoß, den ein Siegtor in der letzten Minute in einem Halbfinale bei Tottenham freisetzt (ein Spiel, in dem man sieben Minuten vor Schluß noch mit einem Tor zurückliegt und alle Hoffnung aufgegeben hat), vielleicht irgendeine Art von gestörtem chemischen Gleichgewicht im Gehirn oder etwas Ähnliches korrigiert.

Wie auch immer, die einzige überzeugende Erklärung, die mir in den Sinn kommt, ist, daß ich an jenem Abend aufhörte, mich unglücklich zu fühlen und daß der tote Punkt, an dem ich mich ein gutes Jahr vorher befunden hatte und der solche Verzweiflung ausgelöst hatte, überwunden war, nicht von mir, wie vorherzusehen war, sondern von Arsenal; und so sprang ich auf die Schultern des Teams und die Spieler trugen mich in das Licht, daß unversehens auf uns alle herabschien. Und der Auftrieb, den Arsenal mir gab, machte es mir in mancher Hinsicht möglich, mich vom Club zu lösen: Obwohl ich noch immer einer von Arsenals hingebungsvollsten Fans bin, und obwohl ich noch immer zu jedem Heimspiel gehe, dieselbe nervöse Spannung, dieselbe Begeisterung und dieselben düsteren Stimmungen durchlebe, die ich schon immer durchlebt habe, begreife ich das Team jetzt als ein vollkommen selbständiges Wesen, dessen Erfolg und Versagen keine Beziehung zu meinem eigenen hat. In jener Nacht hörte ich auf, ein Arsenalverrückter zu sein und lernte wieder, ein Fan zu sein, immer noch verschroben und immer noch gefährlich besessen, aber trotzdem nur ein Fan.

## Ein ganz normaler Samstag

**Chelsea gegen Arsenal – 7.3.87**

Jeder ging am Samstag nach Chelsea, um die Party fortzusetzen, und sie dauerte etwa fünfzehn weitere Minuten, bis irgend etwas – ein Fehlschuß von Hayes oder ein Rückpaß von Caesar, ich kann mich jetzt nicht mehr erinnern – die Aufschreie der Frustration und Verärgerung auslöste, die du an jedem Samstag der vorangegangenen paar Jahre hättest hören können. Der durchschnittliche Fußballfan ist notorisch, fast brutal unsentimental.

Es muß aber gesagt werden, daß Stamford Bridge kein Ort ist, an dem rührselige Zuneigung und nachsichtige Vergebung jemals gedeihen werden. Spiele in Chelsea sind unvermeidlich trostlos – es ist kein Zufall, daß die einzige Ligapartie, die Arsenal in seiner ansonsten alles überragenden Meistersaison 91 verloren hat, die in Chelsea war. Die Laufbahn um den Rasen distanziert die Fans von den Spielern und beeinträchtigt die Atmosphäre; und da die meisten Anhänger auf den Rängen vollkommen im Freien stehen (und deshalb einer gründlichen Dusche ausgesetzt sind, wenn es regnet), gibt es sowieso kein Getöse. Nach meiner Erfahrung ist der Ruf der Heimfans für gemeine Brutalität und dummen, widerwärtigen Rassismus, auch wenn beides im Verlauf der letzten Jahre ein bißchen nachgelassen hat, vollauf verdient, und jeder weiß, daß man in Chelsea auf den Stehplätzen sicherer ist, wo man so die Wohltat gutorganisierten und gründlichen Polizeischutzes erhält, als auf den Sitzplätzen, wo man Gefahr läuft, isoliert, erkannt und letztlich zusammengeschlagen zu werden, genau der Ablauf, den ein Freund vor einigen Jahren erlebte.

Und das Spiel ging weiter, der Himmel verdunkelte sich, Arsenal wurde schlechter und kassierte schließlich ein Tor, das für das Team in seiner verkaterten Lustlosigkeit ein Tor zuviel war. Und du stehst da auf den riesigen, bröckelnden Rängen, deine Füße werden steif und brennen dann auch noch in der Kälte, um dich herum die Chelseafans, die dich gestenreich verhöhnen; und du fragst dich, warum du dir die Mühe gemacht hast, wo du doch wußtest, nicht nur im Innersten deines Herzens, sondern auch vom Verstand her, daß das Spiel langweilig und die Spieler unfähig sein würden, und daß die Gefühle, die am Mittwoch hervorgerufen worden waren, zu einem schalen Nichts zerronnen sein würden, noch bevor zwanzig Minuten des Samstagsspiels vorbei waren. Du fragst dich, warum du nicht zu Hause geblieben oder Schallplatten kaufen gegangen bist und damit die glühende Asche noch eine weitere Woche am Glühen gehalten hast. Aber andererseits sind das die Spiele, diese 0:1-Niederlagen in Chelsea an einem armseligen Märznachmittag, die den anderen Partien Bedeutung verleihen, und gerade weil man so viele davon gesehen hat, bereiten einem die großen Spiele, die es alle sechs, sieben, zehn Jahre gibt, so eine echte Freude.

Am Ende des Spiels brachten die mitgereisten Fans respektvolle, stille Dankbarkeit für ihr Team auf, eine Anerkennung, die den Leistungen der jüngsten Vergangenheit galt, aber trotzdem war es ein trostloser Nachmittag gewesen. Wir hatten angefangen, unsere Schulden zu begleichen, Pionierarbeit geleistet, absolut nicht mehr als das. Als wir darauf warteten, herausgelassen zu werden (ein anderes Problem an Chelsea: Man wird für gute dreißig Minuten zurückgehalten, während die Straßen draußen von ihrer drohenden Gefahr befreit werden), vertiefte sich die pure Schrecklichkeit der ganzen Angelegenheit noch, und verlieh dem Erlebnis auf diese Weise eine perverse Art von Ehre, so daß diejenigen, die dort waren, das Recht erwarben, sich selbst einen Verdienstorden zu verleihen.

Zweierlei passierte. Erstens fing es an zu schneien und wurde dadurch so unangenehm, daß du über dich selbst lachen wolltest, weil du dieses Fanleben noch länger zu ertragen bereit warst; und zweitens kam ein Mann mit einer Walzmaschine heraus und schickte sich an, mit ihr den Rasen auf und ab zu fahren. Er war nicht der reizbare, alte Kerl aus Fußballclub-Legenden, sondern ein riesenhafter, junger Mann mit einem gräßlichen Skinhead-Haarschnitt, und er haßte Arsenal offensichtlich auch mit all der Leidenschaft, mit der das die Fans seines Arbeitgebers taten. Als er mit seiner Maschine auf uns zufuhr, zeigte er uns den Mittelfinger, ein verzücktes, irres Lächeln im Gesicht; und bei seinem Besuch auf dem Rückweg zeigte er uns erneut den Finger, und so ging es weiter – rauf, runter, den Finger. Rauf, runter, den Finger. Und wir mußten rumstehen und ihm bei seinem Tun zusehen, immer und immer wieder, im Dunkeln und in der klirrenden Kälte, während der Schnee auf uns in unserem betonierten Gehege herabfiel. Es war eine einwandfreie, gründliche Wiederaufnahme des normalen Betriebs.

## Goldener Nachmittag

**Arsenal gegen Liverpool – (in Wembley) 11.4.87**

Und auf der anderen Seite sind manche Tage einfach aus Gold. Meine Depression war jetzt vollkommen verflogen; ich konnte nur noch die Stelle spüren, wo der Schmerz gesessen hatte, und das war ein angenehmes Gefühl, genauso wie das Wundsein der Magenmuskeln angenehm ist, wenn du dich von einer Lebensmittelvergiftung erholst und wieder ißt. Ich stand sechs Tage vor meinem dreißigsten Geburtstag, und ich hatte die Vorstellung, daß sich alles genau rechtzeitig für mich gewendet hatte; daß dreißig der Wasserfall am Ende des Flusses war und es geradewegs abwärts mit mir gegangen wäre, wenn mein Tief noch angehalten hätte, als ich dort ankam. Ich fühlte mich deshalb also gut, und Arsenal wieder in Wembley zu sehen, war auch ein schönes Gefühl, da der Littlewoods Cup mit einem jungen Team und einem neuen Trainer eher wie ein unvorstellbar schmackhaftes Horsd'œuvre denn als die eigentliche Mahlzeit erschien. Ich war gerade mal dreiundzwanzig geworden, als wir alle zuletzt gemeinsam dort waren, und für mich und das Team waren die sieben dazwischen liegenden Jahre unvorhersehbar grauenvoll gewesen; doch jetzt waren wir aus dem Dunkel ins Licht getreten.

Und es gab *wirklich* Licht, wunderbaren und wunderbar angemessenen Aprilsonnenschein. Und obwohl man sich immer bewußt ist, welch ein Gefühl es ist, wenn der Winter vorbei ist, egal wie lange dieser Winter auch gedauert haben mag, gibt es nichts Besseres als ein Fußballstadion, besonders Wembley, um es dir vor Augen zu führen, weil du dort im schattigen Dunkel stehst und hinab ins Licht auf das glitzernde satte Grün blickst. Es ist, als ob du im Kino bist und einen Film über ein anderes, exotischeres Land siehst. Natürlich war es außerhalb des Stadions so sonnig wie innen drin, doch dem schien nicht so zu sein, was an der Eigenheit lag, die Fußballstadien haben: Sie nutzen nur ein Rechteck des Sonnenscheins, und dadurch nimmt man diesen intensiver und bewußter war.

All das war also schon da, sogar noch ehe die Partie begann. Und obwohl wir gegen Liverpool spielten (zugegebenermaßen Liverpool in einer seiner weniger gewaltigen Aufmachungen, prä-Beardsley und -Barnes, aber post-Dalglish, auch wenn er an jenem Tag auf der Bank saß) und daher nur zu erwarten war, daß wir verlieren würden, hatte ich mich wirklich selbst überzeugt, daß das unwichtig war und es ausreichte, daß ich wieder da war und das Team wieder da war. Als deshalb Craig Johnston Rush steil freispielte, und dieser einen Augenblick innehielt, sich Zeit nahm und den Ball sauber und souverän an der tastend suchenden linken Hand unseres Torhüters Lukic vorbei ins Netz hämmerte, gab mir das einen Stich, aber ich war nicht überrascht und blieb entschlossen, das Tor und die Niederlage, die zwangsläufig folgen würde, nicht meine Genesung oder meinen neuen, schwungvollen Frühjahrsoptimismus zerstören zu lassen.

Doch Charlie glich vor der Halbzeit aus, nachdem er den Pfosten getroffen und ein gewaltiges Gewühl im Strafraum von Liverpool verursacht hatte; und in einer wundervollen zweiten Hälfte Fußball, als beide Teams mit Anmut, Geschick und Verlangen spielten, sprang unser eingewechselter Spieler, der arme, miesgemachte Perry Groves über Gillespie hinweg, flankte, Charlie schwang sich hoch, der Ball traf einen Verteidiger und rollte sanft am getäuschten Grobbelaar vorbei ins Tor. Aber das tat er so träge, so langsam, daß ich fürchtete, er würde nicht den Schwung haben, die Linie vollständig zu überqueren oder weggeschlagen, bevor der Schiedsrichter entdeckt hatte, daß er tatsächlich dringewesen war, aber letztlich hatte er gerade genug Puste, um das Netz zu berühren. Nicholas und Groves, der eine für fast eine Dreiviertelmillion Pfund von Celtic gekommen, der andere von Colchester United für etwa ein Fünfzehntel dieser Summe, rannten hinter das Tor und vollführten einen kleinen Freudentanz vor uns, nur die beiden. Sie konnten sich früher nicht mal vorgestellt haben, jemals miteinander zu tanzen, und sie sollten es nie wieder tun, aber da waren sie, verbunden für nur einen Moment in der einhundertundeinjährigen Geschichte des Clubs durch ihre nicht zu wiederholende und ehrlich gesagt zufällige Zusammenarbeit. Und so kam es dazu, daß Arsenal den Littlewoods Cup gewann, nicht die berühmteste Trophäe, die ich kenne, aber viel mehr als Pete und ich und der Rest von uns noch vor zwei Jahren zu erhoffen gewagt hätten. Er war eine Art Belohnung für blinde Beharrlichkeit.

Eine Sache, die ich sicher über das Dasein als Fan weiß: Es ist kein nachempfundenes Vergnügen, trotz allem gegenteiligen Anschein, und jene, die sagen, daß sie etwas lieber selbst tun statt zuzusehen, verstehen nicht, worum es geht. Fußball bildet einen Kontext, in dem *Zuschauen* zum Tun wird – nicht im organischen Sinn, da ein Spiel anzusehen und sich währenddessen den Kopf wegzurauchen, zu trinken, wenn es zu Ende ist, und auf dem Heimweg Pommes zu essen, deinem Körper höchstwahrscheinlich nicht so gut tut, wie eine ganze Menge von dem, was Jane Fonda empfiehlt, und vermutlich wäre es gesünder, einen Fußballplatz rauf- und runterzuschnaufen. Doch wenn es irgendeine

Art von Triumph gibt, strahlt die Freude der Spieler nicht kreisförmig nach außen ab, bis sie unsereins ganz hinten auf den Rängen in einer verblaßten, reduzierten Form erreicht; unsere Freude ist keine wäßrige Version der Freude der Mannschaft, auch wenn es die Spieler sind, die die Tore erzielen und die Treppen in Wembley raufsteigen, um Prinzessin Diana zu treffen. Die Freude, die wir bei derartigen Anlässen empfinden, ist nicht ein Feiern des Glücks anderer, sondern ein Feiern unseres eigenen; und bei einer katastrophalen Niederlage ist das uns verschlingende Leid in Wirklichkeit Selbstmitleid, und jeder, der verstehen will, wie Fußball konsumiert wird, muß sich das als erstes klarmachen. Die Spieler sind bloß unsere Vertreter, mehr vom Trainer ausgesucht als von uns gewählt, aber dennoch unsere Vertreter, und manchmal kann man, wenn man genau hinsieht, die kleinen Stangen sehen, die sie zusammenhalten, und die Griffe an den Seiten, die es uns ermöglichen, sie zu bewegen.

Ich bin ein Teil des Clubs, genauso wie der Club ein Teil von mir ist. Und ich sage das in dem vollen Bewußtsein, daß der Club mich ausbeutet, meinen Ansichten keine Beachtung schenkt und mich gelegentlich schludrig behandelt, folglich basiert mein Gefühl einer organischen Verbindung nicht auf einem wirren, sentimentalen Mißverständnis darüber, wie der professionelle Fußball funktioniert. Dieser Sieg in Wembley gehörte mir ganz genauso, wie er Charlie Nicholas oder George Graham gehörte (erinnert sich Nicholas, der von Graham in der folgenden Saison nicht mehr berücksichtigt und dann verkauft wurde, auch so liebevoll an den Nachmittag?), und ich habe ganz genauso hart dafür gearbeitet wie sie. Der einzige Unterschied zwischen mir und ihnen ist, daß ich mehr Stunden, mehr Jahre, mehr Jahrzehnte in diesen Nachmittag investiert hatte als sie und deshalb ein besseres Verständnis, eine süßere Dankbarkeit für ihn empfand – und daher scheint noch immer die Sonne, wenn ich an ihn denke.

## Bananen

**Arsenal gegen Liverpool – 15.8.87**

Weil meine Freundin klein und deshalb benachteiligt ist, wenn es darum geht, Fußball von den Stehplätzen aus zu sehen, gab ich meine Dauerkarte für einen Nachmittag ab und kaufte für das erste Spiel der neuen Saison Sitzplatzkarten ganz oben auf der Westtribüne. Es war der Nachmittag, an dem Smith sein Debüt für Arsenal gab und Barnes und Beardsley ihres für Liverpool, es war heiß und Highbury wogte. Wir saßen auf Höhe des Elfmeterpunktes, der zu dem Tor vor dem Clock End gehört, und hatten so eine perfekte Sicht auf Davis' Flugkopfball, der Aldridges Tor zum Auftakt ausglich, genauso wie auf Nicols überraschenden Zwanzig-Meter-Kopfball, der Liverpools Siegtor in der allerletzten Minute bedeutete. Wir konnten auch, mit furchtbarer Klarheit, das ungewöhnliche Verhalten der Liverpoolfans unter uns und zu unserer Rechten beobachten.

In seinem Buch über Barnes und Rassenfragen in Liverpool, OUT OF HIS SKIN, erwähnt Dave Hill dieses erste Spiel nur nebenbei (»Liverpools mitgereiste Anhänger gingen begeistert nach Hause, irgendwelche Zweifel an der Weisheit des sommerlichen Großeinkaufs des Trainers waren bereits im Schwinden.«) Er schenkt Liverpools Spiel gegen Everton in Anfield ein paar Wochen später im Littlewoods Cup mehr Aufmerksamkeit, in dessen Verlauf die Gästefans »Niggerpool! Niggerpool!« und »Everton ist weiß!« sangen. (Everton hat es geheimnisvollerweise immer noch nicht geschafft, einen schwarzen Spieler zu finden, der gut genug für das Team ist.)

Dennoch lieferte Barnes' erstes Spiel Informationen, die Hill hätte verwenden können: Wir konnten ganz klar erkennen, daß, während sich die Teams warmmachten, eine Banane nach der anderen aus dem Gästeblock geschleudert wurde. Für die, die in den verschlüsselten Beschimpfungen der Zuschauerränge unbewandert sind: Die Bananen waren dazu bestimmt, anzuzeigen, daß ein Affe auf dem Spielfeld war. Da sich die Liverpoolfans bis dahin noch nie die Mühe gemacht hatten, zu Spielen gegen Arsenal Bananen mitzubringen, auch wenn wir seit der Jahrzehntenwende immer zumindest einen schwarzen Spieler in der Mannschaft gehabt haben, kann man nur annehmen, daß John Barnes der Affe war, auf den sie hinweisen wollten.

Die, die einerseits gesehen haben, wie John Barnes, dieser schöne, elegante Mann, Fußball spielt, ein Interview gibt oder auch nur einfach auf den Platz kommt, und andererseits neben den grunzenden, übergewichtigen Orang-Utans gestanden haben, die Dinge tun, wie Bananen zu werfen oder Affenschreie von sich zu geben, werden die verblüffende Ironie des Ganzen zu schätzen wissen. (Es mag wohl attraktive, sprachgewandte und elegante Rassisten geben, doch die kommen ganz bestimmt nie zu Fußballspielen.) Und vielleicht waren die Bananen nicht als Ausdruck von Rassenhaß gedacht, sondern als eine bizarre Form der Begrüßung – vielleicht wollten diese Liverpooler, berühmt für ihren geistreichen und schlagfertigen Witz, Barnes bloß auf eine Weise begrüßen, von der sie glaubten, er könnte sie verstehen, genau wie die Anhänger der Spurs Ardiles und Villa 1978 einen argentinischen Konfetti-Empfang bereiteten. (Diese letztgenannte Theorie ist schwer zu glauben, aber andererseits ist es genauso schwer zu glauben, daß so viele Fans eine derart bösartige Wut über die Ankunft eines der besten Spieler der Welt bei ihrem Club empfanden.) Doch ganz gleich, welche wahnsinnig komische Ironie die Szene gehabt haben mag und was immer die Liverpoolfans gemeint haben mögen, es war ein abstoßender, widerlicher Anblick.

Arsenal hat, im großen und ganzen, keine Probleme mehr mit dieser Art von Schweinerei, dafür aber mit anderen, besonders mit Antisemitismus. Es gibt schwarze Fans, auf den Stehrängen und auf den Sitzplätzen, und unsere besten Spieler – Rocastle, Campbell, Wright – sind schwarz und ungeheuer beliebt. Man kann aber selbst jetzt noch gelegentlich Idioten hören, die schwarze Spieler in gegnerischen Teams verhöhnen. (Eines Abends drehte ich mich verärgert um, weil ich einem Arsenalfan mutig begegnen wollte, der Manchester Uniteds Paul Ince mit Affenlauten bedachte, und bemerkte, daß ich einen blinden Mann beschimpfte. Ein blinder Rassist!) Und manchmal, wenn ein gegnerischer schwarzer Spieler ein Foul begeht oder eine gute Chance verpaßt oder eine gute Chance nicht verpaßt oder mit dem Schiedsrichter streitet, sitzt du panisch zitternd da und ahnst nur Böses. »Bitte sagt nichts, niemand«, murmelst du im Sitzen vor dich hin. »Bitte verderbt mir nicht alles.« (*Mir*, bitte ich zu beachten, nicht dem armen Kerl, der da unten nur Meter entfernt von einigen schlimmen faschistischen Sturmtruppen Fußball spielen muß – von solcher Art ist das nachsichtige Selbstmitleid des modernen Freigeistes.) Dann steht irgendein Neandertaler auf, zeigt auf Ince, Wallace, Barnes oder Walker, und du hältst den Atem an ... und er nennt ihn eine Fotze, einen Wichser oder irgendwas anderes Widerliches, und dich erfüllt ein lächerliches Gefühl hauptstädtischen, weltklugen Stolzes, weil das adjektivische Attribut fehlt; denn du weißt, daß es nicht fehlen würde, wenn du ein Spiel in Merseyside oder im West Country oder im Nordosten oder sonstwo ansehen würdest, wo es keine wirklich gemischte Gemeinschaft gibt. Es ist eigentlich nichts, für das man tatsächlich dankbar sein kann, ich meine die Tatsache, daß ein Mann einen anderen Mann eine Fotze nennt, nicht aber eine schwarze Fotze.

Es erscheint wenig überzeugend, wenn ich sage, daß ich das Schikanieren schwarzer Spieler verabscheue, das in manchen Fußballstadien routinemäßig stattfindet, und wenn ich irgendwelchen Mumm gehabt hätte, hätte ich mich entweder a) einigen der übelsten Täter mutig gestellt oder b) aufgehört, Spiele zu besuchen. Bevor ich dem blinden Rassisten Vorhaltungen machte, stellte ich einige hektische Überlegungen an – wie hart ist er? Wie hart sind seine Freunde? Wie hart sind meine Freunde? –, bis ich etwas hörte, vielleicht eine gewisse Weinerlichkeit in seiner Stimme, das mich schließen ließ, daß ich nicht im Begriff stand, Prügel zu beziehen, und handelte entsprechend. Aber das passiert selten. In der Regel bin ich der Auffassung, daß diese Leute, wie Leute, die in U-Bahnzügen rauchen, wissen, was sie tun, und ihr Übergriff bezweckt, jeden einzuschüchtern, schwarz oder weiß, dem danach ist, etwas dagegen zu unternehmen. Und was das Nichthingehen anbelangt ... was ich sagen sollte ist, daß Fußballstadien für alle da sind, nicht nur für rassistische Schläger, und das Spiel in Schwierigkeiten steckt, wenn anständige Leute aufhören hinzugehen. Und ein Teil von mir glaubt daran (die Fans von Leeds haben erstaunliche Dinge getan, um die verpestete Stimmung zu verbessern, die früher in ihrem Stadion herrschte), aber ein anderer Teil von mir weiß, daß ich aufgrund der Macht meiner Besessenheit nicht aufhören kann.

Ich wünsche mir all die Dinge, die andere Fans wie ich sich auch wünschen: Ich wünsche mir, daß Fußballkommentatoren öfter Empörung ausdrücken würden, als sie es tun; ich wünsche mir, daß Arsenal wirklich auf den Rauswurf von Fans bestehen würde, die Lieder über Hitlers Judenvergasung singen, statt ewig zu drohen, es zu tun; ich wünsche mir, alle Spieler, schwarze und weiße, würden mehr unternehmen, um ihren Abscheu zu bekunden. (Wenn, sagen wir, Evertons Torwart Neville Southall einfach jedesmal aus Protest vom Spielfeld ginge, wenn seine eigenen Fans diese Geräusche machten, dann wären die Probleme in Goodison beinahe über Nacht gelöst, aber es ist mir klar, daß die Dinge nicht auf diese Weise angegangen werden.) Aber am allermeisten wünsche ich mir, ich wäre ein halber Riese und gewalttätig veranlagt, so daß ich mit jedem in meiner Nähe auftretenden Problem in einer Art und Weise umgehen könnte, die im Einklang mit der von mir empfundenen Wut steht.

## Der König von Kenilworth Road

**Luton gegen Arsenal – 31.8.87**

Meine Nicht-Fußballfreunde und meine Familie haben noch nie jemand getroffen, der bescheuerter ist als ich; tatsächlich sind sie überzeugt, daß ich so besessen bin, wie man nur sein kann. Aber ich weiß, es gibt Leute, die den Grad meines Engagements – jedes Heimspiel, eine Handvoll Auswärtsspiele und ein oder zwei Reserve- oder Jugendspiele jede Saison – als unzureichend betrachten würden. Leute wie Neil Kaas, ein Lutonfan, der mich und meinen Halbbruder in den Tagen, in denen Lutons Verbot für Auswärtsfans in Kraft war, als seine Gäste mitnahm, damit wir Arsenal in Kenilworth Road zusehen konnten, sind Besessene, bei denen alle Spuren von Ängstlichkeit oder Selbstzweifel beseitigt sind. Sie lassen mich wie den furchtsamen Dilettanten erscheinen, als den sie mich im Verdacht haben.

Acht Dinge, die du nicht über Neil Kaas gewußt hast:

1. Er würde selbstverständlich an einem Mittwochabend nach Plymouth fahren, und so einen wertvollen Tag Urlaub verbrauchen. (Er ist nach Wigan, Doncaster und überall sonst hin gefahren; und auf dem Rückweg von einem Spiel Mitte der Woche in Harthpool hatte der Bus eine Panne, und er und die anderen schauten sich POLICE ACADEMY 3 siebenmal an.)

2. Als ich ihn zum ersten Mal traf, war er gerade aus einem Kibbuz zurückgekehrt, wobei ich, als ich ihn besser kennenlernte, verblüfft war, daß er es geschafft hatte, sich für einen gewissen Zeitraum von den Hatters loszureißen. Er sei gegangen, erklärte er, weil die Fans von Luton im Begriff gewesen seien, einen Boykott für alle Heimspiele

zu organisieren, um gegen einen geplanten Umzug nach Milton Keynes zu protestieren; Neil wußte, daß er, obwohl der Boykott seine aufrichtige Unterstützung hatte, außerstande sein würde, ihn zu befolgen, es sei denn, er würde sich ans andere Ende der Welt begeben.

3. Nach einer bizarren Verkettung von Umständen, die zu kompliziert ist, um sie hier zu erzählen, sah er ein Spiel gegen QPR von der Ehrentribüne aus, nachdem er von David Evans dem Rest des Vorstands als »der nächste Präsident von Luton Town« vorgestellt worden war.

4. Er hat Mike Newell und eine Anzahl anderer Spieler auf eigene Faust aus dem Club vertrieben, indem er sicherstellte, daß er immer in der Nähe des Spielertunnels stand, um jeden Spieler fürchterlich und unaufhörlich zu beschimpfen, der seiner Ansicht nach nicht gut genug war, den Rasen von Kenilworth Road zu betreten.

5. In einem Bericht im INDEPENDENT wurden einmal einige Anspielungen auf ein Großmaul mit dröhnender Baßstimme gemacht, das auf der Haupttribüne von Luton sitzt und jeden in seiner unmittelbaren Umgebung daran hindert, das Spiel zu genießen; nachdem ich zusammen mit Neil eine Partie verfolgt habe, kann ich nur den Schluß ziehen, und das voller Reue, daß er der Mann ist.

6. Er geht zu jedem Abend der offenen Tür bei Luton, Anlässe, die es den Fans ermöglichen, mit dem Trainer und den Vorstandsmitgliedern zu sprechen, obwohl er neuerdings den Verdacht zu schöpfen begonnen hat, daß sie ihm nicht mehr länger erlauben werden, Fragen zu stellen. Das verwirrt ihn, obwohl manche der Fragen, die er, wie ich weiß, gestellt hat, eigentlich überhaupt keine Fragen sind, sondern verleumderische und lautstarke Behauptungen von Ungeeignetheit und Unfähigkeit.

7. Er hat an den Stadtrat von Luton geschrieben und

ihnen vorgeschlagen, eine Statue in Auftrag zu geben, die an Raddy Antic erinnert, dessen Tor in der letzten Minute in Maine Road dafür gesorgt hat, daß Luton nicht in die zweite Division abgestiegen ist.

8. Sonntag vormittags, nur ein paar Stunden, nachdem er von wo immer er am Samstagnachmittag auch gewesen war, zurückgekehrt ist, spielt er für Bushey »B« (ein Team, dem das Unglück widerfuhr, zwei Punkte abgezogen zu bekommen, weil der Hund des Torwarts einen Ball auf der Linie stoppte) in der Maccabi League, obwohl er zuletzt disziplinäre Probleme sowohl mit seinem Trainer als auch mit Schiedsrichtern gehabt hat, und zur Zeit, da ich das schreibe, gesperrt ist.

Diese Litanei enthält *eine* Wahrheit über Neil, aber nicht *die* Wahrheit, die darin besteht, daß er eine fröhliche und ironische Sicht auf seine eigenen Exzesse hat und von ihnen spricht, als ob sie zu irgendeinem anderen gehören würden – vielleicht zu seinem jüngeren Bruder. Und außerhalb von Kenilworth Road ist er charmant, interessiert und immer höflich, zumindest zu Fremden, also ist die Raserei, die ihn an Samstagen unveränderlich befällt, ausschließlich von Luton erzeugt.

Luton ist kein großer Club und hat nicht viele Fans – die Zuschauerzahlen bei Heimspielen liegen zwischen einem Drittel und einem Viertel derjenigen von Arsenal. Was denkwürdig daran war, mit ihm dieses Spiel anzusehen, war nicht der Fußball, der in einem tristen 1:1-Unentschieden endete, nachdem Davis uns in Führung gebracht hatte, sondern das Gefühl des alleinigen Eigentumsrechts, das von jemandem ausgeht, der zu seiner eigenen Befriedigung Besitz von dem Club ergriffen hat. Als wir zu unseren Sitzen gingen, schien es so, als ob Neil vielleicht ein Drittel der Zuschauer persönlich kannte und mit der Hälfte davon für einen kurzen Plausch stehenblieb. Und wenn er zu Auswärtsspielen reist, tut er das nicht als Staubkorn in einer riesigen Invasionstruppe, sondern als sichtbares und wiederzuerkennendes Gesicht in einem abgerissenen Haufen von ein paar hundert Leuten – bei einigen der problematischsten Ansetzungen Mitte der Woche sind es vielleicht sogar noch weniger.

Aber das ist für ihn ein Teil der Anziehungskraft: Er ist der Lord von Luton, der König der Kenilworth Road. Wenn seine Freunde an einem Samstag deshalb die Ergebnisse im Radio, im Fernsehen oder über die Lautsprecheranlagen anderer Ligastadien hören, denken sie einfach »Neil Kaas«, wenn sie das Ergebnis von Luton hören. Neil Kaas 0, Liverpool 2, Neil Kaas durch ein Tor in der letzten Minute vor dem Abstieg gerettet, Neil Kaas gewinnt den Littlewoods Cup …

Und das ist auch eine Anziehungskraft, die der Fußball auf mich hat, obwohl ich für mich niemals in Anspruch nehmen könnte, auf die Weise eine Definition von Arsenal zu sein, auf die Neil und Luton einander definieren. Diese Anziehungskraft ist im Verlauf der Jahre langsam zum Vorschein gekommen, hat aber dennoch einen gewaltigen Reiz: *Mir gefällt der Gedanke, daß sich Leute auf einer geregelten Basis an mich erinnern.*

Ich weiß, daß das passiert. Am Abend des 26. Mai 1989 kam ich in meine Wohnung zurück, nachdem ich bis tief in die Nacht gezecht hatte, und fand vierzehn oder fünfzehn telefonische Mitteilungen von Freunden überall in England und Europa, von denen ich mit einigen monatelang nicht gesprochen hatte. Am Tag nach einer Katastrophe oder einem Triumph Arsenals erhalte ich häufig Telefonanrufe von Freunden, auch von Nicht-Fußballfreunden, die durch eine Zeitung oder einen zufälligen, müßigen Blick auf einen Sportüberblick am Ende einer Nachrichtensendung daran erinnert wurden, Verbindung mit mir aufzunehmen. (Um das Ganze zu bestätigen: Ich ging gerade nach unten, um die Post zu holen, und da war eine Postkarte, ein kleines Dankeschön von einer Freundin, der ich vor ein paar Wochen in banaler, unspektakulärer Weise beigestanden hatte und von der ich seitdem nichts mehr gehört habe. Zuerst war ich verwirrt, wieso sie mir jetzt dankte, lange nach dem fraglichen Vorfall – ich erwartete es nicht von ihr –, doch das P.S. am Ende, »Tut mir leid für Arsenal«, dient als Erklärung.)

Auch wenn du weißt, daß alles – Mickey Rourke, Rosenkohl, die U-Bahnstation Warren Street oder Zahnschmerzen, die Assoziationen, die Leute mit dir verbinden mögen, sind endlos und persönlich – dazu führen kann, jemand auf eine Kette von Gedanken zu bringen, die bei dir endet, hast du keine Ahnung, wann das passieren könnte. Es ist nicht voraussehbar und willkürlich. Mit dem Fußball gibt es diese Zufälligkeiten nicht: Du weißt, daß du an Abenden wie dem Abend der Meisterschaft 89 oder an Nachmittagen wie dem Nachmittag des Wrexham-Desasters 1992 in den Köpfen von ein paar Dutzend, vielleicht sogar von Hunderten von Leuten bist. Und ich liebe das, die Tatsache, daß ehemalige Freundinnen und andere Menschen, zu denen du den Kontakt verloren hast und die du vermutlich nie wiedersehen wirst, vor ihren Fernsehgeräten sitzen und denken, nur für einen Augenblick, *aber alle zur selben Zeit*, Nick, nur das, und sich für mich freuen oder mich bedauern. Niemand anders kriegt das, nur wir.

## Mein Knöchel

**Arsenal gegen Wimbledon – 19.9.87**

Ich kann mich nicht erinnern, wie es passierte – wahrscheinlich bin ich auf den Ball getreten oder habe etwas ähnlich Unelegantes gemacht. Und mir war zunächst nicht klar, was das zur Folge hatte. Ich wußte nur, als ich von dem Feld für Fünfmannteams humpelte, daß mein Knöchel höllisch wehtat und vor meinen Augen scheißgemein anschwoll. Aber als ich im Wagen meines Mitbewohners auf dem Weg zurück in unsere Wohnung saß, begann ich, in Panik zu verfallen: Es war viertel vor eins, ich konnte nicht laufen, und ich mußte um drei in Highbury sein. Zu Hause saß ich da, einen Beutel gefrorener Erbsen auf meinem Knöchel balancierend, und dachte über die Alternativen nach. Mein Mitbewohner, seine Freundin und meine Freundin schlugen vor, daß ich, da ich vollkommen unbeweglich war und offenbar Schmerzen hatte, zu Hause bleiben und Radio hören sollte, doch es war klar, daß das nicht in Frage kam. Und als ich mir erst einmal bewußt gemacht hatte, daß ich irgendwie zu dem Spiel gehen würde, daß es Taxis gab und Sitzplätze im unteren Bereich der Westtribüne und Schultern von Freunden, an die man sich wenn nötig lehnen konnte, legte sich die Panik und alles wurde zu einer simplen Frage der Logistik.

Es war schließlich gar nicht so schlimm. Wir nahmen die U-Bahn nach Arsenal statt nach Finsbury Park – es war dann nicht so weit zu Fuß – und standen ganz am Rand der Nordtribüne, nicht an unserem üblichen, überdachten Platz – auch wenn es die gesamte torlose zweite Hälfte in Strömen goß –, so daß ich mich gegen eine Absperrung lehnen und irgendwelche Stürze die Nordtribüne hinunter, wenn Arsenal traf, vermeiden konnte. Aber trotzdem: Bis auf die Haut durchnäßt zu werden (und darauf zu bestehen, daß alle anderen auch bis auf die Haut durchnäßt wurden), vor Schmerz zu zittern und meine Fahrtzeit für den Hin- und Rückweg zu verdreifachen, schien kein zu hoher Preis zu sein. Jedenfalls nicht, wenn man die verheerende Alternative berücksichtigt.

## Das Spiel

**Coventry gegen Arsenal – 13.12.87**

Pete und ich gingen wegen eines sonntagnachmittäglichen Anpfiffs um drei schätzungsweise gegen zwölf los und kamen gerade noch rechtzeitig an. Es war ein grausames Spiel, unsäglich, ein 0:0 in einer Saukälte ... und es wurde live im Fernsehen übertragen, so daß wir zu Hause hätten bleiben können. Meine Fähigkeiten zur Selbstanalyse lassen mich in diesem Fall völlig im Stich: Ich weiß nicht, warum wir hingingen. Wir gingen einfach.

Bis 1983 sah ich kein Ligaspiel live im Fernsehen, und das ging auch allen anderen meiner Generation so. Als ich ein Kind war, gab es nicht soviel Fußball im Fernsehen: eine Stunde am Samstagabend, eine Stunde am Sonntagnachmittag, manchmal eine Stunde in der Woche, wenn unsere Clubs Europapokalspiele hatten. Wir bekamen nur sehr selten komplette neunzig Minuten zu sehen. Ab und an wurden Spiele der Nationalmannschaft live gezeigt; dann gab es das FA-Cup-Finale, vielleicht das Endspiel im

Europapokal ... zwei oder drei Vereinsspiele im Jahr live, höchstens..

Das war offenkundig lächerlich. Selbst Pokalhalbfinals oder Meisterschaftsentscheidungen wurden nicht live im Fernsehen übertragen, manchmal durften die Fernsehanstalten uns noch nicht mal die Höhepunkte zeigen. (Als Liverpool in der Meisterschaft 1976 QPR gerade noch abfing, bekamen wir die Tore in den Nachrichten zu sehen, aber das war alles. Es gab einen Haufen unbegreiflicher Regeln über die TV-Berichterstattung, die keiner verstand.) Folglich waren wir trotz Satellitentechnologie, Farbfernsehern und 58-Zentimeter-Bildschirmen gezwungen, dazusitzen und unsere Ohren an Transistorradios zu pressen. Letztlich ging den Clubs auf, daß das große Geld zu machen war, und die Fernsehanstalten waren glücklich, es ihnen zu geben; das Verhalten der Fußballiga ähnelt seither dem des legendären Mädchens aus dem Kloster. Die Liga erfüllt jedem bereitwillig alle Wünsche – die Zeit des Anpfiffs ändern oder den Tag des Spiels oder die Teams oder die Trikots, ganz egal, nichts ist ihr zu mühsam. Unterdessen werden die Fans, die zahlenden Kunden, als willfährige, einfältige Idioten betrachtet. Was auf deiner Eintrittskarte steht ist bedeutungslos: Wenn ITV oder BBC die Ansetzung auf eine Zeit verlegen wollen, die ihnen besser paßt, werden sie das tun. 1991 stellten Arsenalfans, die vorhatten, zum entscheidenden Spiel in Sunderland zu fahren, fest, daß nach einem kleinen Eingriff des Fernsehens (der Anstoß wurde von drei auf fünf verlegt) der letzte Zug nach London abfuhr, bevor das Spiel beendet war. Wen kümmerte das? Nur uns, niemand wichtigen.

Ich werde auch weiterhin bei Spielen, die im Fernsehen übertragen werden, in Highbury sein, hauptsächlich, weil ich meine Karte bezahlt habe. Aber, Scheiße, ich werde nicht nach Coventry, Sunderland oder sonstwohin fahren, wenn ich zu Hause sitzen und das Spiel ansehen kann, und ich hoffe, eine Menge anderer Leute machen das gleiche. Das Fernsehen wird unser Fernbleiben bemerken, eines Tages. Am Ende werden sie außerstande sein, überhaupt irgendeine Atmosphäre zu schaffen, egal wie viele Außenmikrophone sie vor die Zuschauerränge stellen, weil niemand dort sein wird: Wir werden alle zu Hause sein und in den Kasten schauen. Und wenn das passiert, hoffe ich, daß der Trainer und der Präsident uns die schwülstige, verbitterte Kolumne im Programmheft ersparen, in der sie über unsere Launenhaftigkeit klagen.

## Das geht in Ordnung

**Arsenal gegen Everton – 24.2.88**

Ich weiß, daß ich mich im Verlauf dieser Seiten sehr oft entschuldigt habe. Fußball hat mir zu viel bedeutet, ist stellvertretend für zu viele Dinge geworden, und ich habe das Gefühl, daß ich bei weitem zu viele Spiele besucht habe, zu viel Geld ausgegeben habe, mich über Arsenal aufgeregt habe, wenn ich mich über etwas anderes hätte aufregen sollen, und meinen Freunden und meiner Familie zuviel Nachsicht abverlangt habe. Doch es gibt Gelegenheiten, bei denen der Besuch eines Spieles die einleuchtendste und lohnenswerteste Freizeitbeschäftigung ist, die ich mir denken kann, und Arsenal gegen Everton, ein weiteres Halbfinalrückspiel im Littlewoods Cup, war so eine Gelegenheit.

Das Spiel fand vier Tage nach einem anderen Riesenspiel gegen Manchester United im FA Cup statt, das Arsenal 2:1 gewonnen hatte, allerdings nur, weil McClair mit dem letzten Schuß des Spiels einen Elfmeter weit übers Tor auf eine begeisterte Nordtribüne gejagt hatte (und Nigel Winterburn ihn, nachdem er das getan hatte, unbarmherzig und unfreundlich zurück zur Mittellinie verfolgte, eine der ersten Andeutungen der peinlichen Undiszipliniertheit dieses Arsenalteams). Es war also eine großartige Woche mit gigantischen Zuschauermengen – dreiundfünfzigtausend am Samstag, einundfünfzigtausend am Mittwoch.

Wir schlugen Everton an jenem Abend 3:1, insgesamt 4:1, ein hinreichend komfortabler Sieg, den Arsenal vollauf verdiente, uns aber Geduld abverlangte. Vier Minuten vor Halbzeit überlistete Rocastle Evertons Abseitsfalle, umkurvte Southall und knallte den Ball weit am vollkommen leeren Tor vorbei, und dann war Hayes drei Minuten später ebenfalls durch, nur daß Southall ihn diesmal zwanzig Zentimeter vor der Torlinie zu Fall brachte. Hayes führte den Elfmeter selbst aus und kickte ihn wie McClair hoch übers Tor. Und die Menge wird vor Enttäuschung und Besorgnis wütend; du schaust dich um und siehst Gesichter arbeiten, vollkommen gefesselt, und das Geflüster, das sich nach dramatischen Situationen im Stadion ausbreitet, hält die gesamte Halbzeitpause über an, weil es so viel Gesprächsstoff gibt. Aber zu Beginn der zweiten Hälfte spitzelt Thomas den Ball über Southall hinweg und trifft, und du willst vor Erleichterung platzen, und der Lärm, der das Tor begrüßt, hat eine besondere Intensität, eine Tiefe, die nur erreicht wird, wenn jeder im Stadion – die gegnerischen Fans ausgenommen – dem Gebrüll alles gibt, was er hat, auch die Leute ganz oben auf den Fünfzehn-Pfund-Sitzen. Heath gleicht zwar kurz darauf aus, aber Rocky macht seinen Fehlschuß wieder gut, und Smith markiert einen weiteren Treffer, und ganz Highbury, alle vier Seiten des Stadions, ist lebendig, schreit und umarmt sich vor Begeisterung über die Aussicht auf ein weiteres Finale in Wembley und über die Art und Weise, wie es erreicht wurde. Es ist etwas Außergewöhnliches, zu wissen, daß du in dem allen eine Rolle zu spielen hast, daß der Abend ohne dich und Tausende, die wie du sind, nicht der gleiche gewesen wäre.

Absurderweise bin ich noch gar nicht dazu gekommen zu sagen, daß Fußball ein wundervoller Sport ist, aber natürlich ist er das. Tore haben einen Seltenheitswert, den Punkte, Runs und Sätze nicht haben, und so wird da immer jener Reiz sein, der Reiz, jemand etwas machen zu sehen, was, wenn man Glück hat, nur drei- oder viermal in einem ganzen Spiel passieren kann, und das überhaupt nicht passiert, wenn man kein Glück hat. Und ich liebe am Fußball sein Tempo, seine Unberechenbarkeit. Ich liebe die Art, wie kleine Männer große Männer in einer Weise zunichte machen können (sieh dir Beardsley gegen Adams an), die in anderen Kontaktsportarten nicht möglich ist, und die Eigenheit, daß das bessere Team nicht zwangsläufig gewinnt. Und da ist die Athletik (mit allem gebührenden Respekt vor Ian Botham und der englischen Angriffsreihe, es gibt kaum gute fette Fußballer) und die Art, wie Kraft und Intelligenz sich vereinigen müssen. Er erlaubt Spielern, auf eine Weise wunderschön und tänzerisch auszusehen, wie andere Sportarten es nicht tun: Ein perfekt getimeter Flugkopfball oder ein perfekt getroffener Volleyschuß erlauben dem Körper, eine Haltung und Grazie zu erreichen, die manche Sportler niemals zeigen können.

Aber es hat sogar noch mehr als das alles. Im Verlauf von Spielen wie dem Halbfinale gegen Everton, auch wenn

Abende wie dieser unvermeidlicherweise selten sind, befällt einen dieses starke Gefühl, genau zur rechten Zeit am rechten Ort zu sein; wenn ich bei einem großen Spiel in Highbury bin oder, ganz klar, bei einem noch größeren in Wembley, fühle ich mich, als wäre ich im Zentrum der ganzen Welt. Wann sonst im Leben passiert das? Vielleicht hast du eine heiß begehrte Karte für die Premiere eines Stücks von Andrew Lloyd Webber, aber du weißt, daß das Stück mehrere Jahre lang laufen wird, also mußt du den Leuten eigentlich hinterher erzählen, daß du es vor ihnen gesehen hast, was irgendwie uncool ist und in jedem Fall die Wirkung vollkommen ruiniert. Oder vielleicht hast du die Stones in Wembley gesehen, aber andererseits wird selbst so was heutzutage Abend für Abend wiederholt und hat deshalb nicht die gleiche Jetzt-oder-nie-Wirkung eines Fußballspiels. Es ist auch keine *Nachricht*, so wie ein Halbfinale Arsenal gegen Everton eine Nachricht ist: Wenn du am nächsten Tag in deine Zeitung schaust, egal welche du liest, wird einem Bericht von *deinem* Abend umfangreicher Raum eingeräumt werden, dem Abend, zu dem du beigetragen hast, einfach indem du aufgetaucht bist und geschrien hast. Das kannst du eben nicht außerhalb eines Fußballstadions finden; es gibt keinen anderen Ort im gesamten Land, der dir das Gefühl gibt, als ob du dich im Herzen der Dinge befindest. Denn egal in welchen Nachtclub du gehst oder in welches Theaterstück oder in welchen Film, egal welches Konzert du anschaust oder in welchem Restaurant du ißt, wird das Leben anderswo in deiner Abwesenheit weitergegangen sein, so wie es das immer tut; wenn ich aber in Highbury bei Spielen wie jenem bin, habe ich das Gefühl, daß der Rest der Welt innehält und sich vor den Toren versammelt, um darauf zu warten, das Endergebnis zu hören.

## Willkommen in England

**England gegen Holland – März 1988**

Im Jahr 1988 begann ich für eine fernöstliche Handelsgesellschaft zu arbeiten. Ich fing als Lehrer an, aber bald wurde klar, daß meine Schüler aus dem mittleren Managementbereich von den absonderlichen Anfragen, die sie aus ihrer Zentrale erhielten, mehr verwirrt waren als von der englischen Sprache. So schwand die Lehrtätigkeit dahin, und stattdessen verrichtete ich etwas, was ich nur als »Andere Dinge« bezeichnen kann, weil eine gattungsmäßige Umschreibung meiner Pflichten über meinen Horizont geht. Ich schrieb zahllose Briefe an Rechtsanwälte und einen langen Aufsatz über Jonathan Swift, der übersetzt und zurück an die Zentrale gefaxt wurde; ich vergewisserte mich zur Zufriedenheit meiner Arbeitgeber, welches Wasser Trinkwasser darstellte; ich brütete über den Landschaftsplänen für Hampton Court und nahm Fotos vom Beaulieu Motor Museum auf; ich suchte Sozialamtsleiter auf, um über Waisenheime zu sprechen; ich wurde in langwierige Verhandlungen um Reithöfe in Warwickshire und Rassehunde in Schottland hineingezogen. Es war ein abwechslungsreicher Job.

Die Manager arbeiteten erschreckend hart: Ihre vertraglich geregelte Arbeitszeit war montags bis freitags von acht Uhr morgens bis acht Uhr abends und samstags von acht Uhr morgens bis zwei Uhr mittags, aber das war nur die offizielle Version – ein Zwölfstundentag war genauso wie Gordon Gekkos Mittagessen etwas für Schwächlinge. Als ich dreien meiner Schüler aber erzählte, daß Gullit und Van Basten in die Stadt kamen, um ihre Spielintelligenz an Lineker und Shilton zu messen, war die Versuchung selbst für sie zu groß, und mir wurde aufgetragen, Karten zu kaufen und sie an dem fraglichen Abend zu begleiten und einzuweisen.

Alle paar Jahre vergesse ich, was für eine traurige Erfahrung es ist, ins Wembleystadion zu gehen, um England spielen zu sehen, und wage einen weiteren Versuch. 1985 besuchte ich ein paar Wochen, nachdem Schottlands Jock Stein gestorben war, ein Weltmeisterqualifikationsspiel und hörte mir die widerlichsten Festgesänge an, die man sich vorstellen kann. Und vier Jahre später war ich wieder bei einem Qualifikationsspiel und saß inmitten von Betrunkenen, die während der Nationalhymne Nazigrüße vollführten. Warum ich dachte, daß es bei einem Freundschaftsspiel gegen die Niederlande irgendwie anders sein würde, weiß ich jetzt nicht mehr, jedenfalls erwies es sich als eine peinliche Fehleinschätzung.

Unser Timing war genau richtig. Wir gingen etwa fünfzehn Minuten vor Anpfiff mit Sitzplatzkarten in unseren Taschen den Wembley Way entlang, und ich war mit meiner fachmännischen Organisation zufrieden. Als wir uns jedoch unserem Eingang näherten, trafen wir auf eine entschlossene und nicht wählerische berittene Polizei: Wir wurden mit Hunderten anderer Kartenbesitzer zurückgetrieben und meine Kollegen gerieten in Panik. Wir sammelten uns und versuchten es erneut; dieses Mal wurden unsere Zwölf-Pfund-Karten widerstrebend als Bescheinigung eines legitimen Interesses betrachtet, und es wurde uns erlaubt, uns dem Stadion zu nähern. Während wir das taten, fing das Spiel an, und England erzielte fast sofort ein Tor, aber wir sahen davon nichts – wir verhandelten noch über den Einlaß. Eines der Eingangstore hing aus seinen Angeln, und ein Offizieller sagte uns, daß eine große Menge von Menschen sich ihren Weg ins Stadion erzwungen hatte. Endlich drinnen, war es offensichtlich, daß unsere Sitzplätze weg waren. Die Durchgänge waren mit Leuten wie uns vollgestopft, die alle krampfhaft die nunmehr wertlos gewordenen Kontrollabschnitte ihrer Eintrittskarten festhielten und zu verängstigt waren, sich den stoppelköpfigen, stiernackigen Leuten auf ihren Sitzen entgegenzustellen. Nicht ein Ordner war zu sehen. »Ach nee, Scheißschlitzaugen«, bemerkte eine Gruppe junger Männer, als ich meine Schützlinge die Stufen hinabführte, um einen Platz zu finden, von dem aus wir wenigstens ein Rechteck des Spielfelds sehen konnten. Ich machte mir nicht die Mühe, die Bemerkung zu übersetzen. Wir standen und schauten etwa eine halbe Stunde zu, während der die Niederländer mit 2:1 in Führung gingen; Gullit mit seinen Dreadlocks, der Hauptgrund, warum das Spiel überhaupt ausverkauft war, wurde jedesmal, wenn er den Ball berührte, mit Affenlauten bedacht. Kurz vor Halbzeit gaben wir auf und gingen heim. Ich kam gerade rechtzeitig in meiner Wohnung an, um die Höhepunkte im Fernsehen zu sehen.

Man hat mir gesagt, daß sie jetzt begonnen haben, die Dinge in Wembley besser zu organisieren, und daß die Zusammensetzung des durchschnittlichen Englandpublikums, zum Teil wegen der Gazzamania und Linekers Charme seit der Weltmeisterschaft 1990 in Italien im Wandel begriffen ist. Das geschieht häufig, wenn ein Team Erfolg hat, und gibt an sich nicht viel Anlaß zu Hoffnung, weil man diese neugewonnenen Zuschauer verliert, wenn die Mannschaft wieder schlecht spielt. Mir scheint, und das ist keine Theorie, die ich mit irgendwelchen handfesten Beweisen belegen könnte – was jetzt auch egal ist –, daß schlechte Mannschaften eine üble Anhängerschaft anziehen.

Nur Dummköpfe zweifeln heutzutage ernsthaft daran, daß zwischen den sozialen und wirtschaftlichen Bedingungen und der Gewalt beim Fußball ein Zusammenhang besteht, aber woran liegt es, daß, sagen wir mal, Fans von Birmingham City einen entschieden schlechteren Ruf haben als die von Sunderland? Selbst wenn wir davon ausgehen, daß die West Midlands unter der gleichen Art von sozialer und wirtschaftlicher Verarmung leiden, die den Nordosten plagt, wie erklärt man dann das untadelige Verhalten der Villafans? Zwei Teams aus derselben Stadt; aber eins spielt in der ersten Division und das andere siecht in der dritten dahin. Als Leeds, Chelsea und Manchester United in der zweiten Division waren, versetzten ihre Fans jedermann in Angst und Schrecken, als Millwall in die erste aufstieg, verflüchtigte sich der Ruf seiner Anhänger für böse, ungeheuerliche Gewalttätigkeit ein wenig. Und ich glaube nicht, daß schlechter Fußball für sich allein genommen das Verhalten der Leute wirklich verändert; das ist es nicht, auch wenn es so etwas wie kompensierenden Stolz gibt (»Wir sind vielleicht nicht besonders gut im Fußball, aber wir können euch eine ordentliche Abreibung verpassen«); es liegt eher daran – wie kann ich das taktvoll formulieren? –, daß es einen höheren Anteil von Verrückten unter den Nur-nicht-aufgeben-wir-werden-euch-immer-unterstützen-Typen, also im harten Kern gibt, als unter den Scheiß-drauf-ist-doch-Spaß-Leuten, den unsicheren Kandidaten.

So findet man bei Zuschauerzahlen von fünfundzwanzigtausend ein paar hundert Unruhestifter; wenn der Verein dann nur noch Zuschauerzahlen von fünf- oder sechstausend hat, werden dieselben paar hundert noch immer aufkreuzen, und plötzlich ist die winzige Minderheit viel bezeichnender geworden, und der Club hat seinen Ruf weg.

Und wenn man erst einmal einen Ruf hat, fängt man an, bei denjenigen Anklang zu finden, die von der Aussicht auf Gewalt angezogen werden, die mit diesem Ruf verbunden wird. Das, denke ich, ist Chelsea und Millwall in den späten Siebzigern und Achtzigern passiert. Es ist auch das, was England zwischen dem Ausscheiden bei der Weltmeisterschaft 1974 und der Qualifikation für Italien 1990 passiert ist. Den Großteil dieser Zeit war England eine hoffnungslose Mannschaft, und sie zog einen ziemlich hoffnungslosen Haufen an.

Das Problem bei dem Ganzen ist, daß es sich Clubs, sofern ihre Mannschaft nicht gut spielt, Trophäen gewinnt, ihre Stadien füllt, einfach nicht leisten können, selbst die Leute zu vergraulen, die sie eigentlich ausschließen sollten. Mir fällt zumindest ein Clubpräsident ein, der in der Vergangenheit auffallend ambivalent hinsichtlich einiger der unangenehmen Figuren war, die seinen Club über Wasser halten, und mir ist nicht bewußt, daß seitens der englischen Fußballfunktionäre irgendwelche besonders durchschlagenden Kampagnen unternommen wurden, um ein bestimmtes Publikum zu vertreiben und ein anderes anzulocken (jede Kampagne dieser Art wurde von den Fans selbst unternommen); sie wissen – in ihrem Innersten –, wer ihnen die Butter aufs Brot streicht.

Ich versuchte, den Abend wiedergutzumachen, indem ich anbot, meine neuen Arbeitskollegen nach Highbury mitzunehmen, da ich wußte, daß wir dort in Ruhe gelassen würden, egal ob wir auf den Rängen stünden oder auf den Sitzplätzen säßen. Aber jedesmal, wenn ich das vorschlug, sahen sie mich nur an und lächelten, als ob die Einladung ein extremes Beispiel des bekanntermaßen unverständlichen englischen Sinns für Humor sei. Ich schätze, sie denken immer noch, daß ich jeden Samstagnachmittag damit verbringe, von Polizeipferden bedrängt zu werden und später irgendwo in einem Aufgang zu kauern, zu verängstigt, um den Sitzplatz zu beanspruchen, für den ich gezahlt habe, und mit dem Spiel gegen die Niederlande als Anhalt ist das eine naheliegende Vermutung. An ihrer Stelle hätte ich am Donnerstagmorgen als allererstes mit der Zentrale telefoniert und um einen Posten irgendwo anders, ganz gleich wo in der Welt, gebeten und gebettelt.

## Gus Caesar

**Arsenal gegen Luton – (in Wembley) 24.4.88**

Das Finale des Littlewoods Cup in jenem Jahr war eine Katastrophe, und manchmal ertappe ich mich dabei, wie ich mich wieder damit beschäftige: Zehn Minuten vor Schluß liegen wir 2:1 in Führung, und am Ende einer der einseitigsten Phasen, die ich je im Fußball gesehen habe (Hayes trifft den Pfosten, Smith trifft die Latte, Smith ganz allein vor Dibble, aber er kann ihn nicht überwinden), liegt der Ball, nachdem Rocky zu Fall gebracht wurde, auf dem Elfmeterpunkt, und Winterburn wird gleich ...

Nein. Er verschießt ihn wieder, zum vierzigsten oder fünfzigsten Mal seit jenem Nachmittag im April. Meine Tagträume sind so lebendig, daß es mir wirklich schwerfällt, zu glauben, daß er nicht irgendwann eine zweite Chance kriegen wird, und mein Zurückgleiten in die Realität, zur Fahrt in der U-Bahn oder zu dem Buch, das ich lese, erfolgt lächerlich langsam und ist überhaupt nur möglich, nachdem ich mich gezwungen habe, anzuerkennen – manchmal, indem ich die Worte vor mich hinflüstere –, daß das Spiel aus und vorbei ist und nie mehr wiederholt werden wird. Aber wissen Sie, wenn Winterburn getroffen hätte (und warum hat sich keiner der anderen freiwillig erboten, den Elfer zu schießen? Ein Finale in Wembley ist nicht die passende Gelegenheit, seinen ersten Elfmeter zu schießen), hätten wir 3:1 gewonnen, keine Frage, und den Pokal behalten, den wir im Jahr davor gewonnen hatten. Aber er hat nicht getroffen, und Luton marschierte in die andere Richtung, erzielte in den letzten sieben Minuten zwei Treffer und gewann 3:2. Fairer- oder unfairerweise geben die Arsenalfans, mit denen ich gesprochen habe, einem Mann die Schuld: Augustus Caesar.

Es hat viele Spieler gegeben, die das Publikum in den Jahren runtergemacht hat, und nicht alle von ihnen waren schlecht: Ure, Sammels, Blockley, Rix, Chapman, Hayes, Groves, selbst Michael Thomas in der zweiten Hälfte der ersten Meisterschaftssaison und ein gutes Stück des folgenden Jahres.

Aber bei Gus war es anders. Es gab überhaupt keine Diskussion über seine Fähigkeiten. Hayes, Groves, Thomas und Rix hatten alle ihre Fürsprecher unter den Fans, Gus hingegen hatte keine oder zumindest bin ich ihnen nicht begegnet; der Tiefpunkt seiner Karriere bei Arsenal war wahrscheinlich im Januar 1990 während einer grausamen 0:1-Niederlage in Wimbledon, als jeder Rückpaß oder Befreiungsschlag, den er ohne Katastrophe bewerkstelligte, mit ironischen Anfeuerungsrufen und Applaus aufgenommen wurde. Ich kann mir nicht mal im Ansatz vorstellen, wie jemand mit dieser Art der öffentlichen Demütigung fertig werden kann.

Kurz nachdem ich aufgehört hatte zu unterrichten und angefangen hatte, es mit dem Schreiben zu versuchen, las ich ein Buch, daß THE HUSTLER heißt und von Walter Tevis ist. Ich war von Fast Eddie, der Figur, die in der Verfilmung von Paul Newman verkörpert wird, ganz begeistert, genauso wie ich von der Vorstellung ganz begeistert war, daß ich das Cannonball Kid war, als Charlie Nicholas von Celtic zu Arsenal kam. Und da sich das Buch darum zu drehen schien, daß alles, was man machen will, schwierig ist – schreiben, ein Fußballer werden, was auch immer –, schenkte ich ihm ganz besondere Aufmerksamkeit. Eine Stelle (o Gott, o Gott, o Gott) tippte ich auf ein Stück Papier ab und heftete es über meinen Tisch: »Die ganze gottverdammte Sache ist: Du mußt dich dem Leben verschreiben, das du dir ausgesucht hast. Und du hast es dir ausgesucht – die meisten Menschen tun noch nicht mal das. Du bist intelligent, und du bist jung, und du hast, wie ich dir schon gesagt habe, Talent.«

Als sich die ablehnenden Bescheide anhäuften, trösteten mich diese Worte; und als ich begann, darüber in Panik zu geraten, wie die Dinge, die jeder andere hatte, wie Karrieren und hübsche Wohnungen und ein bißchen Geld fürs Wochenende, aus der Reichweite meiner Hände zu gleiten schienen, fingen Freunde und Familie an zu versuchen, mich zu beruhigen. »Du weißt, du bist gut«, sagten sie. »Das kommt schon in Ordnung mit dir. Hab nur Geduld.« Und ich wußte *wirklich*, ich war gut, und ich hatte mich *wirklich* dem Leben verschrieben, das ich mir ausgesucht hatte, und meine Freunde und Fast Eddies Freunde konnten nicht alle falsch liegen, also lehnte ich mich zurück und wartete.

Jetzt weiß ich, daß es falsch und blöd von mir war, das

zu tun, und ich weiß es, weil Gus Caesar es mich gelehrt hat.

Gus ist der lebendige Beweis, daß dieser Glaube an sich selbst, dieses vorwärtsstrebende Gefühl der Berufung (und ich spreche hier nicht von Arroganz, sondern dem einfachen, gesunden Selbstvertrauen, das für das Überleben absolut notwendig ist) auf gemeine Weise irreführend sein kann. Hat sich Gus dem Leben verschrieben, das er ausgesucht hat? Natürlich hat er das. Ohne Engagement kommst du nicht mal halbwegs in die Nähe der ersten Mannschaft eines bedeutenden Erstligafußballclubs. Und wußte er, daß er gut war? Er mußte es gewußt haben, und das mit Recht. Denken Sie darüber nach. In der Schule muß er viel, viel besser als seine Altersgenossen gewesen sein, also wird er für das Schulteam ausgesucht und dann für irgendeine Auswahlmannschaft, South London Boys oder etwas in der Art; und er ist noch immer besser als irgendein anderer im Team, meilenweit, also kommen die Spielerbeobachter, um ihn sich anzuschauen, und ihm wird ein Ausbildungsvertrag angeboten – nicht bei Fulham, Brentford oder gar bei West Ham, sondern beim mächtigen Arsenal. Und es ist immer noch nicht vorbei, sogar dann noch nicht, denn wenn man fünf Jahre zurückgeht und sich eine der Nachwuchsmannschaften der ersten Division von damals anguckt, werden einem die meisten der Namen nichts sagen, weil die meisten der Spieler verschwunden sind. (Hier das Arsenal-Jugendteam von April 1987 laut einem wahllos herausgefischten Programmheft: Miller, Hannigan, McGregor, Hillier, Scully, Carstairs, Connelly, Rivero, Cagigao, S. Ball, Esqulant. Von ihnen hat sich nur Hillier durchgesetzt, obwohl Miller als hocheingeschätzter Ersatztorwart noch bei uns ist; Scully spielt noch irgendwo Profifußball, wenn auch nicht für Arsenal oder irgendein anderes Team der ersten Division. Der Rest ist weg, und das bei einem Club, der dafür berühmt ist, seinen eigenen Spielern eine faire Chance zu geben.)

Doch Gus überlebt und spielt in der Folgezeit für die Reserve. Und plötzlich öffnen sich ihm alle Türen: Don Howe steckt in Schwierigkeiten und überflutet die erste Mannschaft mit jungen Spielern – Niall Quinn, Hayes, Rocastle, Adams, Martin Keown. Und als Viv Anderson über Weihnachten 1985 gesperrt ist, macht Gus sein Debüt, als rechter Verteidiger, ausgerechnet in Old Trafford, und wir gewinnen dort 1:0, folglich ist er Teil einer Abwehrreihe, die auswärts bei Manchester United ein Zu-null gehalten hat.

Howe wird entlassen, und George Graham hält an ihm fest, und er wird im Verlauf von Georges erster Saison in einer ganzen Reihe von Spielen als Einwechselspieler eingesetzt, also entwickeln sich die Dinge noch immer gut für ihn – nicht so gut wie für Rocky, Hayes, Adams und Quinn, aber andererseits ist deren häufiges Spielen in ihrer ersten Saison auch außergewöhnlich, und als die Mannschaft für Englands U-21 benannt wird, ist sie voll mit Arsenalspielern, *und Gus Caesar ist einer von ihnen.* Die für die Auswahl Englands Verantwortlichen beginnen, wie die Arsenalfans, der Jugendpolitik von Arsenal stillschweigend zu vertrauen, und Gus erhält eine Berufung, auch wenn er nicht regelmäßig in der ersten Mannschaft spielt. Aber egal weshalb, er ist dabei, er ist als einer der ungefähr zwanzig besten jungen Spieler im ganzen Land anerkannt.

An diesem Punkt nun konnte man Gus verzeihen, daß seine Aufmerksamkeit ein klein wenig nachließ. Er ist jung, er hat Talent, er hat sich dem Leben verschrieben, das er sich ausgesucht hat, und zumindest ein Teil der Selbstzweifel, die jeden quälen, der gewagte Träume hat, muß bis dahin verflogen sein. In diesem Stadium muß man sich auf das Urteil anderer verlassen (ich verließ mich auf das Urteil von Freunden und Agenten und von jedem, der mein Zeug las und mir sagte, es sei in Ordnung); und wenn unter diesen anderen, auf die man sich verläßt, zwei Trainer von Arsenal und der Coach einer englischen Auswahlmannschaft sind, dann geht man wahrscheinlich davon aus, daß es keinen Grund zur Sorge gibt.

Doch wie sich herausstellt, liegen sie alle falsch. Bis dahin hatte er jede Hürde auf seinem Weg souverän übersprungen, doch selbst in diesem späten Stadium ist es möglich, ins Straucheln zu geraten. Wahrscheinlich fällt uns zum ersten Mal im Januar 1987, bei diesem Halbfinalspiel gegen Tottenham, auf, daß etwas nicht stimmt: Caesar ist gegen Tottenhams Stürmer in einer peinlichen, offensichtlichen Weise überfordert. In Wahrheit sieht er aus wie ein Kaninchen im Scheinwerferkegel, erstarrt im Rampenlicht, bis Allen oder Waddle oder irgendwer an ihm vorbeigeht, und dann beginnt er zappelnd um sich zu schlagen, fürchterlich und bedauernswert, und schließlich erlösen George und Theo Foley ihn aus seinem Elend, indem sie ihn auswechseln. Er kriegt für eine Weile keine weitere Chance. Das nächste Mal, daß er mitspielt, ist, soweit ich mich erinnere, in Stamford Bridge gegen Chelsea, bei einem 1:1-Unentschieden eine oder zwei Wochen vor dem Finale gegen Luton. Auch da gibt es eine Szene in der ersten Hälfte, die uns beunruhigt: Dixon stürmt auf ihn zu, lockt ihn in eine Richtung, dann in die andere, dann wieder zurück – genauso, wie es dein Dad immer mit dir im Garten hinter dem Haus gemacht hat, als du ein wirklich kleines Kind warst –, um schließlich an ihm vorbeizuspazieren und den Ball ganz knapp neben den Pfosten zu setzen. Wir wußten, daß es in Wembley Schwierigkeiten geben würde, als O'Leary verletzt ausscheiden mußte und als Ersatz nur Gus in Frage kam. Gus läßt sich Zeit, aber als der Ball sieben Minuten vor Schluß in den Strafraum geschlagen wird, tritt er so gewaltig daneben, daß er umfällt; in diesem Moment sieht er aus wie jemand von der Straße, der ein Preisausschreiben gewonnen hat und deshalb als Vorstopper bei einem Finale in Wembley dabei sein darf, und ganz und gar nicht wie ein Profifußballer, und in dem darauf folgenden Chaos taucht Danny Wilson ab, um den Ball für Lutons Ausgleichstreffer über die Linie zu köpfen.

Das war's. Ende der Geschichte. Er ist noch weitere drei oder vier Jahre im Kader, aber er ist als Vorstopper ganz klar die letzte Lösung, und er muß gewußt haben, als der Trainer Bould, dann Linighan und später noch Pates kaufte, wo doch Adams und O'Leary bereits im Club waren, daß er keine große Zukunft hatte – denn alle diese Spieler spielten auf seiner Position. Man ließ ihn am Ende der Saison 90/91 ablösefrei zu Cambridge United gehen. Ein paar Monate später ließen die ihn auch ziehen, zu Bristol City, und wieder ein paar Monate später ließ Bristol City ihn nach Airdrie gehen. Bei dem, was er erreicht hat, ist klar, daß Gus Caesar eindeutig mehr Talent als fast jeder seiner Generation hatte (der Rest von uns kann nur davon träumen, seine Art von Können zu haben), und trotzdem reichte es nicht ganz.

Sport und das Leben, besonders das künstlerische Leben, entsprechen einander nicht genau. Eines der tollen Dinge am Sport ist seine grausame Klarheit: Es gibt, zum Beispiel, nicht so etwas wie einen schlechten Einhundertmeterläufer oder einen hoffnungslosen Vorstopper, der Glück gehabt hat; im Sport wirst du entlarvt. Es gibt auch keinen unbekannten genialen Stürmer, der irgendwo in einer Dachkammer hungert, denn das System der Spielerbeobachtung ist idiotensicher. (*Jeder* wird beobachtet.) Es gibt jedoch eine Menge schlechter Schauspieler, Musiker oder Schriftsteller, die annehmbar verdienen, Leute, die zufällig zur rechten Zeit am rechten Ort waren oder die richtigen Leute kannten, oder deren Talente mißverstanden oder überbewertet wurden. Trotzdem denke ich, daß Gus Caesars Geschichte etwas wirklich Nachhallendes hat: Sie enthält eine erschrekkende Lehre für alle Aufstrebenden, die denken, daß ihr eigenes, unerschütterliches Gefühl der Bestimmung (und nochmals, dieses Gefühl der Bestimmung darf nicht mit Arroganz verwechselt werden – Gus Caesar war kein arroganter Fußballer) bedeutsam ist. Gus muß gewußt haben, daß er gut war, so wie jede Pop-Band, die je im Marquee gespielt hat, weiß, daß sie für den Madison Square Garden und eine NME-Titelseite bestimmt ist, und so wie jeder Schriftsteller, der ein abgeschlossenes Manuskript an Faber und Faber abgeschickt hat, weiß, daß er zwei Jahre vom Booker Preis entfernt ist. Du vertraust diesem Gefühl für dein Leben, du spürst die Kraft und Entschlossenheit, die es dir gibt, wenn es wie Heroin durch deine Adern strömt ... und es besagt genau nichts.

## Um die Ecke

**Arsenal gegen Sheffield Wednesday – 21.2.89**

Es war sinnvoll, in die Gegend zu ziehen, auch aus anderen Gründen: Dein Geld reicht in den verfallenen Gegenden von Nordlondon viel weiter, als das in Shepherd's Bush oder Notting Hill der Fall ist, und die öffentliche Verkehrsanbindung ist gut (fünf Minuten von King's Cross, zwei U-Bahnlinien, Millionen von Bussen). Aber wenn ich ehrlich bin, war der Umstand, das Stadion von der eigenen Wohnung aus zu Fuß erreichen zu können, die Erfüllung eines bemitleidenswerten, zweiundzwanzig Jahre lang gehegten Wunsches, und es hat keinen Zweck zu versuchen, das Ganze logisch erscheinen zu lassen.

Es machte Spaß zu suchen. Eine Wohnung, die ich mir ansah, hatte eine Dachterrasse, von der man einen Teil der Fassade des Stadions überblickte, und man konnte diese riesigen Buchstaben sehen, »RSEN«, nicht mehr als das, aber es war gerade noch genug, um das Blut in Wallung geraten zu lassen. Außerdem lag die Wohnung, für die uns zuviel abverlangt wurde, an der Strecke, die der offene Bus fährt, wenn wir etwas gewinnen. Die Räume waren kleiner und dunkler als die, die wir jetzt haben, aber das Wohnzimmerfenster umrahmte die ganze Westtribüne; ich hätte, während ich an diesem Buch schreibe, eine Pause machen, hinaussehen und erfrischt an den Computer zurückkehren können.

Am Ende mußten wir uns auf einen weniger göttlich inspirierten Ort einlassen, eine Wohnung mit Ausblick auf Finsbury Park. Selbst wenn du auf einem Stuhl stehst und deinen Kopf aus dem Fenster steckst, kannst du nichts sehen, nicht mal den Mannschaftswimpel der Barclays League, den wir zur Zeit, da ich das schreibe (auch wenn ich fürchte, nicht mehr allzulang), immer noch flattern lassen können. Aber trotzdem! Leute parken ihre Wagen vor dem Spiel in unserer Straße! Und an einem windigen Tag ist die Lautsprecheranlage klar vernehmbar, selbst im Inneren der Wohnung, wenn die Fenster offen sind! (Ich weiß nichts über die Vernehmbarkeit von Gebrüll, klar, weil das Team und ich nie zur gleichen Zeit zu Hause sind, aber ich möchte gern annehmen, daß die lärmenden Feierlichkeiten es bis in unsere Wohnung schaffen. Vielleicht werde ich mir eines Tages den schicken Sony-Rekorder meines Schwagers leihen, ihn auf den Sessel neben dem Fernseher plazieren und ihn laufenlassen, nur aus Interesse.) Und das Beste von allem, gerade mal ein paar Tage nach unserem Einzug ging ich die Straße runter – *das ist wirklich passiert* – und fand – sie lag einfach so da, furchtbar verdreckt und etwas zerfleddert, aber dennoch lag sie da – eine zwanzig Jahre alte Kaugummi-Sammelkarte von Peter Marinero. Sie können sich nicht vorstellen, wie glücklich mich das machte zu wissen, daß ich in einer Gegend lebte, die so reich an archäologischen Schätzen war, so erfüllt von meiner eigenen Vergangenheit.

Als wir um die Ecke in unsere neue Straße einbogen, brachte uns das Radio des gemieteten Lieferwagens die Nachricht von Kevin Richardsons Tor in Goodison Park, das einen 3:1-Sieg perfekt machte (*nebenbei* bemerkt: bei Evertons Gegentor hatte der Ball nie und nimmer die Linie überquert), was nach einem ziemlich guten Omen aussah. Doch ich wartete auf den folgenden Samstag, auf mein erstes *Heim*-Heimspiel gegen Sheffield Wednesday, bei dem ich endlich, im Alter von einunddreißig, als ein Nordlondoner die Avenell Road hinabgehen, die Drehkreuze passieren und auf der Nordtribüne Platz nehmen würde.

Was erwartete ich vorzufinden, als ich an jenem Samstagnachmittag um zwanzig vor drei (zwanzig vor drei!) die Vordertür auf die Straße öffnete und nach rechts in Richtung Stadion bog? Ich vermutete, daß ich dachte, es werde wie in einer dieser Sitcom-Darstellungen der Vorstadt sein, mit all den identischen Vordertüren, die sich alle zur gleichen Zeit öffnen, und mit den identisch gekleideten Männern, die zusammen die Straße hinuntermarschieren und dabei die identischen Aktentaschen, Schirme und Zeitungen umklammern. In meiner Straße würden es natürlich Arsenalfans sein, die auftauchten, und keine Pendler, und sie würden alle Käppis und ausgebleichte, rot-weiß gestreifte Schals tragen. Und sie würden mich sehen, lächeln und winken, und ich würde unverzüglich ein sehr geliebtes und geachtetes Mitglied einer glücklichen, aus Männern der Arbeiterklasse bestehenden Arsenal-Gemeinschaft werden.

Aber keine Türen öffneten sich. Niemand in meiner Straße unterstützt Arsenal. Einige meiner Nachbarn sind die Art von Leute, die man vor Jahren Yuppies zu nennen pflegte, und sie haben kein Interesse am Fußball; andere sind Durchreisende, Hausbesetzer oder kurzzeitige Mieter, niemals lange genug in der Gegend, um auf den Geschmack zu kommen. Der Rest von ihnen ... ich hab keine Ahnung. Du kannst nicht für jeden eine Theorie entwickeln, und über Geschmack läßt sich nicht streiten. Alles, was ich weiß, ist, daß es noch einen anderen Fan in unserer Straße gab, einen jungen Kerl, der in einem von diesen Hemden rumlief, die wir bei Auswärtsspielen tragen, aber er zog bald nachdem wir hergekommen waren weg; und von ihm abgesehen, hätte ich noch in Maidenhead sein können, wenn da nicht die Autos wären, die am Spieltag auf der Suche nach einem Parkplatz die Straße rauf- und runterfahren.

Ich habe den Verdacht, daß ich gut zwanzig Jahre zu spät hierhergezogen bin und daß im Verlauf der letzten paar Jahrzehnte die lokale Unterstützung beständig dahingeschwunden ist. Nach den Informationen des Clubs lebt ein riesiger Prozentsatz der Fans in den Home Counties (wenn ich von Cambridge runterreiste, waren die Züge mit Arsenalanhängern vollgepackt bis wir Hatfield erreichten). Fußball in London – bei den Spurs, bei Chelsea, Arsenal und in einem geringeren Maß bei West Ham – ist ein Ausflugstag der Vorstädter geworden. Die Bevölkerungsstruktur hat sich mittlerweile verändert, und all jene Leute, die in Islington, Finsbury Park und Stoke Newington wohnten und die Spiele besuchten, sind weg: Sie sind entweder tot oder sie haben ihre Häuser verkauft und sind raus nach Essex, Hertfordshire oder Middlesex gezogen. Und obwohl du eine ganze Menge Leute mit Clubhemden herumlaufen siehst und sich einige der Ladenbesitzer für die Ergebnisse interessieren (einer der Jungs, der den Zeitungsstand im Inneren der U-Bahnstation führt, ist ein engagierter und kenntnisreicher Arsenalfan, obwohl sein Bruder Chelsea unterstützt), bin ich hier einsamer, als ich das Ende der Sechziger überhaupt für möglich gehalten hätte, vor all jenen Jahren, als ich meinen Dad zu drängen pflegte, ein Haus in der Avenell Road zu kaufen, und er sagte, ich werde irgendwann die Nase voll haben.

## Tyrannei

**Arsenal gegen Charlton – 21.3.89**

Ich schreibe jetzt von mir. Der Junge, der sich seinen Weg durch den ersten Teil dieses Buches gebahnt hat, ist verschwunden; der junge Mann, der sich den Großteil seiner zwanziger Jahre krankhaft mit sich selbst beschäftigt hat, ist auch nicht mehr da. Ich kann das Alter oder vielmehr die Jugend nicht mehr länger in der Weise benutzen, mich selbst zu erklären, wie mir das an anderer Stelle möglich war.

Je älter ich werde, um so unangemessener und reizloser ist die Tyrannei, die der Fußball über mein Leben und damit über das Leben der Menschen um mich herum ausübt. Familie und Freunde wissen nach vielen Jahren erschöpfender Erfahrung, daß der Spielplan bei jeder Verabredung das letzte Wort hat. Sie verstehen oder sie akzeptieren zumindest, daß Taufen, Hochzeiten oder irgendwelche Zusammenkünfte, die in anderen Familien unbestrittenen Vorrang einnehmen würden, nur nach Rücksprache geplant werden können. Also wird Fußball als eine gegebene Behinderung angesehen, die im Alltag berücksichtigt werden muß. Wenn ich an den Rollstuhl gebunden wäre, würde niemand, der mir nahesteht, irgendwas in einer Wohnung im obersten Stock veranstalten, warum also sollten sie irgendwas für einen Samstagnachmittag im Winter planen? Wie jeder andere auch spiele ich aber im Leben der meisten Leute, die ich kenne, nur am Rande eine Rolle, und diese Leute interessieren sich häufig nicht für den Spielplan der ersten Division. So hat es Hochzeitseinladungen gegeben, die ich widerstrebend, aber unvermeidlich ablehnen mußte, auch wenn ich immer darauf achte, eine gesellschaftlich annehmbare Entschuldigung zu liefern, die mit Familienproblemen oder Schwierigkeiten bei der Arbeit zu tun hat; »Heimspiel gegen Sheffield United« wird in derartigen Situationen für eine unangemessene Erklärung gehalten.

Und dann gibt es die unvorhersehbaren Pokalwiederholungsspiele, die neu angesetzten Spiele Mitte der Woche, die Spiele, die kurzfristig von Samstag auf Sonntag verlegt werden, um den Sendeabläufen des Fernsehens entgegenzukommen, also muß ich Einladungen, die mit potentiellen Spielansetzungen kollidieren, genauso ablehnen wie die, die mit tatsächlichen Spielansetzungen kollidieren. (Oder ich verabrede mich, warne aber die betreffenden Personen, daß ich möglicherweise im letzten Moment absagen müsse, was gelegentlich nicht besonders gut ankommt.)

Aber es wird schwieriger und schwieriger, und manchmal ist es unvermeidlich, jemandem wehzutun. Das Spiel gegen Charlton wurde für denselben Abend neu angesetzt, an dem die Geburtstagsfeier einer sehr engen Freundin, eine Feier, zu der nur fünf Leute eingeladen worden waren, stattfinden sollte. Sobald mit klar wurde, daß es einen Interessenkonflikt gab, verfiel ich in die übliche kurze Panik, in der ich über ein ohne mich stattfindendes Heimspiel nachdachte, und dann rief ich sie schweren Herzens an und schilderte ihr die Situation. Ich hoffte auf ein Lachen und auf Absolution, doch beides blieb mir verwehrt, und durch den Klang ihrer Stimme, durch die Enttäuschung und leichte Verärgerung, die sie enthielt, begriff ich, daß ich damit auch nicht rechnen konnte. Stattdessen sagte sie einen jener furchtbaren Sätze, »Du mußt tun, was du für richtig hältst«, oder »Du mußt tun, was du willst«, etwas in der Art; eine jener frostigen Äußerungen, die dazu bestimmt sind, dich zu ertappen, und ich sagte, ich müsse darüber nachdenken, doch wir beide wußten, daß ich überhaupt nicht darüber nachdenken würde, daß ich als die unwürdige, oberflächliche und armselige Kreatur entlarvt worden war, die ich bin, und ich ging zu dem Spiel. Und ich war froh, daß ich ging. Paul Davis erzielte eines der tollsten Tore, das ich je in Highbury gesehen habe, einen Flugkopfball, nachdem er im Anschluß an einen Angriff von Charlton über den ganzen Platz gesprintet war.

Es gibt zwei Dinge, die sich aus Vorfällen wie diesem ergeben. Erstens habe ich angefangen zu vermuten, daß ich eher zu Highbury als zu der Mannschaft eine Beziehung habe: Wenn das Spiel im Valley, in Selhurst Park oder Upton

Park stattgefunden hätte – die alle, möchte man denken, für einen Mann, der so besessen ist wie dieser hier, nicht unerreichbar sind –, wäre ich nicht hingegangen. Worum dreht sich also alles? Warum bin ich höllisch scharf darauf, ein Spiel mit Arsenal in einem Teil von London zu sehen, nicht aber in einem anderen? Was, um mit den Therapeuten zu reden, ist hier die Phantasievorstellung? Was, bilde ich mir ein, würde mir widerfahren, wenn ich nur mal einen Abend nicht in Highbury gewesen wäre und ein Spiel verpaßt hätte, das zwar für den Ausgang des Meisterschaftsrennens entscheidend gewesen sein mag, aber nur schwerlich Unterhaltung versprach, die man nicht versäumen durfte? Die Antwort ist, glaube ich, folgende: Ich habe Angst, daß ich im nächsten Spiel, demjenigen nach dem, das ich versäumt habe, irgendwas von dem, was vor sich geht, nicht verstehen werde, einen Gesang oder eine Abneigung der Menge gegenüber einem Spieler; und damit wird mir der Ort, den ich auf der Welt am besten kenne, der einzige Platz außerhalb meiner Wohnung, von dem ich das Gefühl habe, daß ich dort uneingeschränkt und unzweifelhaft hingehöre, fremd geworden sein. Ich verpaßte das Spiel gegen Coventry 1991 und das Spiel gegen Charlton 1989, war jedoch beide Male im Ausland. Und obwohl das erste Nichterscheinen ein komisches Gefühl hinterließ, linderte die Tatsache, daß ich mehrere hundert Meilen vom Stadion entfernt war, die Panik und machte es erträglich.

Das einzige Mal, als ich während eines Heimspiels von Arsenal irgendwo anders in London war (ich war in der Victoria Station und stand nach einem Ticket für einen von Freddy Lakers spottbilligen Transatlantikflügen an, während wir im September 1978 QPR 5:1 schlugen, und das Wachrufen der Erinnerung an den Gegner und das

Ergebnis bedeuten einiges für mich), wand ich mich vor Unbehagen.

Aber eines Tages, bald, wird es wieder passieren, und ich weiß das. Krankheit (allerdings war ich mit Grippe, verstauchten Knöcheln und mehr oder weniger mit allem, was keinen Zugang zu einer Toilette erforderte, in Highbury), das erste Fußballspiel meines Kindes (falls ich je eins haben werde) oder sein Mitwirken in einer Theateraufführung in der Schule (doch, ich würde gewiß in die Aufführung gehen ... na ja, ich fürchte, daß ich bekloppt genug bin, mein Kind zu übergehen und damit dafür zu sorgen, daß es im Jahr 2025 Stunden auf irgendeiner Couch in Hampstead verbringt und einem ungläubigen Seelenklempner erklärt, daß seine oder ihre Kindheit hindurch Arsenal für mich immer wichtiger war), Trauerfall in der Familie, Arbeit ...

Was mich zu dem zweiten Punkt bringt, der sich aus diesen Problemen mit neu angesetzten Spielen ergibt: Arbeit. Mein Bruder hat jetzt einen Job, der mehr als einen Neun-bis-fünf-Trott verlangt, und obwohl ich mich nicht erinnern kann, daß er bislang durch die Arbeit ein Spiel verpaßt hat, ist es nur eine Frage der Zeit. Eines nicht allzu fernen Tages, in dieser Saison oder in der nächsten, wird jemand ein improvisiertes Meeting anberaumen, das erst um halb neun oder neun endet, und er wird dasitzen und auf eine Aktennotiz starren, während drei oder vier Meilen weit weg Merson einen gegnerischen Außenverteidiger demütigt. Und es wird ihm nicht gefallen, doch er wird keine große Wahl haben, also wird er die Achseln zucken und sich wieder um seine Aktennotiz kümmern.

Ich glaube nicht, daß ich diese Art von Job machen könnte, aus den oben umrissenen Gründen. Doch wenn ich es täte, hoffe ich, daß ich fähig wäre, mit den Achseln zu zucken. Ich hoffe, ich würde in meiner Panik nicht um mich treten, schmollen, flehentlich bitten und mich allgemein als jemand zu erkennen geben, der sich erst noch mit den Anforderungen des Lebens als Erwachsener abfinden muß. Schriftsteller haben mehr Glück als die meisten Menschen, doch eines Tages, vermute ich, werde ich irgend etwas zu einer für mich katastrophal unpassenden Zeit tun müssen – ich werde eine einmalige Gelegenheit haben, jemand zu interviewen, der mich nur an einem Samstagnachmittag unterbringen kann, oder es kommt zu einer unmöglichen Deadline, die einen Mittwochabend vor dem Computer verlangt. Richtige Schriftsteller gehen auf Autorentournee, treten als Gäste in WOGAN auf und machen alles mögliche an riskanten Dingen, also werde ich mich vielleicht eines Tages mit all dem abfinden müssen. Allerdings noch nicht jetzt. Die Verleger dieses Buches können vernünftigerweise nicht erwarten, daß ich einerseits über diese Art von Neurose schreibe und andererseits bereit bin, ein paar Spiele zu versäumen, um ihnen zu helfen, dafür zu werben. »Ich bin verrückt, habt ihr das schon vergessen?« werde ich ihnen sagen. »Darum dreht sich die ganze Sache! Ich kann auf keinen Fall eine Lesung bei Waterstone's an einem Mittwochabend abhalten!« Und so überlebe ich ein klein wenig länger.

Ist es wirklich Zufall, pures Glück, daß ich mich bis heute, nach mehr als einem Jahrzehnt als Lohnempfänger, noch in keiner unvermeidlichen, zu Spielversäumnissen führenden Lage befunden habe? (Selbst meine Vorgesetzten in dem fernöstlichen Unternehmen, die für gewöhnlich von den Zwängen eines gesellschaftlichen Lebens vollkommen verblüfft waren, hatten keinerlei Zweifel, daß Arsenal wichtiger war.) Oder hat meine Besessenheit meine Wünsche und Ziele von Anfang an geformt und bestimmt? Ich würde natürlich lieber glauben, daß sie das nicht getan hat, denn anderenfalls sind die Folgerungen beängstigend: All diese Alternativen, die ich während meiner Teenagerjahre noch zu haben glaubte, haben dann nie existiert, und das Spiel gegen Stoke 1968 hat mich wirklich daran gehindert, ein Unternehmer, Arzt oder richtiger Journalist zu werden. (Wie viele Fans habe ich nie auch nur daran gedacht, Sportjournalist zu werden. Wie könnte ich über Liverpool gegen Barcelona berichten, wenn ich lieber in Highbury wäre, um Arsenal gegen Wimbledon anzuschauen? Eine Menge Geld dafür zu bekommen, daß ich über das Spiel schreibe, das ich liebe, ist eine von meinen dunkelsten, heimlichsten Ängsten.)

Ich ziehe es vor, meine Freiheit, nach Highbury zu gehen, wann immer ein Spiel stattfindet, als eine zufällige Begleiterscheinung meines gewählten Weges anzusehen und belasse es dabei.

## Hillsborough

**Arsenal gegen Newcastle – 15.4.89**

Es gab Gerüchte, die von denen mit Radios ausgingen, aber wir wußten bis zur Halbzeit, in der für das Halbfinalspiel zwischen Liverpool und Nottingham Forest kein Ergebnis bekanntgegeben wurde, tatsächlich nichts davon, und selbst dann hatte niemand eine wirkliche Vorstellung von dem gräßlichen Ausmaß des Ganzen. Am Ende unseres Spiels, eines langweiligen, mühsamen 1:0-Sieges, wußte jeder, daß es Tote gegeben hatte. Und einige Leute, jene, die bei großen Anlässen in Hillsborough gewesen waren, konnten sich vorstellen, wo ungefähr im Stadion sich die Tragödie abgespielt hatte; aber schließlich war keiner der Verantwortlichen im Fußball jemals an den bösen Vorahnungen von Fans interessiert gewesen.

Zu dem Zeitpunkt, als wir zu Hause ankamen, war klar, daß es nicht einfach ein weiteres Fußballunglück war, die Art, die einmal alle paar Jahre passiert, ein oder zwei arme Menschen tötet und von all den einschlägigen Fachleuten allgemein und salopp als eine der Gefahren unseres gewählten Zeitvertreibs angesehen wird. Die Zahl der Toten stieg im Minutentakt – sieben, dann zwanzig, dann etwas mehr als fünfzig und schließlich fünfundneunzig – und dir wurde klar, daß, wenn irgend jemand auch nur noch einen Funken gesunden Menschenverstandes geblieben war, nichts jemals wieder so sein würde, wie es gewesen war.

Es ist leicht zu verstehen, warum sich die Hinterbliebenen wünschen, Beamte der South Yorkshire Police vor Gericht gestellt zu sehen: Ihre Fehler in der Beurteilung der Situation waren katastrophal. Aber auch wenn feststeht, daß die Polizei an jenem Nachmittag schlimme Fehler beging, wäre es schrecklich rachsüchtig, sie für etwas Weitergehenderes als Inkompetenz anzuklagen. Sehr wenige von uns sind so unglücklich, sich in einer Position zu befinden, in der unsere beruflichen Fehler Menschen töten. Die Polizei in Hillsborough war niemals imstande, Sicherheit zu garantieren, egal wie viele Tore sie öffnete oder nicht öffnete; keine Polizeitruppe in irgendeinem Fußballstadion im Lande könnte das. Es hätte überall passieren können. Es hätte in Highbury passieren können – vielleicht auf den Betontreppen, die vor der Nordtribüne auf die Straße führen (und es bedarf keiner besonders ausgeprägten Vorstellungskraft, um sich das auszumalen). Oder es hätte in Loftus Road passieren können, wo Tausende von Fans nur durch eine Imbißstube in den Gästeblock gelangen können. Und es hätte eine Untersuchung gegeben und Berichte in den Zeitungen, und die Schuld wäre der Polizei zugeschrieben worden oder den Ordnern oder betrunkenen Fans oder sonstwem. Aber das wäre nicht richtig gewesen, nicht wenn die ganze Sache auf einer derart absurden Voraussetzung beruhte.

Die Voraussetzung sah so aus: Fußballstadien, die in den meisten Fällen vor rund einhundert Jahren gebaut wurden (Norwich Citys Stadion, achtundfünfzig Jahre alt, ist das jüngste in der ersten Division), können zwischen fünfzehn- und dreiundsechzigtausend Menschen aufnehmen, ohne daß diese Menschen zu irgendwelchem Schaden kommen. Stellen Sie sich die gesamte Bevölkerung einer kleinen Stadt (meine eigene Heimatstadt hat eine Bevölkerung von um die fünfzigtausend) bei dem Versuch vor, in ein riesiges Kaufhaus zu gelangen, und Sie werden eine ungefähre Vorstellung von der Hoffnungslosigkeit dieses Unterfangens haben. Diese Leute standen, in Blöcken von zehn- oder zwölftausend, auf steil abfallenden und in einigen Fällen zerbröckelnden Betonstufen, die im Verlauf mehrerer Jahrzehnte modifiziert wurden, aber im wesentlichen unverändert blieben. Selbst in den Tagen, als die einzigen Geschosse, die in die Luft geschleudert wurden, Schiebermützen waren, war das offenkundig nicht gefahrlos: Dreiunddreißig Menschen starben 1946 in Burnden Park, Bolton, als Barrieren einstürzten, und die Ibrox-Katastrophe 1971 war die zweite, die dort stattfand. Zu der Zeit, als Fußball ein Forum für Bandenkriege wurde und das in Schachhalten eher zur Priorität wurde als die Sicherheit (man muß nur an die Spielfeldumzäunungen denken), wurde eine schwerwiegende Tragödie zu einer Unvermeidbarkeit. Wie konnte irgend jemand gehofft haben, damit durchzukommen? Bei Zuschauermengen von sechzigtausend an aufwärts ist alles, was du tun kannst, die Tore schließen, allen zu raten, sich dicht aneinanderzudrängen, und dann beten, sehr intensiv beten. Die Ibrox-Katastrophe 1971 war eine furchtbare Warnung, die nicht beachtet wurde: Sie hatte spezielle Gründe, aber letztlich war die Art, wie wir dem Fußball beiwohnen, in Zuschauermengen, die viel zu groß sind, in Stadien, die viel zu alt sind, die Ursache.

Diese Stadien waren für eine Generation von Fans gebaut worden, die nicht Auto fuhr oder sich auch nur allzusehr auf öffentliche Verkehrsmittel verließ, und so wurden sie umsichtig mitten in Wohngegenden plaziert, die voller schmaler Straßen und Reihenhäuser sind. Zwanzig oder dreißig Jahre nachdem sich die Einzugsgebiete dramatisch auszudehnen begonnen hatten und die Menschen anfingen, aus zehn, zwanzig oder fünfzig Meilen Entfernung anzureisen, hat sich nichts geändert. Es war an der Zeit, neue Stadien zu bauen, außerhalb der Stadt, mit Parkmöglichkeiten und verbesserten Sicherheitsvorkehrungen; der Rest von Europa hat das getan, und als Folge davon sind die Stadien in Italien, Spanien, Portugal und Frankreich größer, besser und sicherer. Aber es ist bezeichnend, daß in einem Land, dessen Infrastruktur angefangen hat zusammenzubrechen, sich niemand darum gekümmert hat. Hier marschieren Zehntausende von Fans enge, windige U-Bahnaufgänge hoch und parken ihre Autos in winzigen, verträumten, nahegelegenen Straßen in zweiter Reihe, während die für den Fußball Verantwortlichen zufrieden damit zu sein scheinen, so weiterzumachen, als ob sich überhaupt nichts geändert hätte – weder das Fanverhalten, noch die Fanbasis, noch die Art und Weise, wie die Leute zum Stadion kommen, ja nicht mal der Zustand der Stadien selbst, obwohl die wie wir Menschen auch nach etwa einem halben Jahrhundert anfangen, etwas heruntergekommen zu wirken. Es gab so viel, das unternommen hätte werden können und sollen, aber nichts wurde je getan, und jeder trottete so vor sich hin, Jahr für Jahr für Jahr, für hundert Jahre, bis Hillsborough. Hillsborough war die vierte englische Fußballkatastrophe nach dem Krieg, die dritte, in der eine große Zahl von Menschen als Folge irgendeines Versagens bei der Steuerung der Zuschauermassen zu Tode gequetscht wurde; es war die erste, die auf etwas mehr als Pech zurückgeführt wurde. Man kann, wenn man mag, die Schuld auf die Polizei schieben, weil sie das falsche Tor zur falschen Zeit geöffnet hat, aber meiner Meinung nach hieße das, nicht zu verstehen, worum es geht.

Der Taylor-Report empfahl bekanntlich – und ich denke auch zu Recht –, daß alle Fußballstadien nur noch Sitzplätze haben sollten. Natürlich bringt das neue Gefahren mit sich – eine mögliche Wiederholung der Feuerkatastrophe von Bradford, zum Beispiel, als Menschen starben, weil sich leichtentzündlicher Müll unter den Sitzreihen hatte ansammeln können. Und Sitze allein werden den Hooliganismus nicht beseitigen und könnten ihn, falls die Clubs sehr dumm sind, verschärfen. Sitze können als Waffen verwendet werden, und lange Sitzplatzreihen können, wenn es Ärger gibt, Polizeieinsätze behindern, auch wenn reine Sitzplatzstadien den Clubs eine bessere Kontrolle ermöglichen sollten, wer sich in welchem Teil des Stadions aufhält. Der entscheidende Punkt ist, daß die Wahrscheinlichkeit, auf die Weise zu sterben, wie die Menschen in

Ibrox und Hillsborough starben, so gering wie nur möglich gemacht wird, wenn die Clubs die Empfehlungen von Lord Justice Taylor richtig umsetzen; und das ist, soweit ich sehen kann, alles, worauf es ankommt.

Zur Zeit, da ich das hier schreibe, ruft der Taylor-Report lautstarke Meinungsverschiedenheiten unter den Fans und unter manchen Clubs hervor. Die Probleme sind vielschichtig. Die Stadien zu verändern, um sie sicher zu machen, wird sich als kostspielig erweisen, und viele Clubs haben nicht das Geld dafür. Um es aufzubringen, werden einige von ihnen sehr viel höhere Eintrittspreise verlangen oder Obligationssysteme wie Arsenal oder West Ham einführen, was bedeutet, daß viele junge Männer aus der Arbeiterklasse, der traditionelle Kern der Anhängerschaft, ausgeschlossen sein werden. Manche Fans möchten weiterhin stehen. (Ich glaube nicht deshalb, weil Stehen von Natur aus eine souveräne Art ist, ein Spiel zu verfolgen – das ist es nicht. Es ist unbequem, und jeder unter einsneunzig hat eine eingeschränkte Sicht. Die Fans haben Sorge, daß das Ende der Stehplatzkultur das Ende des Lärms und der Atmosphäre und all der Dinge bedeuten wird, die das Erlebnis Fußball denkwürdig machen, aber die reinen Sitzplatzblöcke in Ibrox machen mehr Lärm als das Clock End und die Nordtribüne zusammen; Sitze allein verwandeln Fußballstadien nicht in Kirchen.) Das Fassungsvermögen aller Stadien wird verringert, in manchen Fällen auf eine Größe, die unter den derzeitigen durchschnittlichen Zuschauerzahlen liegt. Und einige Clubs werden ihre Stadien schlicht schließen müssen.

Ich habe mir die Argumente von Hunderten von Fans angehört und durchgelesen, die mit dem Taylor-Report nicht übereinstimmen und die die Zukunft des Fußballs eher als eine modifizierte Fassung der Vergangenheit sehen, mit sicheren Stehplätzen und komfortableren Stadien, denn als etwas radikal anderes. Und was mir am meisten aufgefallen ist, sind die konservativen und fast neurotischen, sentimentalen Verbundenheiten, die diese Argumente zeigen – in gewisser Hinsicht die gleiche Art von neurotischer, sentimentaler Verbundenheit, die dieses Buch durchdringt. Jedes Mal, wenn ein Club ein neues Stadion erwähnt, gibt es einen Aufschrei. Als Arsenal und Tottenham vor ein paar Jahren darüber nachdachten, sich ein Stadion zu teilen, das, glaube ich, in der Nähe von Alexandra Palace liegen sollte, waren die Proteste lautstark und anhaltend (»Tradition!«), und als Folge davon finden wir uns jetzt in einer Sammlung der winzigsten Stadien der Welt wieder. Das Estadio da Luz in Lissabon faßt 120 000, das Bernabeu in Madrid 95 000, Bayern Münchens Stadion 75 000. Aber Arsenal, der größte Verein in der größten Stadt Europas, wird gerade mal in der Lage sein, weniger als vierzigtausend Leute in sein Stadion zu quetschen, wenn der Umbau abgeschlossen ist.

Wir wollten keine neuen Stadien, und jetzt wollen wir die alten nicht, nicht wenn sie modifiziert werden müssen, um unsere Sicherheit zu garantieren, und die Clubs als Folge davon mehr verlangen müssen. »Was, wenn ich meine Kinder zu einem Spiel mitnehmen will? Das werde ich mir nicht leisten können.« Doch wir können es uns auch nicht leisten, unsere Kinder nach Barbados mitzunehmen oder zu Le Manoir aux Quat' Saisons oder in die Oper. Wenn die Revolution kommt, werden wir, selbstverständlich, in der Lage sein, all diese Dinge so oft zu tun, wie wir wollen, aber bis dahin erscheint mir das ein besonders schwaches Argument zu sein, mehr ein Gejammer als ein überzeugender Einwand.

»Was geschieht mit den kleinen Clubs, die möglicherweise Pleite gehen?« Es ist für die paar tausend Fans von Chester sehr traurig, wenn ihr Team eingeht – ich wäre vernichtet, wenn ich einer von ihnen wäre –, aber das allein ist absolut kein Grund, warum Clubs erlaubt werden sollte, das Leben ihrer Fans zu gefährden. Wenn Clubs dicht machen müssen, weil sie das Geld für die Veränderungen nicht haben, die als notwendig angesehen werden, um ein weiteres Hillsborough zu vermeiden, dann ist das so. Hart. Wenn sie wie Chester, Wimbledon und Dutzende anderer Teams arm sind, liegt das zum Teil daran, daß sich einfach nicht genügend Leute etwas daraus machen, ob sie überleben oder nicht (Wimbledon, ein Erstligateam in einer dicht bevölkerten Gegend, hatte schon bevor es dazu gezwungen wurde, auf die andere Seite von London zu ziehen, winzige Zuschauerzahlen), und das spricht für sich selbst. Aber andererseits führt es natürlich auch dazu, daß es in diesen Stadien auf einer Stehplatztribüne absolut keine Möglichkeit gibt, zerquetscht zu werden; es ist lächerlich, Clubs dazu zu zwingen, Sitzplätze für Fans zu schaffen, die alle eine ungefähr hinterhofgroße Fläche Beton für sich allein haben, um darauf zu stehen.

»Wie steht's mit den Anhängern, die dem Club durch dick und dünn gefolgt sind, die die Gehälter der Spieler gezahlt haben? Wie können Clubs ernstlich erwägen, sie zu verraten oder zu verkaufen?« Das ist für mich eine ganz entscheidende Frage. Ich habe an anderer Stelle erklärt, daß die Clubs sich in ernsthaften Schwierigkeiten wiederfinden könnten, wenn sie ihre traditionelle Fanbasis allmählich aushöhlen, und meiner Ansicht nach würden sie damit einen Fehler begehen. Es ist klar, daß die Verbesserungen in den Stadien irgendwie bezahlt werden müssen und höhere Eintrittspreise unvermeidlich sind; die meisten von uns akzeptieren, daß wir ein paar Pfund mehr bezahlen müssen, um unser Team zu sehen. Aber die Obligationssysteme bei Arsenal und West Ham zielen in eine andere Richtung: Die Preiserhöhungen dafür zu nutzen, ein Publikum gegen ein anderes zu tauschen, die alten Fans loszuwerden und eine neue, wohlhabendere Art von Leuten anzuziehen, ist ein Fehler.

Immerhin, es steht den Vereinen vollkommen frei, diesen Fehler zu begehen. Fußballclubs sind keine Krankenhäuser oder Schulen, die die Pflicht haben, uns unabhängig von unseren finanziellen Mitteln aufzunehmen. Es ist interessant und aufschlußreich, daß der Widerstand gegen diese Obligationssysteme den Tonfall eines Kreuzzuges angenommen hat, so als ob die Clubs eine moralische Verpflichtung gegenüber ihren Anhängern hätten. Was *schulden* uns die Clubs, irgendeinem von uns, tatsächlich? Ich habe im Verlauf der letzten zwanzig Jahre Tausende von Pfund hingeblättert, um Arsenal zuzusehen; aber jedesmal, wenn Geld den Besitzer gewechselt hat, habe ich etwas als Gegenleistung erhalten: Zutritt zu einem Spiel, eine Zugfahrkarte, ein Programmheft. Und doch ist Fußball irgendwie anders als ins Kino oder meinetwegen in einen Plattenladen zu gehen. Der Unterschied ist, daß wir alle diese verblüffend tiefe Verbundenheit verspüren und bis vor kurzem erwartet hatten, bis zum Ende unserer Tage jedes Spiel, das unser Team bestreitet, besuchen zu können. Jetzt beginnt es so auszusehen, als ob das für manche von uns nicht möglich sein wird. Aber das wird nicht das Ende der Welt sein. Es könnte sogar sein, daß höhere Eintrittspreise die Qualität des Fußballs verbessern, den wir zu sehen kriegen; vielleicht werden die Clubs in der Lage sein, weniger Partien zu bestreiten, die Spieler werden sich weniger häufig verletzen, und es wird nicht mehr nötig sein, in wertlosen Wettbewerben wie dem ZDS Cup zu spielen, nur um ein paar

Pfund zu verdienen. Man muß nur wieder einen Blick nach Europa werfen: Die Italiener, die Portugiesen und die Spanier haben hohe Kartenpreise, aber sie können es sich leisten, die besten europäischen und südamerikanischen Spieler zu bezahlen. (Sie sind auch, was den Fußball in unteren Ligen angeht, weniger besessen als wir. Es *gibt* Dritt- und Viertligaclubs, doch die sind halbprofessionell und spielen nicht die Rolle, die sie bei uns haben. Die erste Liga hat Vorrang, und die Atmosphäre im Fußball ist deshalb entspannter.)

Im Verlauf der Jahre ist es dazu gekommen, daß wir Fußball mit etwas anderem, etwas *Notwendigerem* verwechseln, und das ist auch der Grund, warum diese Schreie der Empörung so von Herzen kommen und warum wir so aufgebracht sind. Wir betrachten alles von der Spitze eines Berges parteiischer Leidenschaft; es ist kein Wunder, daß all unsere Perspektiven falsch sind. Vielleicht war es Zeit, runterzukommen und zu sehen, was jeder andere in der Außenwelt sah.

Größtenteils war das, was die Außenwelt sah, von kaltem, hartem, praktischem Verstand geprägt. Das Titelblatt von THE ECONOMIST zierte in jener Woche ein Bild des merkwürdigen Reliquienschreins aus Blumen, Fahnen und Transparenten, den Liverpool- und Evertonfans und Hunderte andere im Torraum unterhalb des Kops in Anfield errichtet hatten; die Schlagzeile war, sauber über der Torlatte plaziert, »Das Spiel, das starb«. Ich kaufte die Zeitschrift, zum ersten und einzigen Mal, und war erschüttert, als ich feststellte, wie weit ich mit ihr einer Meinung war. Vielleicht war es abzusehen, daß eine Zeitschrift mit dem Namen THE ECONOMIST am besten ausgerüstet sein würde, das Durcheinander zu durchdringen, in das sich der Fußball gebracht hatte; schließlich ist er ein Millionen-Pfund-Unternehmen, das keinen Penny freiwillig ausgibt.

THE ECONOMIST über die Unvermeidlichkeit der Katastrophe: »Hillsborough war nicht nur ein verheerendes Unglück. Es war die brutale Demonstration des Versagens eines Systems.« Über den Zustand der Stadien: »Britanniens Fußballstadien ähneln jetzt den Hochsicherheitstrakten von Gefängnissen, aber nur die schlaffen Verordnungen haben es den Clubs erlaubt, weiterhin so zu tun, als würde sich die Sicherheit der Zuschauer mit Gefängnisarchitektur vertragen.« Über die verantwortlichen Fußballfunktionäre: »Was Selbstgefälligkeit und Inkompetenz anbetrifft, geht nichts über ein Kartell; und von Englands noch übriggebliebenen Kartellen ist die Fußballiga eines der nachlässigsten und blasiertesten.« Über die Leute, die Fußballclubs besitzen: »Wie altmodische Zeitungsmagnaten sind sie willens, für Prestige zu zahlen – das sie eher darin sehen, Starspieler zu besitzen, als komfortable, moderne Stadien.« Und darüber, was getan werden muß: »Weniger Clubs zu haben, die in eleganteren Stadien agieren, sollte das Interesse derjenigen wiederbeleben, die in den vergangenen zehn Jahren vom Fußball vertrieben worden sind.«

Diese und andere Ansichten in der gleichen Ausgabe – sehr sachkundig, gut in der Argumentation, frei vom hinhaltenden Eigennutz der Fußballfunktionäre, von der Abneigung der Regierung gegen das Spiel (wenn Hillsborough sonst nichts bewirkt hat, wenigstens vernichtete es Thatchers grotesk schlecht konzipiertes Ausweissystem) und von der verzerrenden Besessenheit der Fans – halfen einem anzufangen, das ganze Debakel des Fußballs mit einer gewissen Distanz zu betrachten. Erst nach Hillsborough, als Außenstehende anfingen, sich für die Art und Weise zu interessieren, in der sich der Fußball selbst verwaltet, wurde deutlich, wie tief wir alle mittlerweile darin verwurzelt waren, Dinge durch die Fußballbrille zu betrachten. Und diese Art der Betrachtung ist, wie Teile dieses Buches veranschaulichen, nicht immer die klügste.

Am 1. Mai, zwei Wochen und zwei Tage später, spielte Arsenal in Highbury gegen Norwich, unser erstes Spiel seit der Katastrophe. Es war ein herrlicher Nachmittag eines Feiertages, und Arsenal spielte erstaunlich gut und gewann 5:0. Soweit es jeden, der an diesem Tag dort war – mich eingeschlossen –, anging, schien die Welt wieder mehr oder weniger in Ordnung zu sein. Die Trauerzeit war vorbei, die Fernsehkameras waren da, die Sonne schien, Arsenal schoß jede Menge Tore ... nach der Trostlosigkeit der vorangegangenen vierzehn Tage nahm das Spiel etwas Feierliches an. Es war eine müde, gedämpfte Feier, aber dennoch eine Feier, und aus der Distanz mutet das jetzt besonders bizarr an.

Woran dachten wir alle an diesem Nachmittag? Wie, um alles in der Welt, konnte das Spiel zwischen Forest und Liverpool je neu angesetzt werden? In gewisser Hinsicht gehört das alles zusammen. Ich konnte mich an dem Spiel zwischen Arsenal und Norwich aus dem gleichen Grund erfreuen, aus dem ich das Finale zwischen Liverpool und Juventus nach der Heysel-Katastrophe verfolgt hatte, und aus dem gleichen Grund hat sich der Fußball in über hundert Jahren nicht wirklich groß gewandelt: Weil die Leidenschaften, die das Spiel hervorruft, alles verzehren, einschließlich Takt und gesunden Menschenverstand. Wenn es möglich ist, ein Fußballspiel, sechzehn Tage nachdem fast einhundert Menschen bei einem anderen gestorben sind, zu besuchen und zu genießen – und es ist möglich, ich hab's getan, trotz meines neuen Post-Hillsborough-

Realismus –, dann ist es vielleicht ein wenig einfacher, die Kultur und die Umstände zu verstehen, die diese Tode haben geschehen lassen. Nichts ist jemals von Bedeutung – außer Fußball.

## Der größte Augenblick aller Zeiten

**Liverpool gegen Arsenal – 26.5.89**

In all der Zeit, in der ich Fußballspiele besucht habe, dreiundzwanzig Spielzeiten, haben nur sieben Teams die Meisterschaft in der ersten Division gewonnen: Leeds United, Everton, Arsenal, Derby County, Nottingham Forest, Aston Villa und, überwältigende elfmal, Liverpool. Während meiner ersten fünf Jahre holten sich fünf verschiedene Mannschaften den Titel, deshalb erschien es mir damals, als wäre der Ligatitel etwas, das dir von Zeit zu Zeit über den Weg läuft, auch wenn du möglicherweise darauf warten mußt. Aber als die Siebziger kamen und gingen, und dann die Achtziger, begann mir zu dämmern, daß Arsenal den Ligatitel vielleicht nie mehr in meinem Leben gewinnen würde. Das ist nicht so melodramatisch, wie es klingt. Die Fans von Wolverhampton, die 1959 ihre dritte Meisterschaft in sechs Jahren feierten, werden kaum vorausgesehen haben, daß ihr Team einen großen Teil der nächsten dreißig Jahre in der zweiten und dritten Division verbringen würde; Anhänger von Manchester City, die vierzig waren, als die Blauen 1968 zum letzten Mal Meister wurden, sind jetzt über siebzig.

Wie bei allen Fans war die überwältigende Mehrzahl der

Spiele, die ich gesehen habe, Ligaspiele. Und da Arsenal meistens nach Weihnachten kein wirkliches Interesse am Ligatitel gehabt hat und auch nie kurz vor dem Abstieg stand, würde ich schätzen, daß rund die Hälfte dieser Spiele bedeutungslos war, zumindest in dem Sinne, in dem Sportjournalisten von bedeutungslosen Spielen sprechen. Es gibt keine zerkauten Fingernägel und keine zerkauten Fingerknöchel und keine verzerrten Gesichter; dein Ohr wird nicht wund, weil es nicht fest an ein Radio gepreßt wird bei dem Versuch zu erfahren, wie es Liverpool ergeht; in Wahrheit stürzt dich das Ergebnis weder in Täler der Verzweiflung, noch läßt es dich ekstatische Anfälle haben, die dir die Augen aus dem Kopf treiben. Irgendwelche Bedeutungen, die derartige Spiele bekommen, werden ihnen eher von dir als von der Tabelle verliehen.

Und nach vielleicht zehn solchen Jahren wird die Meisterschaft etwas, woran du entweder glaubst oder nicht glaubst, etwas wie Gott. Du räumst ein, daß es natürlich möglich ist, und du versuchst die Ansichten derer zu respektieren, die es geschafft haben, sich den Glauben zu bewahren. Etwa zwischen 1975 und 1989 hatte ich den Glauben verloren. Ich hoffte, zu Anfang einer jeden Saison; und einige Male – Mitte der Saison 86/87 zum Beispiel, als wir acht oder neun Wochen oben standen – wurde ich fast aus meiner Agnostiker-Höhle gelockt. Doch im Innersten meines Herzens wußte ich, daß es nie geschehen würde, so wie ich als kleiner Junge wußte, daß sie kein Gegenmittel gegen den Tod finden würden, bevor ich alt würde.

1989, achtzehn Jahre nachdem Arsenal zum letzten Mal den Ligatitel gewonnen hatte, erlaubte ich mir zögernd und törichterweise zu glauben, daß es tatsächlich möglich sei, daß Arsenal die Meisterschaft holen könnte. Von Januar bis Mai war die Mannschaft an der Spitze der ersten Division;

drei Spieltage vor Schluß der durch Hillsborough in die Länge gezogenen Saison lag sie fünf Punkte vor Liverpool, das noch ein Spiel nachzuholen hatte. Die allgemein anerkannte Expertenmeinung war, daß Hillsborough und die damit verbundenen Belastungen es Liverpool unmöglich machen würden, Arsenal noch abzufangen, und zwei unserer drei Spiele waren zu Hause gegen schwächere Teams. Das andere war auswärts gegen Liverpool, ein Spiel, das die Saison der ersten Division beschließen würde.

Kaum war ich jedoch ein wiedergeborenes Mitglied der Kirche der Meistergläubigen der letzten Tage, als Arsenal einen katastrophalen Einbruch hatte. Wir verloren – kläglich – zu Hause gegen Derby; und im letzten Spiel in Highbury gegen Wimbledon verschenkte Arsenal zweimal die Führung und spielte gegen ein Team 2:2 unentschieden, das es am ersten Spieltag der Saison 5:1 vernichtet hatte. Noch nach dem Spiel gegen Derby konnte ich mich mit meiner Freundin wegen einer Tasse Tee streiten, aber nach der Partie gegen Wimbledon empfand ich nicht mal mehr Wut, nur eine erstarrte Enttäuschung. Zum ersten Mal verstand ich die Frauen in Seifenopern, die in ihrer Vergangenheit von Liebesaffären zerstört worden sind und es sich selbst nicht *erlauben* können, sich erneut in jemand zu verlieben. Ich hatte das alles vorher nie als eine Sache angesehen, bei der man eine Wahl hat, aber jetzt hatte ich eine neue Erfahrung gemacht: Ich hatte mich schutzlos ausgeliefert, wo ich doch hart und zynisch hätte bleiben können. Ich würde nicht zulassen, daß mir das noch einmal passierte, nie und nimmer, und ich war ein Narr gewesen, ich wußte das jetzt, genauso wie ich wußte, daß ich Jahre brauchen würde, mich von der schrecklichen Enttäuschung zu erholen, es fast geschafft zu haben, um dann doch noch zu versagen.

Es war noch nicht ganz vorbei. Liverpool hatte noch zwei Spiele, gegen West Ham und gegen uns, beide in Anfield. Weil die zwei Teams so dicht beieinanderlagen, waren die rechnerischen Möglichkeiten eigenartig verschlungen: Egal mit wieviel Toren Unterschied Liverpool West Ham schlug, Arsenal brauchte die Hälfte dieses Torunterschieds. Falls Liverpool 2:0 gewann, mußten wir 1:0 gewinnen und so weiter. Letztlich gewann Liverpool 5:1, was bedeutete, daß wir einen Sieg mit zwei Toren Unterschied brauchten: »SELBST BETEN HILFT NICHT MEHR, ARSENAL«, war die Schlagzeile auf der letzten Seite des DAILY MIRROR.

Ich war in Anfield nicht dabei. Die Partie sollte ursprünglich früher in der Saison stattfinden, zu einer Zeit, in der ihr Ausgang nicht so entscheidend gewesen wäre, und als klar war, daß dieses Spiel die Meisterschaft entscheiden würde, war es längst ausverkauft. Am Morgen ging ich runter nach Highbury, um ein neues Mannschaftstrikot zu kaufen, einfach weil ich das Gefühl hatte, etwas unternehmen zu müssen, und auch wenn ein Trikot vor dem Fernseher zu tragen zugegebenermaßen der Mannschaft auf den ersten Blick nicht gerade eine riesige Menge Aufmunterung zu geben versprach, wußte ich, daß ich mich besser fühlen würde.

Schon mittags, ganze acht Stunden vor dem abendlichen Anstoß, waren Dutzende von Bussen und Autos in der Gegend um das Stadion, und auf dem Heimweg wünschte ich jedem, der mir über den Weg lief, viel Glück. Ihre Zuversicht (»Drei-eins«, »Zwei-null, kein Problem«, selbst ein unbeschwertes »Vier-eins«) an diesem schönen Maimorgen stimmte mich traurig für sie, so als ob diese munteren und tapfer zuversichtlichen jungen Männer und Frauen auf dem Weg an die Somme wären, ihr Leben zu verlieren, und nicht nach Anfield, um schlimmstenfalls ihren Glauben zu verlieren.

Nachmittags ging ich zur Arbeit, und mir war vor lauter Nervenanspannung unwillkürlich schlecht. Nach der Arbeit suchte ich einen Freund auf, der auch Arsenalfan ist und dessen Haus nur eine Straße von der Nordtribüne entfernt ist, um das Spiel anzusehen. Alles an dem Abend war denkwürdig, schon von dem Moment an, als die Mannschaften auf den Rasen kamen und die Arsenalspieler hinüber zum Kop rannten und einzelnen Menschen in der Menge Blumensträuße schenkten. Und als mit fortschreitender Spieldauer deutlich wurde, daß Arsenal sich nicht kampflos ergeben würde, fiel mir auf, wie genau ich die Spieler meines Teams kannte, ihre Gesichter, ihre Eigenheiten, und wie sehr ich jeden von ihnen mochte. Mersons Lächeln mit Zahnlücke und seine schmuddelige Soul-Boy-Frisur, Adams' tapfere und liebenswerte Bemühungen, mit seinen eigenen Unzulänglichkeiten zurechtzukommen, Rocastles aufgeplusterte Eleganz, Smiths reizenden Eifer ... ich spürte tief in mir, daß ich ihnen verzeihen konnte, so nahe dran gewesen zu sein und es dann doch verbockt zu haben. Sie waren jung, und sie hatten eine phantastische Saison gespielt, mehr kann man als Anhänger wirklich nicht verlangen.

Ich war aufgeregt, als wir gleich zu Beginn der zweiten Hälfte trafen, und war von neuem aufgeregt, als Thomas ungefähr zehn Minuten vor Schluß eine klare Chance hatte und Grobbelaar anschoß, aber Liverpool schien am Ende stärker zu werden und erspielte sich Chancen, und schließlich – die Uhr in der Ecke des Bildschirms zeigte an, daß neunzig Minuten vorbei waren – bereitete ich mich darauf vor, ein tapferes Lächeln für ein tapferes Team aufzubringen.

»Wenn Arsenal die Meisterschaft verlieren muß, nachdem es zeitweise einen solchen Vorsprung hatte, ist es irgendwie ausgleichende Gerechtigkeit, daß die Mannschaft am letzten Tag ein gutes Ergebnis erzielt, auch wenn's nicht zum Titelgewinn reicht«, sagte Co-Kommentator David Pleat, als Kevin Richardson wegen einer Verletzung behandelt wurde und der Kop bereits am Feiern war. »Sie werden das als einen schwachen Trost empfinden, möchte ich annehmen, David«, erwiderte Brian Moore. In der Tat ein schwacher Trost – für uns alle.

Richardson erhob sich schließlich, zweiundneunzig Minuten waren mittlerweile verstrichen, und brachte gegen John Barnes sogar ein Tackling im Strafraum zustande; dann schob Lukic der Ball raus zu Dixon, Dixon unvermeidlicherweise weiter zu Smith, der legte glänzend ab ... und plötzlich, in der letzten Minute des letzten Spiels der Saison, war Thomas durch, ganz allein, mit der Chance, die Meisterschaft für Arsenal zu holen. »Jetzt haben sie's in der Hand«, schrie Brian Moore; und selbst dann merkte ich, daß ich mich zügelte – ich hatte ja gerade erst gelernt, wie wichtig verhärtete Skepsis war –, und dachte, na gut, wenigstens waren wir am Ende nahe dran, statt zu denken, bitte Michael, bitte Michael, bitte hau ihn rein, bitte Gott, laß ihn treffen. Und dann schlug er einen Salto, und ich lag flach auf dem Boden, und jeder im Wohnzimmer sprang auf mich drauf. Achtzehn Jahre, in einer Sekunde weggeblasen.

Mit was ist ein Moment wie dieser zutreffend zu vergleichen? In Pete Davies' ausgezeichnetem Buch über die Weltmeisterschaft 1990, ALL PLAYED OUT, stellt er fest, daß die Spieler sexuelle Bilder verwenden, wenn sie zu erklären versuchen, was sie fühlen, wenn sie ein Tor erzielen. Smiths drittes Tor bei unserem 3:0-Sieg gegen Liverpool im Dezember 1990 beispielsweise, vier Tage nachdem wir zu Hause von Manchester United 6:2 geschlagen worden waren – das war ein ziemlich gutes Gefühl, eine perfekte Erlösung von einer Erregung, die sich eine Stunde lang immer mehr gesteigert hatte. Und vor vier oder fünf Jahren in Norwich traf Arsenal viermal in sechzehn Minuten, nachdem es den Großteil des Spiel zurückgelegen hatte, eine Viertelstunde, die auch eine Art von sexueller Entrücktheit an sich hatte.

Das Problem mit dem Orgasmus als Metapher ist in diesem Fall, daß der Orgasmus, obwohl offenkundig angenehm, vertraut ist, wiederholbar (innerhalb von ein paar Stunden, wenn du dein Grünzeug gegessen hast) und vorhersehbar, besonders für einen Mann – wenn du Sex hast, weißt du sozusagen, was kommt. Vielleicht wenn ich achtzehn Jahre lang keinen Geschlechtsverkehr gehabt und die Hoffnung aufgegeben hätte, es in den nächsten achtzehn Jahren zu tun, und dann plötzlich, aus heiterem Himmel, bietet sich eine Gelegenheit ... vielleicht wäre es unter diesen Umständen möglich, den Augenblick in Anfield annähernd wiederzuerleben. Auch wenn kein Zweifel besteht, daß Sex eine nettere Beschäftigung als der Besuch von Fußballspielen ist (keine 0:0-Unentschieden, keine Abseitsfalle, keine Pokalüberraschungen *und* dir ist warm), sind die Gefühle, die er bei üblichem Ablauf der Dinge erzeugt, einfach nicht so intensiv wie die, die das einmalige Erlebnis eines in der letzten Minute erzielten und für die Erringung der Meisterschaft entscheidenen Tores hervorruft.

Keiner der Augenblicke, die Menschen als die schönsten in ihrem Leben beschreiben, scheint mir vergleichbar zu sein. Die Geburt von Kindern muß außerordentlich bewegend sein, aber sie hat nicht wirklich das entscheidende Element der Überraschung und dauert in jedem Fall zu lange; die Erfüllung persönlicher Wünsche – Beförderungen, Ehrungen, was weiß ich – hat nicht das In-letzter-Minute-Zeitmoment und auch nicht das Element der Machtlosigkeit, die ich an jenem Abend empfand. Und was gibt es sonst, daß theoretisch diese *Plötzlichkeit* bieten kann? Vielleicht ein riesiger Lottogewinn, doch das Gewinnen von großen Geldsummen betrifft einen völlig anderen Teil der Psyche und hat nichts von der *gemeinschaftlichen* Ekstase beim Fußball.

Es gibt also buchstäblich nichts, um es zu beschreiben. Ich habe alle verfügbaren Alternativen erschöpft. Ich kann mir nichts anderes ins Gedächtnis rufen, das ich zwei Jahrzehnte lang begehrt habe (*gibt* es etwas anderes, das vernünftigerweise so lange begehrt werden kann?), noch kann ich mich an irgendwas anderes erinnern, daß ich mir sowohl als Junge als auch als Mann sehnlichst gewünscht habe. Also seid bitte denen gegenüber tolerant, die einen Augenblick im Sport als ihren schönsten Augenblick überhaupt beschreiben. Uns fehlt weder die Phantasie, noch haben wir traurige, leere Leben; es ist nur so, daß das wirkliche Leben blasser, glanzloser ist und weniger Potential für unerwartete Raserei enthält.

Als der Schlußpfiff ertönte (nur einen weiteren, das Herz zum Stillstand bringenden Moment später, als Thomas sich umdrehte und einen erschreckend lässigen Rückpaß zu Lukic spielte, vollkommen sicher, bloß mit einer Kaltblütigkeit, die ich nicht empfand), rannte ich schnurstracks zur Tür hinaus, zum Wein- und Spirituosenladen in der Blackstock Road. Ich streckte meine Arme aus, wie ein kleiner Junge, der Flugzeug spielt, und als ich die Straße hinabflog, kamen alte Damen an die Tür und spendeten meinem

Lauf Beifall, als ob ich Michael Thomas persönlich wäre; und dann wurde ich, wie mir später aufging, beim Kauf einer Flasche billigen Champagners von einem Ladenbesitzer, der sehen konnte, daß das Licht der Intelligenz komplett aus meinen Augen verschwunden war, böse ausgenommen. Ich konnte Freudenrufe und Schreie aus Pubs, Läden und Häusern um mich herum hören. Und als Fans begannen, sich am Stadion zu versammeln, manche in Banner gehüllt, manche auf hupenden Autos sitzend, jedermann Fremde bei jeder Gelegenheit umarmte, das Fernsehen auftauchte, um die Party für die Spätnachrichten zu filmen, und Clubverantwortliche sich aus Fenstern beugten, um der Menge zuzuwinken, ging mir durch den Kopf, daß ich froh war, nicht oben in Anfield gewesen zu sein und diese ausgelassene, fast südländische Explosion auf meiner Türschwelle nicht verpaßt zu haben. Nach einundzwanzig Jahren hatte ich nicht mehr das Gefühl, das ich im Double-Jahr gehabt hatte, daß ich kein Recht hatte, an den Feierlichkeiten teilzunehmen, wenn ich nicht bei den Spielen war; ich hatte die Arbeit verrichtet, viele, viele Jahre lang, und ich gehörte dazu.

## Sitzplätze

**Arsenal gegen Coventry – 22.8.89**

Hier sind einige der Dinge, die mir in meinen Dreißigern widerfahren sind: Ich habe eine Hypothek aufgenommen, um ein Haus zu kaufen; ich habe aufgehört, den NEW MUSICAL EXPRESS und FACE zu kaufen und habe unerklärlicherweise angefangen, alte Ausgaben des Q MAGAZINE unter einem Regal in meinem Wohnzimmer aufzubewahren; ich bin Onkel geworden; ich habe einen CD-Player gekauft; ich habe mich bei einem Steuerberater angemeldet; ich habe festgestellt, daß bestimmte Arten von Musik – Hip-Hop, Indie-Gitarrenpop, Trash Metal – alle gleich klingen und keine Melodie haben; ich ziehe mittlerweile Restaurants Nachtclubs vor und Abendessen mit Freunden Partys; ich habe eine Abneigung gegenüber dem Gefühl entwickelt, das dir ein Bauch voll Bier gibt, auch wenn ich noch immer gern ein kleines Helles trinke; ich habe angefangen, Einrichtungsgegenstände zu begehren; ich habe eine jener Kork-Pintafeln gekauft, die man in der Küche aufhängt; ich habe angefangen, gewisse Ansichten zu entwickeln – über die Hausbesetzer, die in meiner Straße leben, zum Beispiel, und über unvernünftig laute Partys –, die ganz und gar nicht mit den Standpunkten übereinstimmen, die ich vertrat, als ich jünger war. Und 1989 habe ich eine Dauerkarte für die Sitzplätze gekauft, nachdem ich über fünfzehn Jahre lang auf der Nordtribüne gestanden habe. Diese Einzelheiten erzählen nicht die ganze Geschichte meines Älterwerdens, aber sie erzählen einen Teil davon.

Du hast es einfach satt. Ich hatte die Schlangen satt und das Gedränge, und ich hatte es satt, jedesmal, wenn Arsenal traf, die halbe Tribüne hinabzutaumeln, und ich hatte die Tatsache satt, daß mir die Sicht auf das Tor vor mir bei großen Spielen immer teilweise verdeckt war, und es schien mir, daß zwei Minuten vor Anstoß im Stadion ankommen zu können, ohne in irgendeiner Weise benachteiligt zu sein, viel für sich hatte. Ich vermißte die Stehränge nicht wirklich, und genaugenommen genoß ich sie, den Hintergrund, den sie lieferten, ihren Lärm und ihre

Farben, weit mehr als in den Zeiten, in denen ich selbst auf ihnen stand. Das Spiel gegen Coventry war unser erstes auf den Sitzplätzen, und Thomas und Marwood trafen direkt vor uns, an unserem Ende und von unserer Platzseite aus.

Wir sind zu fünft; natürlich Pete, mein Bruder und meine Freundin, obwohl ihr Platz jetzt normalerweise von jemand anders eingenommen wird, ich und Andy, der früher einmal Rat hieß, als wir Kinder in der Schoolboys' Enclosure waren – ich traf ihn in Georges zweiter Saison zufällig auf der Nordtribüne, ein Jahrzehnt oder so nachdem ich den Kontakt zu ihm verloren hatte, und auch er war so weit, die Stehränge hinter sich zu lassen.

Eigentlich machst du nichts anderes, als deine Zugehörigkeit auf eine andere Stufe zu befördern, wenn du eine Dauerkarte für einen Sitzplatz kaufst. Ich hatte auf den Stehrängen meinen eigenen Platz gehabt, aber ich hatte keine Besitzrechte an ihm, und wenn irgendein beschissener Gelegenheitsfan, der nur zu den großen Spielen kam, dort stand, konnte ich nicht mehr tun, als die Augenbrauen hochzuziehen. Jetzt habe ich wirklich mein eigenes Heim im Stadion, komplett mit Mitbewohnern und Nachbarn, zu denen ich ein freundschaftliches Verhältnis habe und mit denen ich mich über Themen unterhalte, die uns interessieren, nämlich wie dringend wir einen neuen Mittelfeldspieler/Stürmer/ein neues Spielsystem benötigen. Also entspreche ich dem Stereotyp des alternden Fußballfans, aber ich bedauere das nicht. Nach einer Weile hörst du auf, von der Hand in den Mund leben zu wollen, von Tag zu Tag, von Spiel zu Spiel, und du fängst an, dafür sorgen zu wollen, daß der Rest deiner Tage gesichert ist.

## Rauchen

**Arsenal gegen Liverpool – 25.10.89**

Ich erinnere mich an das Spiel aus konventionellen Gründen, wegen des späten Siegtreffers durch den eingewechselten Smith und einem damit verbundenen willkommenen Sieg gegen den alten Feind im Pokal. Aber vor allem erinnere ich mich an dieses Spiel als das einzige Mal in den Achtzigern und, bis jetzt, den Neunzigern, daß ich die gesamten neunzig Minuten kein Nikotin in meinem Blutkreislauf hatte. Ich habe in diesem Zeitraum Spiele ohne zu rauchen durchgestanden: Während der ersten Hälfte der Saison 83/84 war ich auf Nikotin-Kaugummis, war aber nie imstande, vom Rauchen loszukommen, und stieg schließlich wieder auf Zigaretten um. Doch im Oktober 89, nach einem Besuch bei Allen Carr, dem Anti-Rauchen-Guru, machte ich zehn Tage lang eine radikale Entziehungskur, und dieses Spiel fand genau in der Mitte dieser unglücklichen Zeit statt.

Ich will das Rauchen aufgeben, und wie viele Menschen, die das gleiche tun wollen, glaube ich fest daran, daß es die einfachste Sache der Welt ist. Ich kaufe keine Stangen zollfreier Zigaretten, kein Feuerzeug oder auch nur eine Haushaltspackung Streichhölzer, weil das angesichts des unmittelbaren Bevorstehens meines Aufhörens Geldverschwendung wäre.

Was mich davon abhält, es jetzt zu tun, heute, in dieser Minute, sind die Dinge, die mich schon immer davon abgehalten haben: Eine schwierige Phase bei der Arbeit, die die Art von Konzentration erfordert, die nur eine Silk Cut fördern kann; die Furcht vor den überwältigenden häuslichen Spannungen, die zweifellos die schreiende Verzweiflung begleiten würden; und, was unvermeidlich und bemitleidenswert ist, Arsenal.

Das Team gibt mir einigen Freiraum. Da ist die erste Hälfte der Saison, bevor der FA Cup beginnt und die Meisterschaft richtig in Gang gekommen ist. Und es gibt Zeiten wie jetzt, in denen ich fast fünf Monate langweilige, aber entspannte Nachmittage vor mir habe, weil mein Team seit Ende Januar aus allem draußen ist. (Aber ich muß dieses Buch schreiben, und Deadlines, und ...) Und doch kann ich mir in manchen Spielzeiten – dem 88/89 Meisterjahr zum Beispiel oder der Jagd nach dem Double 90/91, als jedes Spiel zwischen Januar und Mai entscheidend war – nicht mal vorstellen, wie es wäre, dort ohne eine Zigarette zu sitzen. Nach elf Minuten in einem Pokalhalbfinale in Wembley zwei Tore gegen Tottenham hinten und keine Kippe? Unvorstellbar.

Werde ich mich für immer hinter Arsenal verstecken? Werden die Jungs immer als Entschuldigung für das Rauchen dienen und dafür, niemals an Wochenenden weggehen zu müssen und keine Arbeit anzunehmen, die nicht mit einem Heimspiel zu vereinbaren ist? Das Spiel gegen Liverpool war, denke ich, ihre Art, mir zu sagen, daß es nicht ihre Schuld ist, daß ich es bin, der meine Handlungen kontrolliert und nicht sie; und obwohl ich mich wirklich daran erinnere, daß ich den Abend überstand, ohne auf den Platz zu rennen und die Spieler albern zu schütteln, habe ich all das vergessen, wenn bevorstehende Partien mich davon überzeugen, daß jetzt nicht der richtige Zeitpunkt ist, meine Nikotinabhängigkeit anzugehen. Ich habe bereits dargelegt, daß Arsenal wie einen Buckel auf meinem Rücken zu schleppen, Jahr für Jahr für Jahr, eine echte Behinderung ist. Doch ich nutze diese Behinderung auch aus, ich melke sie und hole raus, was zu holen ist.

## Sieben Tore und eine Schlägerei

**Arsenal gegen Norwich – 4.11.89**

Damit eine Partie wirklich und wahrhaftig denkwürdig ist, die Art von Spiel, die dich innerlich vollkommen erfüllt nach Hause summen läßt, bedarf es so viele der folgenden Merkmale wie möglich:

1. *Tore:* Soviele wie irgend geht. Es wird manchmal behauptet, daß Tore ihren Wert bei besonders einfachen Siegen verlieren, aber ich habe das nie als ein Problem empfunden. (Ich genoß das letzte Tor bei Arsenals 7:1-Sieg über Sheffield Wednesday genauso wie das erste.) Wenn die Tore aufgeteilt werden müssen, dann ist es am besten, wenn das andere Team seine zuerst macht: Ich habe eine besondere Vorliebe für den 3:2-Heimsieg durch einen späten Siegtreffer, nachdem man bei Halbzeit mit 0:2 zurücklag.

2. *Empörend schlechte Schiedsrichterentscheidungen:* Ich ziehe es vor, daß Arsenal das Opfer ist und nicht das bevorteilte Team, jedenfalls solange uns das nicht den Sieg kostet. Empörung ist ein entscheidender Bestandteil des vollendeten Fußballerlebnisses; ich kann deshalb Spielkommentatoren nicht zustimmen, die sagen, daß ein Schiedsrichter eine gute Leistung gezeigt hat, wenn man ihn nicht bemerkt (obwohl ich es, wie jeder andere, nicht mag, wenn das Spiel alle paar Sekunden unterbrochen wird). Ich ziehe es vor, sie zu bemerken, sie anzubrüllen und mich von ihnen betrogen zu fühlen.

3. *Eine lautstarke Zuschauermenge:* Nach meiner Erfahrung sind Zuschauermengen in Bestform, wenn ihr Team verliert, aber gut spielt, was einer der Gründe ist, warum eine Aufholjagd, die mit einem 3:2-Sieg endet, mein Lieblingsergebnis ist.

4. *Regen, ein glitschiger Boden, etc.:* Fußball im August auf tadellosem, saftigem grünem Rasen ist ästhetisch ansprechender, aber ich mag ein bißchen rutschiges Chaos im Torraum. Zuviel Schlamm ist blöd, weil dann gar kein richtiges Spiel möglich ist, aber trotzdem geht nichts über den Anblick eines Spielers, der zehn oder fünfzehn Meter längs schliddert, um zu tackeln oder eine Flanke zu erreichen. Irgendwie wirkt das Ganze auch intensiver, wenn man es bei strömendem Regen sieht.

5. *Der Gegner vergibt einen Elfmeter:* Arsenals Torhüter John Lukic war der Elfmeterkönig, deshalb habe ich das ziemlich häufig miterlebt; Brian McClairs Katastrophenelfer in der letzten Minute der Fünftrundenpartie im FA Cup 1988 – er war so stürmisch und unkontrolliert geschossen, daß er fast über das Dach der Nordtribüne flog – bleibt mein Favorit. Aber ich werde auch immer ein Plätzchen für Nigel Cloughs Versuche in meinem Herzen behalten, der während eines Ligaspiels 1990, auch in der letzten Minute, einen Elfmeter verschoß; der Schiedsrichter entschied, daß der Strafstoß zu wiederholen sei, und er verschoß erneut.

6. *Ein Spieler des gegnerischen Teams sieht die rote Karte:* »Es ist enttäuschend, die Reaktion des Publikums zu hören«, bemerkte Barry Davies im Verlauf des FA-Cup-Viertelfinales zwischen Portsmouth und Forest 1992, als Forests Brian Laws vom Platz gestellt wurde und die Anhänger von Portsmouth durchdrehten; aber was erwartet er? Für Fans ist ein Platzverweis immer ein magischer Moment, obwohl es ganz entscheidend ist, daß er nicht zu früh erfolgt. Herunterstellungen in der ersten Hälfte haben entweder langweilig einfache Siege für die Mannschaft mit elf Mann zur Folge (Forest gegen West Ham, FA-Cup-Halbfinale, 1991) oder eine Umstellung im dezimierten Team, die dessen Abwehr undurchdringlich macht und das Spiel tötet; Platz-

verweise in der zweiten Hälfte eines engen Spiels sind unglaublich befriedigend. Wenn ich mich, ohne zu überlegen, für eine einzige Herunterstellung entscheiden müßte, um sie mit auf eine einsame Insel zu nehmen, dann fiele die Wahl auf Bob Hazell von Wolverhampton, der in der letzten Minute einer Viertrundenpokalpartie in Highbury 1978 vom Platz gestellt wurde, als es 1:1 stand. So wie ich es in Erinnerung habe, schlug er nach Rix, der versuchte, ihm den Ball abzunehmen, damit wir eine Ecke schnell ausführen konnten; im Anschluß an besagte Ecke köpfte uns Macdonald, zum ersten Mal im Spiel von seinem in Ungnade gefallenen Bewacher befreit und deshalb völlig ungedeckt, siegbringend in Führung. Ich genoß auch Tony Cotons langen, einsamen Marsch 1986 in Highbury enorm – es hat etwas Besonderes an sich, Torhüter gehen zu sehen – und Massings mörderischen Anschlag auf Caniggia während des Eröffnungsspiels der Weltmeisterschaft 1990, gefolgt von seinem Winken in die Menge zum Abschied.

7. *Irgendeinen »unangenehmen Zwischenfall« (auch »Albernheit«, »Dummheit« oder »Schande« genannt):* Wir betreten hiermit ein moralisch fragwürdiges Gebiet – es ist klar, daß Spieler dafür Sorge tragen sollten, eine leicht reizbare Menge nicht zu provozieren. Eine kleine Schlägerei zwischen Coventry und Wimbledon an einem nassen Novembernachmittag vor den Augen einer abgestumpften Menge von zehntausend ist eine Sache, eine Rauferei zwischen Celtic- und Rangers-Spielern angesichts der kaum zu kontrollierenden Konfessions-Verbitterung auf den Rängen eine ganz andere. Und doch muß man – natürlich voller Bedauern und in angemessener Trauer – feststellen, daß nichts über eine Schlägerei geht, um ein ansonsten langweiliges Spiel zu beleben; die Nebenwirkungen sind immer von wohltätiger Art: Die Spieler und die Zuschauermenge engagieren

sich mehr, die Handlung verdichtet sich, der Puls geht schneller. Und solange das Spiel nicht in einen bitteren Kleinkrieg ausartet, erscheinen mir Raufereien eine ziemlich wünschenswerte Besonderheit zu sein, so wie eine Dachterrasse oder ein offener Kamin. Wenn ich ein Sportjournalist oder ein Fußballfunktionär wäre, würde ich zweifellos meine Lippen schürzen, mißbilligende Töne von mir geben und darauf bestehen, daß die Missetäter der Gerechtigkeit zugeführt werden – Raufereien wären genauso wie weiche Drogen kein Vergnügen, wenn sie offiziell gebilligt würden. Aber zum Glück habe ich keine derartige Verantwortung: Ich bin ein Fan, der nicht verpflichtet ist, einer wie auch immer gearteten moralischen Linie treu zu sein.

Im Spiel zwischen Arsenal und Norwich Ende 1989 fielen sieben Tore, und Arsenal holte einen 0:2- und später einen 2:3-Rückstand auf, um 4:3 zu gewinnen. Es gab zwei Elfmeter, einen in der letzten Minute beim Stande von 3:3 (die, nebenbei bemerkt, beide auf katastrophalen Fehlentscheidungen des Schiedsrichters beruhten) ... und Norwichs Gunn parierte ihn, der Ball kam zurück zu Dixon, und dessen etwas verunglückter Nachschuß trudelte ganz sachte ins Netz. Und dann brach das totale Chaos aus, und mehr oder weniger jeder, abgesehen von Arsenals Torwart, war in ein handgreifliches Gemenge verwickelt, das ewig zu dauern schien, aber vermutlich nach ein paar Sekunden vorbei war. Es gab zwar keinen Platzverweis, aber was soll's: Wie war es möglich, ein Spiel wie dieses nicht zu genießen?

Den zwei Mannschaften wurden empfindliche Strafen auferlegt, was natürlich nur richtig war. Schließlich konnte man in solchen Situationen vom Fußballverband kaum erwarten, daß er den Spielern einen Brief schrieb und sich dafür bedankte, daß sie den Fans boten, was diese wollten. Und angesichts von Arsenals späteren Problemen, von denen noch an anderer Stelle die Rede sein wird, hat der Kampf rückblickend auch etwas von seinem Glanz verloren. Aber es ist wieder diese Im-Mittelpunkt-der-Welt-sein-Geschichte: Nach dem Spiel gingen wir in dem Wissen heim, daß das, was wir gesehen hatten, live, der bedeutsamste sportliche Augenblick des Nachmittags war, ein Augenblick, über den man wochenlang, monatelang sprechen würde, der in den Nachrichten kommen würde, über den dich bei der Arbeit am Montagmorgen jeder befragen würde. Also muß man letztlich feststellen, daß es ein Privileg war, dort zu sein, um zu sehen, wie all diese erwachsenen Männer sich vor den Augen von fünfunddreißigtausend Menschen lächerlich machten; ich möchte es nicht um alles in der Welt versäumt haben.

## Saddam Hussein und Warren Barton

**Arsenal gegen Everton – 19.1.91**

Eine kaum bekannte Tatsache: Fußballfans wußten vor allen anderen, daß der Golfkrieg ausgebrochen war. Wir saßen kurz vor Mitternacht vor dem Fernseher und warteten auf die Höhepunkte des Spiels Chelsea gegen Tottenham im Rumbelows Cup, als Nick Owen auf seinen Monitor schaute, Kurznachrichten ankündigte und der Hoffnung Ausdruck verlieh, daß wir demnächst in die Stamford Bridge schalten könnten. (Angesichts der Umstände las sich der Spielbericht im DAILY MIRROR am nächsten Morgen, nebenbei bemerkt, eigenartig: »Angriffswelle auf Angriffswelle ließ Tottenham verbissen um sein Leben kämpfen«, so in der Art.) ITV brachte die Meldung einige Minuten vor der BBC.

Wie die meisten Menschen hatte ich Angst: vor der Möglichkeit, daß nukleare und chemische Waffen eingesetzt werden würden; vor Israels Verwicklung; davor, daß Hunderttausende sterben würden. Um drei Uhr am Samstagnachmittag, dreiundsechzig Stunden nach Beginn des Konflikts, war ich mehr durcheinander, als ich mich erinnern kann, je zu Beginn eines Fußballspiels gewesen zu sein: Ich hatte zu viel Nachtprogramm im Fernsehen gesehen und zu viele seltsame Träume geträumt.

Auch im Publikum herrschte eine andere Stimmung. Die Nordtribüne sang »Saddam Hussein ist ein Schwuler« und »Saddam, komm Arsenal nicht in die Quere!« (Die erste Botschaft bedarf wohl kaum der Erläuterung; in der zweiten bezieht sich »Arsenal« mehr auf die Fans als auf die Spieler, was den Gesang eher selbstüberschätzend als verspottend macht und paradoxerweise einen Respekt vor dem irakischen Führer erkennen läßt, der der Spekulation über seine sexuellen Vorlieben fehlt. Eine stimmige Ideologie ist vermutlich zuviel verlangt.)

Es war eine interessante Erfahrung, ein Fußballspiel anzusehen, während sich die Welt im Krieg befand; eine, die ich nie zuvor gemacht hatte. Wie konnte Highbury zum Mittelpunkt des Universums werden, wenn eine Million Menschen sich in tausend Meilen Entfernung darauf vorbereiteten, einander umzubringen? Mühelos. Mersons Tor unmittelbar nach der Pause bescherte uns einen 1:0-Sieg, was für sich allein genommen noch nicht genug gewesen wäre, die Aufmerksamkeit von Bagdad abzulenken; doch als Warren Bartons Freistoßtor Wimbledon in Anfield einen Punkt brachte und wir zum ersten Mal in jener Saison die Tabellenspitze übernahmen, war der Fußball wieder in den Brennpunkt gerückt. Im Dezember acht Punkte zurück und im Januar einen Punkt Vorsprung ... Um Viertel vor fünf war Saddam vergessen, und in Highbury war Leben in der Bude.

## Typisch Arsenal

**Arsenal gegen Manchester United – 6.5.91**

Im Mai 1991 holten wir den Ligatitel erneut, zum zweiten Mal in drei Jahren und zum dritten Mal in meinem ganzen Leben. Am Ende gab es keine Wiederholung des Dramas von 1989: Liverpool brach schmachvoll ein, und wir konnten davonziehen. Am Abend des 6. Mai unterlag Liverpool vor unserem Heimspiel gegen Manchester United bei Forest, und das Spiel gegen United wurde deshalb in eine wilde, rauhe Feier verwandelt.

Wenn je eine Saison Arsenal anschaulich gemacht hat, dann war es diese. Es war nicht nur die Tatsache, daß wir in der gesamten Saison lediglich ein Ligaspiel verloren und erstaunlich kümmerliche achtzehn Tore kassierten, auch wenn diese Statistiken für sich allein genommen bezeichnend sind für die traditionelle Zähigkeit des Teams. Es lag vielmehr daran, daß die Meisterschaft trotz fast komischer Widerstände und Mißgeschicke errungen wurde. Uns wurden zwei Punkte abgezogen, nachdem wir, rückblickend unklugerweise, an einer Rauferei beteiligt waren, weniger als ein Jahr nach dem aufregenden Tumult im Spiel gegen Norwich. Kurz darauf wurde unser Kapitän aufgrund eines umwerfend idiotischen Falles von Alkohol am Steuer ins Gefängnis gesteckt. Und diese Vorfälle waren nur die Spitze des Eisberges, auf und außerhalb des Rasens – Schlägereien, Berichte in der Boulevardpresse über abstoßendes Verhalten im betrunkenen Zustand, kollektive Zurschaustellungen von Gereiztheit und Undiszipliniertheit (am auffallendsten bei Aston Villa 1989, als der Großteil der Mannschaft einen ungefälligen Linienrichter lange nach dem Schlußpfiff umringte und in einem Ausmaß gestikulierte und schrie, daß diejenigen von uns, die angereist waren, um sie zu unterstützen, nicht umhin konnten, peinlich berührt zu sein), und so weiter und so fort. Jeder dieser Verstöße isolierte den Club und seine glühenden Verehrer mehr und mehr vom lippenschürzenden, gerecht denkenden, Arsenal hassenden Festland; Highbury wurde zu einer Teufelsinsel inmitten Nordlondons, der Heimat von Nichtsnutzen und Schurken.

»Ihr könnt euch eure zwei Scheißpunkte in den Arsch schieben«, sang die Menge ausgelassen, wieder und wieder während des Spiels gegen Manchester United, und es fing an, wie das typische Arsenallied zu erscheinen: Nehmt unsere Punkte, sperrt unseren Kapitän ein, haßt unsern Fußball, verpißt euch nur alle. Es war unser Abend, eine Demonstration von Solidarität und Trotz, die keine Grauzonen mitzuempfindenden Vergnügens für irgendwelche Dritte hatte, ein Lob auf die Vorzüge aller untugendhaften Dinge. Arsenal ist kein Nottingham Forest, West Ham oder gar Liverpool, kein Team, daß Zuneigung oder Bewunderung bei anderen Fans erregt; wir teilen unsere Freuden nur mit unseresgleichen.

Ich mag die Tatsache nicht, daß Arsenal sich in den

letzten paar Jahren durch die Spielzeiten geschlagen und gemeckert hat, natürlich nicht. Und mir wäre es lieber, daß Tony Adams nicht nach einem Eimer Lagerbier mit seinem Auto durch eine Wohngegend geschleudert wäre, daß der Club nicht sein volles Gehalt weiterbezahlt hätte, während er einsaß, daß Ian Wright nicht nach Fans von Oldham gespuckt hätte, daß Nigel Winterburn sich nicht auf einen bizarren Streit mit einem Fan an der Außenlinie in Highbury eingelassen hätte. Das sind, im großen und ganzen, schlimme Sachen. Trotzdem sind meine Empfindungen in gewissem Sinne abwegig. Es ist Teil der grundlegenden Arsenal-Erfahrung, daß der Club verabscheut wird, und in einer Zeit, in der mehr oder weniger jeder mit einer Abseitsfalle und einem zusätzlichen Verteidiger spielt, sind diese unangenehmen Vorfälle vielleicht Arsenals Art, den Einsatz zu erhöhen, um seine alleinigen Ansprüche auf den Titel des unsympathischsten Teams anzumelden.

Also ist letztlich die Frage, weshalb Arsenal sich derart benimmt, keine sehr interessante. Ich habe den Verdacht, daß der Club sich so benimmt, weil er Arsenal ist und er die ihm im Fußballkosmos zugewiesene Rolle erkennt. Eine interessante Frage ist: Wie wirkt sich das auf die Fans aus? Wie wird deine Psyche davon berührt, wenn du dich ein Leben lang einem Team verschreibst, das jeder zu hassen liebt? Sind Fußballfans wie die Hunde, die nach und nach ihrem Herrchen ähneln?

Ganz entschieden, ja. Die Fans von West Ham, die ich kenne, haben ein natürliches Gefühl der moralischen Autorität des Außenseiters, die Tottenhamfans verströmen die Aura einer blasierten Ersatzkultiviertheit, die Fans von Manchester United sind von einer gescheiterten Erhabenheit durchdrungen, Liverpoolfans sind schlicht erhaben. Und was Arsenalfans betrifft ... Es ist unmöglich zu glauben, daß wir davon unberührt geblieben sind, das zu lieben, was der Rest der Welt als grundlegend unliebenswert erachtet. Seit dem 15. März 1969 war mir immer die Isolation bewußt, die mein Team hervorruft, vielleicht sogar erfordert. Meine Freundin glaubt, daß meine Neigung, mich bei jedem kleineren Rückschlag oder bei jedem von mir empfundenen Zeichen der Treulosigkeit zurückzuziehen und eine trotzige Haltung einzunehmen, von Arsenal erlernt ist, und sie mag recht haben. Wie der Club bin ich nicht mit einer sonderlich dicken Haut ausgestattet; meine Überempfindlichkeit Kritik gegenüber bedeutet, daß ich sehr viel eher die Zugbrücke hochklappe und verbittert mein Schicksal beklage, als einen schnellen Handschlag anzubieten und mit dem Spiel weiterzumachen. In echtem Arsenalstil kann ich austeilen, aber nicht einstecken.

Daher war das Erringen dieses zweiten Meistertitels, obwohl weniger fesselnd als beim ersten Mal, viel befriedigender und viel bezeichnender für Arsenals Art: Der Club und die Fans rückten zusammen und bewältigten mit großartig entschlossener Zielstrebigkeit beinahe unüberwindliche Schwierigkeiten, die alle selbstverschuldet waren. Es war nicht nur für die Mannschaft ein Triumph, sondern für das, wofür das Team mittlerweile steht, und weitergehend für das, was alle Arsenalfans geworden sind. Der 6. Mai war unser Abend, und alle anderen konnten sich zum Teufel scheren.

## Selbst spielen

### Freunde gegen andere Freunde – Jeden Mittwochabend

Ich fing zur gleichen Zeit an, ernsthaft Fußball zu spielen – soll heißen, ich fing an, mich darum zu kümmern, was ich tat, statt einfach gewisse Bewegungsabläufe abzuspulen, um einen Schullehrer zu beschwichtigen –, zu der ich mit dem Zuschauen anfing. Es gab die Spiele mit einem Tennisball in der Schule und die mit einem kaputten Plastikball auf der Straße, zwei oder drei Spieler pro Mannschaft; es gab die Spiele mit meiner Schwester im Garten hinter dem Haus, Spiele bis zehn, bei denen sie neun Tore Vorsprung erhielt und damit drohte, nach drinnen zu gehen, falls ich ein Tor erzielte; es gab Spiele mit dem ehrgeizigen örtlichen Torwart auf den nahegelegenen Spielfeldern an einem Sonntagnachmittag nach THE BIG MATCH, wo wir torreiche Partien nachspielten und ich gleichzeitig für den Live-Kommentar sorgte. Ich spielte, bevor ich an die Universität ging, in Fünfermannschaften im örtlichen Sportzentrum, und Universitätsfußball in der zweiten oder dritten Mannschaft. Ich spielte für die Lehrermannschaft, als ich in Cambridge unterrichtete, und traf mich im Sommer zweimal in der Woche mit Freunden, um zu kicken; und seit sechs oder sieben Jahren versammeln sich all die Fußballenthusiasten, die ich kenne, einmal die Woche auf einem Platz für Fünferteams in Westlondon. Also habe ich zwei Drittel meines Lebens selbst gespielt, und ich würde gern soviele der mir verbleibenden drei oder vier Jahrzehnte hindurch spielen wie möglich.

Ich bin ein Stürmer; oder vielmehr, ich bin kein Torwart, Verteidiger oder Mittelfeldspieler, und ich kann mich nicht nur ohne Schwierigkeiten an einige Tore erinnern, die ich vor fünf, zehn oder fünfzehn Jahren erzielt habe, sondern finde, im geheimen, noch immer großes Gefallen an ihnen, auch wenn ich sicher bin, daß diese Schwelgerei früher oder später zu meiner Verblendung führen wird. Ich bin kein guter Fußballer – unnötig, das zu erwähnen –, obwohl das glücklicherweise auch für die Freunde zutrifft, mit denen ich spiele. Wir sind gerade gut genug, es lohnenswert zu machen: Jede Woche erzielt einer von uns ein klasse Tor, einen scharfen Volleyschuß mit rechts oder einen mit dem Außenrist in die Ecke gezirkelten Treffer, der ein verwirrendes Solo durch eine verdutzte gegnerische Abwehr krönt, und wir denken heimlich und schuldbewußt daran (weil es nicht das ist, wovon erwachsene Männer träumen sollten), bis wir uns wiedertreffen. Manche von uns haben auf den oberen Regionen ihrer Köpfe keine Haare mehr, obgleich das, rufen wir einander ins Gedächtnis, nie ein Handicap für Ray Wilkins oder jenen hervorragenden Außenstürmer von Sampdoria war, dessen Name mir entfallen ist. Die meisten von uns sind Mitte dreißig, und viele haben ein paar Pfund Übergewicht. Und obwohl es eine unausgesprochene Übereinkunft gibt, daß wir keine wirklich harten Tacklings machen – eine Erleichterung für die von uns, die das ohnehin nie konnten –, habe ich in den letzten paar Jahren festgestellt, daß ich jeden Donnerstagmorgen fast gelähmt, mit steifen Gelenken, gedehnten Kniesehnen und wunden Achillesfersen aufwache. Mein Knie ist die nächsten zwei Tage geschwollen und aufgedunsen, ein Vermächtnis des vor zehn Jahren in einem Spiel gerissenen Innenbandes (ich war niemals näher dran, ein richtiger Fußballer zu sein, als bei der nachfolgenden Kniespiegelung). Jedwede Schnelligkeit, die ich hatte, ist durch mein fortgeschrittenes Alter und meinen selbstzerstörerischen Lebensstil vernichtet worden. Am Ende unserer sechzig Minuten bin ich vor Anstrengung leuchtend rot, und mein Arsenal-Replica-Auswärtstrikot (altes Modell) und meine Hosen sind klitschnaß.

Und so nah war ich dran, ein Profi zu werden: Im College spielten einer oder zwei aus der ersten Mannschaft (ich war in meinem Abschlußjahr in der dritten Mannschaft) für die Blues, ein Team, das aus den elf besten Spielern der ganzen Universität bestand. Meines Wissens spielten zwei Spieler der Blues aus meiner Zeit später im bezahlten Fußball. Der beste, der Universitätsgott, ein blonder Stürmer, der vor lauter Talent wie ein Stern zu strahlen schien, kam ein paarmal als Einwechselspieler für Torquay United in der vierten Division zum Einsatz – er hat für sie sogar möglicherweise mal ein Tor erzielt. Der andere spielte als Außenverteidiger für Cambridge City – City, Quentin Crisps Team, das Team mit dem schiefen MATCH-OF-THE-DAY-Band und einem Publikum von zweihundert Leuten, nicht United. Wir gingen hin, um ihn zu sehen, und er war dem Tempo überhaupt nicht gewachsen.

Also ... wenn ich an meinem College die Nummer Eins gewesen wäre, statt Nummer Fünfundzwanzig oder Dreißig, dann wäre ich möglicherweise fähig gewesen, wenn ich Glück gehabt hätte, in einem ziemlich armseligen, halbprofessionellen Team schlecht auszusehen. Der Sport gestattet es dir nicht, in der Art zu träumen, wie es dir die Schriftstellerei, die Schauspielerei, die Malerei oder das mittlere Management gestatten: Ich wußte, als ich elf war, daß ich niemals für Arsenal spielen würde. Elf ist zu jung, etwas derart Grausames zu wissen.

Zum Glück ist es möglich, Profifußballer zu sein, ohne auf einem Spielfeld der Liga aufzulaufen und ohne mit der Statur, der Schnelligkeit, der Kondition oder dem Talent eines Fußballers gesegnet zu sein. Es gibt die Grimassen und Gesten – die verdrehten Augen und zusammensakkenden Schultern, wenn du eine gute Chance vergibst, das Abklatschen erhobener Hände, wenn du triffst, die geballten Fäuste und das In-die-Händeklatschen, wenn deine Mannschaftskameraden Aufmunterung brauchen, die offenen Arme und nach oben gekehrten Handflächen, um auf deine bessere Position und die Eigensinnigkeit deiner Mannschaftskameraden hinzuweisen, den Fingerzeig, wohin du gern den Paß geschlagen haben möchtest, und, nachdem der Paß genauso gekommen ist und du es trotzdem versaut hast, die erhobene Hand, die beide Tatsachen anerkennt. Und manchmal, wenn du den Ball mit dem Rücken zum Tor annimmst und einen Kurzpaß nach außen spielst, weißt du, daß du es völlig richtig gemacht hast, einfach perfekt, und daß du, wenn dein dicker Bauch nicht wäre (aber sieh dir andererseits Mölby an), deine fehlenden Haare (nochmals Wilkins und dieser Flügelstürmer von Sampdoria – Lombardo?) und deine geringe Körpergröße (Hillier, Limpar), wenn all diese *Nebensächlichkeiten* nicht wären, genau wie Alan Smith ausgesehen hättest.

## Ein Sixties Revival

**Arsenal gegen Aston Villa – 11.1.92**

Ein Teil von mir fürchtete sich davor, all dies in einem Buch niederzuschreiben, genauso wie sich ein Teil von mir davor fürchtete, einem Therapeuten präzise zu erklären, welche Bedeutung der Fußball für mich bekommen hatte: Ich machte mir Sorgen, daß damit alles verschwinden und ich mit diesem riesengroßen Loch zurückbleiben würde, das der Fußball immer ausgefüllt hatte. Das ist nicht passiert, jedenfalls noch nicht. Es ist etwas Beunruhigenderes passiert: Ich habe begonnen, das Elend, das der Fußball bietet, zu genießen. Ich freue mich auf weitere Meisterschaften, auf Tage in Wembley und Siege in letzter Minute gegen Tottenham an der White Hart Lane, natürlich tu ich das, und wenn es soweit ist, werde ich vor Freude durchdrehen wie nur irgendwer. Aber ich will das alles nicht sofort. Ich will das Vergnügen aufschieben. Mir war so lange kalt und langweilig und unglücklich zumute, daß ich mich, wenn Arsenal erfolgreich ist, leicht doch unverkennbar verwirrt fühle. Aber ich hätte mir keine Sorgen machen sollen. Alles geht irgendwann von vorne los.

Ich habe im Sommer 1991 mit diesem Buch begonnen. Arsenal hatte überlegen die Meisterschaft gewonnen und stand im Begriff, zum ersten Mal nach genau zwanzig Jahren wieder am Europapokal der Landesmeister teilzunehmen. Der Club hatte den größten Kader, die glänzendsten Aussichten, die stärkste Verteidigung, den tödlichsten Angriff, den scharfsinnigsten Trainer; nach Arsenals letztem Spiel der Saison 90/91, in dem das Team das arme Coventry mit vier Toren in den letzten gut zwanzig Minuten mit 6:1 auseinandernahm, waren die Zeitungen voll von uns. »BEREIT, EUROPA ZU BEHERRSCHEN«; »DIE KANONIERE WERDEN FÜNF JAHRE HERRSCHEN«; »SO GUT WAREN WIR NOCH NIE«; »MEISTER SCHIELT NACH DEM GRÖSSTEN ALLER TITEL«.

Etwas mit diesem überschäumenden Optimismus Vergleichbares hatte es in meiner Zeit noch nicht gegeben. Selbst die Arsenalhasser unter meinen Freunden sagten uns einen prächtigen und triumphalen Durchmarsch ins Europapokalfinale voraus, genauso wie der erneute Gewinn der Meisterschaft außer Frage stand, alles kein Thema. Es gab zu Beginn der Saison ein paar kleinere Probleme, doch das Team hatte seine Form gefunden, als der Europapokal Mitte September anfing: Wir überfuhren den österreichischen Meister mit 6:1, eine großartige Vorstellung, die, so dachten wir, den Rest des Kontinents zu Tode erschrecken würde. Wir zogen in der nächsten Runde Benfica aus Portugal, und ich reiste in einer der zwei Fanmaschinen nach Lissabon, wo wir vor achtzigtausend Portugiesen im ehrfurchtgebietenden Estadio da Luz ein achtbares 1:1-Unentschieden hielten. Aber im Rückspiel in Highbury wurden wir niedergemacht, überrannt, vorgeführt, und es war alles vorbei, vielleicht für weitere zwanzig Jahre. Dann schieden wir nach einer Reihe von fürchterlichen Niederlagen und Punktverlusten in der Weihnachtszeit aus dem Rennen um die Meisterschaft aus; und dann wurden wir, unfaßbar und katastrophal, von Wrexham, das die Saison davor am Tabellenende der vierten Division abgeschlossen hatte, während Arsenal an der Spitze der Ersten stand, aus dem FA Cup geworfen.

Es war komisch, inmitten all der nachmeisterlichen Hoffnung und Herrlichkeit zu versuchen, darüber zu schreiben, wie elend der Großteil meines Fußballebens gewesen ist. Deshalb begann ich mich wieder wohl zu fühlen, als die Saison sich in nichts auflöste, Highbury einmal mehr zur Heimat unzufriedener Spieler und unglücklicher Fans wurde und die Zukunft derart trostlos auszusehen begann, daß es unmöglich war, sich daran zu erinnern, warum man ursprünglich gedacht hatte, sie würde strahlend sein.

Der »Große Zusammenbruch 1992« hatte eine Art wohlgesonnener Magie an sich. Wrexham war eine ziemlich geniale und ganz authentische Wiederholung von Swindon, demütigend genug, es mir zu ermöglichen, das Trauma meiner Kindheit noch einmal zu durchleben; zu gleichen Zeit, als ich versuchte, mir das alte, öde, öde Arsenal der Sechziger und Siebziger, und, ja, der Achtziger ins Gedächtnis zu rufen, hörten Wright, Campbell, Smith und der Rest zuvorkommenderweise mit dem Toreschießen auf und begannen, genauso unfähig zu wirken, wie es ihre historischen Pendants immer getan hatten.

Gegen Aston Villa, eine Woche nach Wrexham, zog mein ganzes Leben blitzartig an meinen Augen vorbei. Ein 0:0 gegen eine Gurkentruppe in einem bedeutungslosen Spiel vor den Augen einer unruhigen, gelegentlich verärgerten, aber zum größten Teil ermüdet nachsichtigen Menge in der klirrenden Januarkälte ... Alles, was fehlte, war der über seine eigenen Füße stolpernde Ian Ure und mein auf dem Sitzplatz neben mir vor sich hingrummelnder Dad.

# Nick Hornby
# High Fidelity

Roman
Titel der Originalausgabe: *High Fidelity*
Deutsch von Clara Drechsler und Harald Hellmann
Gebunden

Ein ebenso komischer wie trauriger, verspielter wie weiser Roman über die Liebe, das Leben – und die Popmusik. Nick Hornby schildert mit entwaffnendem Charme scharfsinnig und direkt das Lebensgefühl seiner Generation, er trifft seine Leser mitten ins Herz und in den Kopf.

»Ich kann mir nicht vorstellen, mit jemandem befreundet zu sein, der dieses Buch nicht liebt.« *Daily Telegraph*

»High Fidelity zu lesen, ist wie einer guten Single zuzuhören. Du weißt, es ist von der ersten Minute an wunderschön, und sobald es vorbei ist, willst du es von vorn anhören.« *Guardian*

»Ein Triumph, bewegend, wahnsinnig komisch, unglaublich authentisch.« *Financial Times*